The
Analects of
Confucius

論語的故事

現任中國孔學會理事長
劉瑛　著

錢序

錢復

我國在上世紀初開始引進西方式現代教育之前，民眾的啟蒙教育都在私塾，由一位老夫子教導學生背誦很難理解的古代經典。這種教育方式的確有缺點，但是學生在幼兒時所背誦的經典，往往終生不忘。更重要的是這些經典是我國先聖先賢一生鑽研的結晶，不僅對於修齊治平有所指引，這些經典更能教導我們做人處世的基本規範。因為有這些寶貴經典，多少世紀以來可以維持社會的安定和諧。

近年來，我國快速的改革開放，再加上過分重視「知識經濟」，認為「學」必須有所「用」，而「用」只是以「利益」為出發點。因而價值觀念丕變，社會上普遍瀰漫著「見利忘義」、「笑貧不笑娼」的觀念。尤其是青少年「只要我喜歡有什麼不可以」的思想，將過去數千年社會中認為不當或不妥的行為模式所存的禁忌都加以打破。真正是一個人慾横流，群己關係已蕩然無存的悲慘社會。

所幸若干有識之士認為這種歪風必須予以匡正，而最好的方法就是教導青少年讀我國聖賢的經典著作。很多縣市在孔廟成立了兒童讀經班，若干重要的大專院校也鼓勵學生閱讀經典之作。

論語無疑是經典著作中最重要的一本書，其中包含很多有關個人修養、人倫關係、國家治理的重要規範。

然而無容諱言以目前青少年的國語文程度，要徹底了解論語一書內各章的真正涵義，可能有若干困難。我很高興老友劉瑛兄在退休後能完成《論語的故事》這部鉅著。他以深入淺出的方式詮釋論語，又旁徵博引將相關著作中的正誤逐一訂勘。拜讀之餘對劉瑛兄治學之勤，用功之深極為欽佩。

劉瑛兄在外交界服務四十年，他曾在上世紀六〇、七〇年代為國家開拓南部非洲的外交關係，厥功甚偉。他在仕途中也有不順心的時候，但是他從不怨天尤人，在公餘以讀書自娛。一直到八〇年代中期他膺任亞西司司長，以後先後擔任駐泰國代表及駐約旦王國特任代表，所到之處政通人和，與駐在國朝野人士及僑界均以誠相與，建立極佳的關係，於一九九四及一九九五年先後在泰國及約旦安排李登輝總統的往訪，貢獻良多。一九九七年服公職滿四十年功成身退，以讀書寫作自娛，頤養天年。

《論語的故事》實在是一本值得細細品味的好書。

自序

老友國畫大師李奇茂兄擔任孔學會會長，每月出版一期孔學月刊，筆者曾為該刊寫了好幾篇〈論語的故事〉。

某天，兩位年青的同仁—也是台大的校友—來看我，遞給我一本他們新從坊間買來的、解說〈論語〉的專著。

寒喧之後，他們對我說：「大使，您喜歡研究政治思想，對先秦諸子的政治思想尤其有心得。但這部書的著者卻說：『孔子不談政治，而且不涉及政治思想。』我們覺得很困惑。」

我說：「怎麼會如此呢？梁啟超先生的〈先秦政治思想史〉，蕭公權先生的〈中國政治思想史〉，和薩孟武先生的〈中國政治思想史〉、〈儒家政論衍義〉，可說都是經典之作。在他們的書中，孔子的政治思想都佔有極重要的地位。尤其薩先生說：『先秦思想可說都是政治思想。孔門四科，政事其一。』要是有人把這個說法推翻，我到真想見識一下。」

一位同仁說：「在〈八佾篇〉中，該書著者說：『孔子又在討論詩的文學了。剛才談政治，現在又談詩。』他原說孔子不談政治，這兒又說孔子談政治，豈非前後矛盾？」

我還沒來得及答話，另一位同仁說：「孔子四科：德行、言語、政事、文學。在〈衛靈公〉篇中，著者說：『孔子講的是學問，不是知識。再三強調的學問是作人作事。文學、科學、哲學等才是知識。』又說：『孔子又在討論詩的文學了。』既然說文學是知識，孔子也討論文學，為什麼斷然說孔子只講學問、不講知識呢？前言不對後語，所以我們覺得困惑。我們不反對標新立異，我們也不反對別出心裁，但若立的太異、裁的太別，恐怕也不正確！」

我說：「還有嗎？」

他說：「當然還有。」例如：「〈述而篇〉中，冉有問子貢：『夫子為衛君乎？』著者的語譯為：『我們的老師真的想作衛國的國君嗎？』這個解說太離譜了。第一，孔子是聖人，在衛國作客，怎麼會犯上作亂、謀奪人家國君的位置？第二，孔子以一個外國人—魯人，帶了幾個弟子，哪兒有力量謀奪人家國君的位子？」

我說：「這個『為』字，是『幫助』的意思。衛靈公寵愛夫人南子。南子原是宋國人，出名的淫亂，靈公竟為她召來宋國的花花公子宋朝。據史傳載，宋朝十分美麗（古可稱男子美麗），南子要見宋朝，野人歌曰：『既定爾婁豬，盍歸吾艾豭。』太子蒯聵聽到了，甚以為恥。因設計殺南子，但未能成功。蒯聵乃出奔晉國，依靠趙氏。靈公不久下世，蒯聵的兒子輒被立為國君，即衛出公。趙氏將以武力護送蒯聵回衛繼任國君。這是父子爭位的局面。當時，孔子正在衛國。故冉有問：『我們的老師會幫助出公對付他父親嗎？』這一段故事，〈史記〉〈衛康叔世家〉中有載。

〈論語集注〉、〈論語集解〉中也都有說明，可能這部書的著者沒讀過。子貢因問孔子：『伯夷、叔齊是什麼樣的人？』孔子說：『賢人。』又說夷齊二人『求仁得仁。』宋洪邁〈容齋隨筆〉卷三〈冉有問衛君〉條，洪氏引王逢源的話說：『〈孔子〉賢兄弟讓，知惡父子爭矣。』孔子既然讚美伯夷、叔齊兩兄弟互相讓位，當然厭惡父子倆的爭國君之位。是以子貢便認定：老師是不會協助衛君和他的父親爭國君之位的。」

於是兩位同仁異口同聲的說：「大使為何不把〈論語的故事〉予以增補寫成一書，也好讓後學者不至於被誤導？」

就因為他們這一句話，讓我花了近一年的時間，把原先寫好的，再予以修訂、增補，把全書寫完了。但我也遺漏了一些，例如：禘，皇帝祭天的禮。三年守喪，在古時士人必須遵守的，如今環境變遷，風習不同，所以也都省去了。

還有一點要說明：〈論語集注〉和〈論語集解〉都是千錘百鍊之作，經過時間的考驗，再加上邢昺和皇侃的疏，乃是我寫這本書的主要參考書。雖然本書有若干和他們意見不同之處，卻未敢獨樹一幟，太過標新立異，筆者自問讀書不多，智慧也非一流，若有謬誤之處，尤盼方家教正，則幸甚矣。

民國九十五年三月

於台北吟龍樓

註：婁豬—專供配種的母豬。艾豭—豭音加，公種豬。

論語的故事／目次

學而第一……11
為政第二……47
八佾第三……75
里仁第四……91
公冶長第五……121
雍也第六……143
述而第七……163
泰伯第八……187
子罕第九……205
鄉黨第十……223

先進第十一……229
顏淵第十二……243
子路第十三……267
憲問第十四……297
衛靈公第十五……327
季氏第十六……351
陽貨第十七……367
微子第十八……387
子張第十九……395
堯曰第二十……411
主要參考書目……415

學而第一

子曰：「學而時習之，不亦說乎？」

小時讀私塾，教讀的陳老夫子是前清秀才，他解釋這兩句話說：「一個學生讀了一篇書，學一首詩或一篇文章，要時時溫習，可不是一件很喜悅的事嗎？」他又說：「說字在這裡應該讀悅。說，就是喜悅、快樂、高興。」

南懷瑾的《論語別裁》中卻說：「當年老師、家長逼我們讀書時，那情形真是『學而時習之不亦苦乎？』孔子如果這樣講，我才佩服他是聖人。因為，他太通達人情世故了。」

陳老夫子講的話，和南懷瑾的解說，恰好完全相反。他們兩個人的不同見解，是出於認知的問題。試舉《莊子》中的一段對話來說明：

莊子與惠子遊于濠梁之上。

莊子曰：「儵魚出遊從容，是魚之樂也。」

惠子曰：「子非魚，安知魚之樂？」

莊子曰：「子非我，安知我不知魚之樂？」

我們讀語意學〈Semantics〉，其中說：人與人之間的了解有三大障礙，其一為放射思考。放射思考的錯處，乃是將命題〈Proposition〉和命題方程式〈Propositionalfunction〉混為一談。所謂命題，乃是一句有意義的話。它的內容我們能清楚看出來是否正確或存在。例如我們說：「三加五等於八。」、「張家哥哥比弟弟高兩公分。」這是顯而易見的，這便是命題。我們若說：「甲數加乙數等於八。」、「哥哥比弟弟高。」看起來有意義，事實不然。甲數是多少，乙數是多少，我們不知道。弟弟也不見得比哥哥矮，這是兩個命題方程式。其二是推論思考，即是把推論來代替觀察。我們一位大使從非洲回來，他收養了一個非洲女嬰，這位小姐讀國小六年級時，坐公車遇見一位老美。老美對她說英文，她卻不懂，老美推論她是美國人！其三是定義思考，四川人心目中的好菜，如辣子雞丁、麻婆豆腐、豆瓣鯉魚等，都是辣的不得了的菜。江浙人卻不喜歡辣，四川人請江浙人上餐館，菜端上來，四川人一直叫好，他的朋友卻難以下筷。

在春秋戰國之時，既沒有電視、音響，而且根本沒有電。窮苦人家，也買不起油燈、蠟燭。天一黑，只能上床睡覺，年輕人一身精力，哪兒睡得著。想出去走走，既沒路燈，又下大雨，此時若能坐在一旁背書，既可消磨時間，又能得到父母的讚許，豈能不快樂？

生活環境不同，我們不能以現在的條件去衡量古時候的人。

但是，我們對這句話的解釋卻完全不一樣，我們打算用孔夫子的話來解說他自己的話。《論語》把這句話放在卷首，意義重大。這句話中包含了三個主要的字：「學」、「時」、和「習」。

孔子最注重學。子曰：「吾嘗終日不食、終夜不寢，以思，無益。不如學也。」又說：「十室之邑，必有忠信如丘者焉。不如丘之好學也。」哀公問弟子中誰最好學？子曰：「有顏回者好學，不幸短命死矣。今也則亡〈無〉。未聞好學者也。」

這是「學」。第二個字是「時」。

劉安所著《淮南子》〈氾論篇〉中說：大禹的時候，懸鐘、鼓、磬、鐸、置鞀，以待四方之士。佈告天下說：「教寡人以道者擊鼓，論寡人以義者擊鐘，告寡人以事者振鐸，語寡人以憂者擊磬，有獄訟者搖鞀。」大禹吃一餐飯要起身七次，洗一個澡要把頭髮捲在手中三次，以聽四方之士，進善效忠。於是下情上達，上下一心，終於做成了太平盛時。

但到了殷紂王之時，誰進忠諫，誰就倒楣。王子比干被殺，箕子佯狂被髮，以免其身。誰還敢向皇帝說話呢？

因此劉安說：「和氏之璧，夏后之璜，揖讓而進之，足以合歡。」但若在夜間把這些貴重的東西丟給人家，人家會以為你在攻擊他反而會怨恨你。這便是合時不合時的分別。

《周易艮卦彖傳》有云：「時止則止，時行則行」。「動靜不失其時」。《豐卦彖傳》云：「與時消息。」《繫辭傳》云：「待時而動。」此外，《易經》中說時的還很多。都是說明合時的重要。

孔子被稱為「聖之時者也」正在他的合時。所以，他能做到「可以仕則仕，可以止則止。可以久則久，可以速則速。」《孟子》〈公孫丑〉篇中說得很明白。

因此，個人以為「學而時習之」的「時」，乃是合時〈opportune〉、恰當的時機〈favorable opportunity〉的意思。並非「時常」〈time and again〉或經常〈frequent〉的意思。

至於「習」，南懷瑾先生解釋說曾子「吾日三省吾身」一章，把「傳不習乎？」說成：「老師教我如何去作人作事，我真正去實踐了沒有？」把「習」解釋為「實踐」，非常貼切。也有應用、運用、使用的意思。

實踐，換句話說，就是「實地應用出來」的意思。所謂「學以致用。」

列子中有一篇故事恰是對「學而時習之」的詮釋，特列舉於後：

魯施氏有二子，其一好學，其一好兵。好學者以術干齊侯，齊侯納之，為諸公子之傅。好兵者之楚，以法干楚王，王悅之以為軍正。祿富其家，爵榮其親。施氏之鄰人孟氏，亦有二子，所業亦同，而窘于貧。羨施氏之有子，因從請進趨之方。二子以實告孟氏。

孟氏之一子之秦，以術干秦王。王曰：「當今諸侯力爭，所務兵、食而已。若用仁義治吾國，是滅亡之道。」遂宮而放之。

其一子之衛，以法干衛侯。衛侯曰：「吾、弱國也，而攝乎大國之間。大國吾事之，小國吾撫之，是求安之道。若賴兵權，滅亡可待矣。若全而歸之，適于他國，而為吾之患不輕矣！」遂刖而還諸魯。

既反，孟氏之父子，扣胸而讓施氏。

施氏曰：「凡得時者昌，失時者亡。子道與吾同，而功與吾異，失時者也。非行之謬也。且天下理無常是，事無常非。先日所用，今或棄之。今之所棄，後或用之。此用與不用，無定是非也。

投隙抵時，應事無方屬乎智。智苟不足，使君博如孔丘，術如呂尚，焉往而不窮哉？」孟氏父子釋然無慍容。曰：「吾知之矣。子勿重言。」（〈說符第八〉）

施氏之子與孟氏之子，所學的都是一樣。施氏之子得「時」，所以兩個都很發達。薪水養家，官爵榮親。孟氏之子失「時」，一個被施以宮刑，一個被砍斷雙腳，驅回魯國。

至於孔子呢？他好學，學問好，無容置疑。他也是時時想發揮他的所學，所以周遊列國。卻未能見用。

〈陽貨〉篇中載：公山弗擾以費叛，召孔子，孔子想去，子路不高興，孔子說：「夫召我者，而豈徒哉？如有用我者，吾其為東周乎？」陽貨為季氏的家臣而專魯政，他要見孔子，孔子卻不願見他。後來兩人在半路碰上了，陽貨說孔子：「懷其寶而迷其邦，可謂仁乎？好從事而亟失『時』，可謂知乎？」孔子都說不「可」、陽貨又說：「日月逝矣，『時』不我與！」孔子說：「諾，吾將仕矣。」這裡明白點出孔子是想要把所學用出來的，但他不欲為陽貨辦事。他當然也不會去為以費而叛上的公山弗擾工作。子路卻以為孔子真要去費，他實在不知孔子。佛肸以中牟叛，也召孔子，孔子說要去應召。子路又不悅。孔子說：「至堅之物，怎麼磨也磨不薄的。至白之物，怎麼染也染不黑的。我不能像匏瓜，只吊在那兒供人看看卻不供人食用！」這都充分顯示孔子要「學而習之」。只可惜找不到適當的時機！是以只好「卷而懷之」終生了。假如他真能有好的時機把所學貢獻給社會，他能不喜悅嗎？

子曰：「有朋自遠方來，不亦樂乎？」

朋，朋友的意思。古時，同門曰朋，同志曰友，而在這句話中，「朋」是指知心的好友。樂，喜也。釋文：「歡也。」在這裏是高興、快樂、喜歡的意思。

「高處不勝寒。」我們常拿來形容地位高的人，因為他們朋友少，不免有寂寞的感歎。宋朝號稱聖相的李沆，便是一個好例子。他做宰相時，接待賓客，很少說話。因為沒有能和他談得來、可稱為朋友的人。外界對他頗有微詞。他的弟弟李維乘間告訴李沆。李沆說：「……薦紳如李宗諤、趙安仁，皆時之英秀。與之談，猶不能啟發吾意。自餘通籍諸子，坐起拜揖，尚周章失次，即席必自論功最，以希寵獎。此有何策而與之接語哉？苟屈意妄言，即世所謂籠罩（敷衍的意思）。籠罩之事，僕病未能也。」

由這一段宋史的記載，我們可想見李沆是多麼的寂寞。假如有一個能瞭解他，能在智慧、品德、學問、言談各方面和他相當的朋友，自遠方來拜訪他，他能不快樂，不高興嗎？尤其古時交通不方便，既沒有飛機，也沒有汽車。行船、跑馬，一天也走不了多少里路。從甲地到乙地，走個十天半個月是平常的事。而所謂遠方，可能行程還不止此，當然更為不易。每讀辛稼軒的詞：「鑄就如今相思錯，料當初費盡人間鐵！」讓人充分的體會到好朋友聚會的快樂，分手的痛苦。

朋是什麼？宋賢歐陽文忠公（修）的朋黨論中就說得很好：

「大凡君子與君子，以同道為朋。小人與小人，以同利為朋。……小人無朋，惟君子則有之。……

小人所好者，利祿也。所貪者，貨財也。當其同利之時，暫相黨引以為朋者，偽也。及其見利而爭先，或利盡而交疏，則反相賊害。雖兄弟親戚，不能相保。……君子則不然。所守者道義，所行者忠信，所惜者名節。以之修身，則同道而相益。以之事國，則同心而共濟。始終如一。此君子之朋也……。」說得真好。

孔子為什麼會有這兩句話呢？而且這兩句話寫在論語開頭的地方，足見孔門弟子也很看重這兩句話。相信孔子也是有感而發的呢。我們讀《莊子》，裡面有一段孔子和子桑戶的對話：

孔子問子桑戶曰：「吾再逐于魯，伐樹于宋，削跡于衛，窮于商周，圍于陳蔡之間，吾犯此數患，親交益疏，徒友益散。何歟？」子桑戶曰：「子獨不聞假人之亡乎？林回棄千金之璧，負赤子而趨。或曰：『為其布歟？』赤子之有寡矣。『為其累歟？』赤子之累多矣！『棄千金之璧，負赤子而趨，何也？』林回曰：『彼此利合，此以天屬也。』夫以利合者，迫窮禍患相棄也。以天屬者，迫窮禍患相收也。夫相收之與相棄亦遠矣。且君子之交淡若水，小人之交甘若醴。君子淡以親。小人甘以絕。彼無故以合者，則無故以離！」孔子曰：「敬聞命矣。」

我們不知道這段對話是不是真有其事。但孔子的「再逐于魯，伐樹于宋，削跡于衛，窮于商周，圍于陳蔡之間」卻是事實。很可能，孔子經過這麼多的困境，所謂「朋友」的人，都散去了，不回來了。假如有一位真可稱為「朋友」的人徒步了好幾百里路來看他，他能不高興嗎？

莊子有一次送葬，經過好朋友惠子的墳墓，他對隨從在旁的門人說：「郢地方有一位水泥匠，工作時不小心把自己的鼻尖沾上了一層比蒼蠅的翼翅差不多厚薄的漿水，他請一位石匠用斧頭把這一點點石灰漿水給削去。那位石匠運斧如風，三兩下便把石灰漿給削乾淨了，卻一點也沒傷到鼻子。而那位泥水匠聽任石匠運作，也能目不轉睛，臉不變色，從容承受。宋元君聽說了，便把石匠找來，要他對自己也試一試這種絕技。石匠說：「我確實能做得到，而且作過。但那位泥水匠去世了，沒有他在，我再也不能了！」莊子最後告訴他的門人說：「我的泥水匠已經去世了（指惠子），我已經沒有知心相談的人！」

我們看今日的美國職業籃球賽，一個隊伍在一起打了許多場球之後，隊友之間，有十分好的默契，打起球來，得心應手，很能得勝。就好像郢之泥水匠和石匠。若是忽然換了合作對手，默契沒有建立起來，恐怕要不輸球都難！

我們讀古書，覺得最能代表「朋友」的，以羊角哀和左伯桃的故事最為動人：

戰國時左伯桃與羊角哀為友。聞楚王賢，同入楚。適遇雨雪，而衣薄糧少。二人計不俱全。伯桃謂哀曰：「吾所學不如子。子往矣。」乃併衣糧與哀，自入空樹中死，哀至楚為上卿，顯名當世。乃啟樹發伯桃屍，備禮改葬之。伯桃墓近荊將軍靈。哀夢伯桃云：「夜被將軍所伐！」哀云：「我向地下看之。」遂自刎死。

這便是羊角哀刎項全交的故事，多麼感人！若是你有這麼樣的一位朋友自千里外來探望你，你能不高興嗎？不快樂嗎？

我們讀到孔子這兩句話，常想到謝師厚的詩：

倒著衣裳迎戶外，盡呼兒女拜燈前。

那種寒夜好友來訪時的欣喜狀態，寫來十分生動。因為寫的是實情，所以也特別感人。而這首詩，正可為孔子的「有朋自遠方來，不亦樂乎？」兩句話作註解。

人不知而不慍，不亦君子乎？

這句話簡單的解釋是：自己的學問好、修養好、做了許多善事，沒有做任何壞事，雖然不為人所知，不為人所諒解，而能毫無怨尤，這一種人，應該算得上是君子吧！

《論語》中說到「君子」的地方很多，怎麼才是「君子」。孔子家語第七篇五儀解中載：

子曰：「人有五儀，有庸人、有士人、有君子、有賢人、有聖人。」

這一段文字和〈大載禮記〉卷一，哀公問五義一段的文字相同，邢昺疏：「善人即君子也。」見《論語註疏》卷七〈述而篇〉。而朱熹卻把善人與君子分開，他說「君子才德出眾之名。」「善人者，志于仁而無怨。」我們根據孔子自己的說法，認為君子的地位是僅次於聖人和賢人的人。

慍，鄭玄註云：「慍，怨也」《集解》云：「慍，怒也。」朱子《論語集注訓詁》學而第一中說：「慍，含怒意。」《論語集注補正述》卷一〈學而〉篇中，程子就朱子之「慍，含怒意。」進一步予以解說，他說：

〈禮〉〈檀弓〉鄭注云：「慍猶怒也。」鄭釋慍者，不直訓怒也。夫慍有蘊之義焉。蘊怒于心。若書〈經〉無逸篇所謂含怒也。

我們讀《論語》，發現還有兩處也用了「慍」字。其一為公冶長篇：

令尹子文三仕為令尹，無喜色。三已之，無慍色。舊令尹之政，必以告新令尹。

「三已之，無慍色。」這裏的「慍」字，似應解釋為「沒有怨色。」而不能解為「沒有怒色」。令尹子文是楚國的名相，令尹就是宰相，他姓鬥，名穀於菟。

另一處為〈衛靈公〉篇：

孔子在陳絕糧，從者病，莫能興，子路慍見曰：「君子亦有窮乎？」

按：對於這一章，朱熹的註解說：「聖人當行而行，無所顧慮，處困而亨，無所怨悔。」也等於間接把「慍」字解釋為「怨」了。

或謂這一章意思是：「別人不能瞭解，自己卻不因此而不高興，這種人，也不能不算是君子了。」這樣解釋雖也說得通，只是「人家不懂，自己不生氣，便算得上是君子。」那君子未免也太多了些。我們讀宋史，有些大臣，他們的高風懿行，真值得我們佩服、學習，像王旦，宋史卷二百八十二載：

帝嘗示二府喜雨詩，旦袖歸曰：「上詩有一字誤寫，莫進入改卻否？」王欽若（奸臣）曰：「此亦無害。」而密奏之，帝慍（此處的「慍」應作「怒」解。），謂旦曰：「昨日詩有誤字，何不來奏？」旦曰：「臣得詩未暇再閱，有失上陳」。惶懼再拜謝，諸臣皆拜，獨樞密馬知節不拜，具以實奏。且曰：「王旦略不辨，真宰相器也」。帝顧旦而笑焉。

又：

〈陳〉彭年與王曾、張知白參預政事，同謂旦曰：「每奏事，期間有不經上覽者，公批旨奉行，恐人言之以為不可」。旦遜謝而已。一日奏對，旦退，曾等稍留。帝驚曰：「有何事不與王旦來？」皆以前事對。帝曰：「旦在朕左右多年，朕察之無毫髮私。自東封後，朕諭以小事一面奉行，卿等謹奉之」。曾等退而愧謝。旦曰：「正賴諸公規益」。略不介意。

由上面所舉的兩個例子，我們認為王旦正是「人不知而不慍」的標準君子。我們每讀宋史，對於宋代的一些名臣、重臣，真是嚮往不已。他如宋初太宗下名相，李昉為盧多遜所毀而不校，呂蒙正為張紳所污而不辨，張齊賢為同列所累而不言，賈黃中多所荐引而不居功，史家稱之為「盛德君子」，不亦宜乎？

公山費擾以廢畔，召，子欲往。子路不悅。佛肸以中牟叛，召，子欲往，子路又不悅。子見南子〈衛君的夫人〉，子路又不悅。子路實在不知道孔子。但孔子並未慍怒。「人不知而不慍」安排在《論語》第一章的第三句，也是有道理的。

有子曰：「其為人也孝弟，而好犯上者，鮮矣。不好犯上而好作亂者，未之有也。君子務本，本立而道生。孝弟也者，其為人之本與？」

根據《史記》卷六十七〈仲尼弟子列傳〉，有子名有若，比孔子小四十三歲。王肅〈家語〉云：「有若，字子有，一云字子若。斯以姓為字，又以名為字也。豈是據乎？」〈家語〉又說：「魯人，字子有，少孔子三十三歲。」較〈史記〉所說差了十歲，未知孰是。

〈爾雅〉釋訓云：「善父母為孝、善兄弟為友。」《論語集注補正述疏》在本章下註曰：「蓋友者，兄弟相善也。今不曰『友』而曰『弟』，則弟善其兄矣。」

耶魯大學印行，由F. S. L. Northrop所編輯的（意識歧異與世界秩序）（Ideological Differences And World Order）一書中提供了一篇標題為〈傳統中國社會的哲學基礎〉〈The Philosophical Basis of Traditional Chinese Society〉的論文，該文作者馮友蘭先生認為傳統中國社會的哲學基礎乃是一個孝字。他列舉〈禮記〉〈祭義〉中一段曾子的話：

曾子曰：「身也者，父母之遺體也。對父母之遺體，敢不敬乎？居處不莊，非孝也。事君不忠，非孝也。朋友不信，非孝也。蒞官不敬，非孝也。戰陳無勇，非孝也。五者不遂，烖及于親。敢不敬乎？」（註：「戰陳」即「戰陣」。「烖」即「災禍」。）

一個人只要心存孝道，他便能事君以忠，蒞官以敬，交友以信，接戰以勇，兄弟之間，互相友愛。也就是說：「孝」便是為人的根本。

有子所說的「孝弟」，「弟」即是「悌」，兄弟相處之道也。實際上也是由孝推衍而來。曾子所說：「身也者，父母之遺體也。對父母之遺體，敢不敬乎？」兄弟的身體，也是父母的遺體，當然也要敬了。

因此，有子的話，我們可以作下列的解釋：假如一個人能孝順父母，他必然也能善事兄長。他對長者不會有冒犯的行為。不好冒犯長者的人，就更不可能作亂犯逆了。君子要從根本上修養自己。根本建立了，正確的作人處事方向也就確定了。所謂根本，就是「孝弟」。

有的版本，最後一句「其為人之本與」，作「其為仁之本與」。「為仁」即是「行仁」。「務」，《集注補正》說是「專力」的意思。拿現代的語言說，應該是「努力從事」的意思。

《集注補正》又引了程子的一段解釋：

程子曰：「孝、弟，順德也。故不好（去聲）犯上，豈復有逆理亂常之事？德有本，本立則其道充大。孝弟行於家，而後仁愛及於物。所謂親親而仁民也。故為人以孝弟為來。」

程子的解釋，還算差強人意。

我們認為，一個人連螞蟻都不願踏死一隻，他恐怕連雞都不敢殺，當然更不致於殺人越貨了。一個孝順父母、友愛兄弟的人，當然不會違背長上，謀反作亂。所以，我們認為這句話的邏輯是相當正確的。

子曰：「巧言令色，鮮矣仁。」

「巧言」一辭，出自〈小雅〉。〈詩經〉〈小雅〉〈小旻之什〉有〈巧言〉一詩，述說國君信讒言，殘害忠良，以致天下大亂。〈巧言〉中有一段話說：

蛇蛇碩言，出自口矣。巧言如簧，顏之厚矣。

所謂「蛇蛇」，〈朱傳〉謂安節貌。碩者，大也。碩言即大話，謊話。巧言如簧，花言巧語，像樂器的簧片所發出的聲音，好聽得很，顏之厚矣，臉皮厚不知羞恥。

《集注補正述疏》中說：

巧，好。令，善也。好其言，善其色，致飾於外，務以悦人。則人欲肆，而本心之德亡矣。

要辨別一個人所說的話是「巧言」還是「真話」實在不易。〈貞觀政要〉卷六中，唐太宗有感而發說了一段話：

貞觀初，太宗謂侍臣曰：「朕觀前代讒佞之徒，皆國之蝨賊也。或巧言令色，朋黨比周，若暗主庸君，莫不以之迷惑。忠臣孝子，可以泣血、銜冤。故叢蘭欲茂，秋風敗之。王者欲明，讒人蔽之……

唐太宗是歷史上有名的英主，他都感到「巧言令色」之不易對付。

清顧亭林先生《日知錄》中有一段話說：

末世人情彌巧，文而不慙。固有朝賦採薇之篇，而夕有捧檄之喜者，曰：「是不然。世有知言者出焉，則其人之真偽，即以其言辨之，而卒不能逃也。……〈易〉曰：「將叛者，其辭慙。中心疑者其辭枝。失其守者其辭屈。〈詩〉曰『盜言孔甘，亂是用餤。』夫鏡情偽，屏盜言，君子之道，興王之事，莫先乎此。」

說的很好，但要有「知言者」才能看破對方的巧言，看透對方的令色，實在也不易。說話如此，文章亦復如此。《詩序》云：

詩者，志之所之也。在心為志，發言為詩。情動於中，而行於言。

許多讀者都喜歡周邦彥和史邦卿的詞。周的《六醜》賦落花，史的《双双燕》詠燕，都是傳唱千古的不朽之作。而劉熙載在他所著的《藝概》中卻說：

周美成〈邦彥字美成〉詞，或稱其無美不備。余謂詞莫先於品。美成詞富艷精工，只是當不得一個「貞」字。是以士大夫不肯學之，學之則不知終日意縈何處矣。……周美成律最精審，史邦卿句最警鍊。然未得為君子之詞者，周旨蕩而史意貪也。

說的真好，一個人的想法、意念，不管他怎麼巧言修飾，不免還會在他的言語或文字中洩露出來。劉熙載可謂是「知言者」。所以《文心雕龍》中說：

夫綴文者，情動而詞發。觀文者，披文以入情。沿波討原，雖幽必顯。世遠莫知其面，觀文輒見其心。豈成篇之足深，患識照之自淺耳。

我們對這一段文字的解釋為：若有人好其言語、善其顏色，來對你說話，他所說的，鮮有仁的意味。也就是說：他所說的，多半是「虵虵碩言」。

《論語集解義疏》中，「鮮矣仁」，作「鮮矣有仁」。意思差不多。王肅《家語》認「巧言無實，令色無質。」也頗值參考。

曾子曰：「吾日三省吾身：為人謀而不忠乎？與朋友交而不信乎，傳不述乎？」

《史記》〈仲尼弟子列傳〉載：曾子名參，魯之南武城人。按：參、乘也。故字子輿。小孔子四十六歲。孔子曾說：「參也魯。」《集解》孔安國曰：「魯，鈍也。曾子遲鈍。」但孔子認為他能通孝道，因而傳授他學業。曾子曾作《孝經》，又作《大學》。《大學》原為《禮記》裏的一篇，後人把這篇書分出來，獨立成書，成為四書之一。

孔子說曾子「魯」，其實並非「笨」的意思。只是比起顏淵、子貢等人，他思想比較慢他們一些而已。

曾子這一段話的意思是說：「他每天要自我檢討三次。一是為人策劃事情是否已盡心盡力？一是和朋友交往是否都本著誠信的原則。三是老師所教授的，有否去實踐。」

劉安的《淮南子》中有一段故事說：曾子幫他父親耘瓜，不小心把一棵瓜藤的根弄斷了。他父親大怒。拿起一根大棍子，一棍便把曾子打昏過去。好在曾子平時身強力壯，過了一會便醒了過來。孔子知道了，叮囑他的門人說：「若是那個大不孝的曾參要來，不許他進門。」曾子認為他沒有錯，請託同學向孔子求情。孔子說：「舜的父親瞽叟有任何事情需要幫手時，舜總是在就近侍候。他生氣要拿小鞭子打舜，舜也乖乖的讓父親打、消氣。瞽叟若是拿大棍子要打人，舜便逃得遠遠的。是以始終能作一個孝子，又不致陷父親於不義。曾子的父親用大棍子打他，他為什麼不逃？若是不幸他被父親一棍打死了，他父親免不了要背殺子的不義之罪。如此大不孝的人，我為什麼要見他？」

由這個故事，我們也可以瞭解，為什麼孔子說「參也魯。」他對事的反應是慢了一些，也可能由於這個故事，使曾子有「一日三省吾身」的念頭。

讀者或可能認為反省是一件容易的事，其實不然。宋代名相范純仁，他是參知政事（副首相）范仲淹的兒子。每每戒子弟說：

人雖至愚，責人則明。雖有聰明，恕己則昏。苟能以責人之心責己，恕己之心恕人，不患不至聖賢地位也。《宋史》〈范仲淹傳坿范純仁傳〉

由范純仁的這段話，我們充分體會到：曾子一天之內檢討自己三次，並不如想像中的容易。即如曾子，只想到受父親的責罰、讓父親消氣是孝順，卻沒進一步想到自己若被父親用大棍子打死了，卻會陷父親於不義，自己也成為大不孝！

我們現在再舉一個實例來證明自省不易：

貞觀初，太宗與黃門侍郎王珪宴語。時有美人侍側，本廬江王瑗之姬也。瑗敗，藉沒入宮。太宗指示珪曰：：「廬江不道，賊殺其夫，而納其室。暴虐之甚，何有不亡者乎？」珪避席曰：「陛下以廬江取之為是邪？為非邪？」太宗曰：「安有殺人而取其妻，卿乃問朕是非，何也？」珪對曰：「臣聞於管子曰：齊桓公之郭國，問其父老曰：『郭何故亡？』父老曰：『以其善善而惡惡也。』桓公曰：『若子之言，乃賢君也。何至於亡？』父老曰：『不然，郭君善善而不能用，惡惡而不能去，所以亡也。』今此婦人尚在左右，臣竊以為聖心是之。陛下若以為非，所謂知惡而不去也。」太宗大悅，稱為至善。遽令以美人還其親族。（見《貞觀政要》卷三。）

在這個故事裡，我們發現，英明如唐太宗，「責人則明」，「恕己則昏」。只看到李瑗殺人夫奪其妻的不是，卻不知自己也犯了同樣的錯，要等到王珪提出來檢討，他才覺悟。

子曰：「道千乘之國，敬事而信，節用而愛人，使民以時。」

根據《論語集解義疏》：道、導，古來相通。馬融註曰：「導者，謂為之政教也。」司馬法：六尺為步，步百為畝，畝百為夫，夫十為屋，屋十為中，井十為通，通十為城，出草車一乘。然則千乘之賦其地千城也，居地方三百一十六里有奇。唯公、侯之封，雖大國之封，亦不是過焉。

根據同書之苞氏曰：「千乘之國者，百里之國也。古者井田，方里為井，井十為乘。百里之國者，適千乘也。」馬融依〈周禮〉，苞氏依〈王制〉，各有道理。

古之國，實若今之省，甚至更小。千乘之國，據義疏，約當公、侯國，應為大國。本章的意思，擬解說如次：

要治理〈領導〉千乘大國，必須事事認真，言出必信，節省用度而以愛民為本。只有在農民不忙的時候，才差使他們，作其他有益於國家的事。

在孔子的時代，我國是道地的農業社會。男耕女織，為民生之本。若在農忙之時，使喚農民擔任築路、造橋、興建宮殿等工作，必然使糧食不足。民以食為天，糧食不足，禍害可就大了。古時生產的方法非常原始，沒有機器，全賴手工。若不節省物資，一旦造成物資缺乏，不免發生巧取豪奪之事，便將天下大亂。

古來最主張節用的，乃是墨子。世稱孔墨不同道，蕭公權先生在他所著《中國政治思想史》一篇四章一節中認為「此不免皮相之談。」當時歷史時代和政治環境大致相同，而墨子又可能接受過儒術的薰陶，「故行動思想，不免彼此相近。」（以上為蕭公權語。）《墨子》中〈節用〉主張儉省費用，免除無益之消耗。旁及節葬、非樂。

節省是一種美德，自古已然。不過，時代變遷，專為節省而節省也不見得正確。記得政府遷到台灣時，那是民國三十八九年和四十二三年之間的事。當時，國內物資缺乏，生產設備落後。一應民生用品，全靠進口，厲行節約，乃是政府施政的重大政策。一個公文信封，必須用三次。信封上都有第一至第三次收信地址機關之空白處。若有浪費，很可能受處分。但當時在美國，因為要鼓勵生產，加速發展經濟，一個信封若用第二次便是犯法，也要受處分。我們之所以要把這些寫出來，目的是告訴讀者：論語是兩千多年前的思想，它裡面的大道理是完全正確的，如忠、信，孔夫子認為飯可以不吃，「民無信不立。」我們到今天還是認為忠、信是千古不移的道理。但有一些小節，像節用，像使民以時，現在用機器來生產了，若是大家都是五十年才換一輛汽車，那汽車工廠早就該關門。機器代替人力種田、收割，農民的勞力過剩太多。他們必須向工廠去發展、找工作。民時不民時，已經不是問題了。

子曰：「弟子入則孝，出則悌，謹而信，汎愛眾而親仁。行有餘力，則以學文。」

《論語集註補正述疏》中說：謹者、行之有常也。信者、言之有實也。汎、廣也。親、近也。仁謂仁者。餘力，猶言暇日。文、謂詩書六藝之文。

馬融說：「文者，古之遺文也。」

古人稱學生為「弟子」。即是老師把學生看成自己的弟弟、自己的兒子。是以師生之情，有如父、兄之於子、弟。

孔子這章書，要求他的門人在家要孝順父母，到了社會上要尊敬長輩，愛護朋友與年青人的。而且持之以恆，講究信用。汎愛眾人，而以仁為基本。若作這些事之後，尚有精力、餘暇，則用來研究文學。這段話中所說的文，其實包括了文章、藝術、音樂、書法等。

孔子的這段話，說給門人聽，實在有父母叮囑兒女要學好的口氣。愛護之情，溢於言表，彌足動人。

記得讀大學時，若干大官，兼任教授。不但上課時常遲到，講完課後，下課鈴一響即夾起皮包，走進有司機駕駛的小轎車，絕塵而去。至於學生是否聽懂了他的講說，心中有沒有疑問，他根本不理。一班有幾個學生，誰姓張，誰姓李，他也根本不關心。他關心的是一份鐘點費。

這是說大學。至於小學、中學，老師體罰學生，更是層出不窮。似乎老師想到的只是月俸，學生害怕的，是考試不及格。師生之情，已經不見了。可歎！

子曰：「君子不重則不威，學則不固，主忠信，無友不如己者。過則勿憚改。」

這一段話難解之處，在一個「固」字。若干學者把「固」字當正面的「穩固」、「堅定」的意思。有些學者認為「固」者，蔽也。完全是負面的「固執」、「蔽塞」的意思。

今人南懷瑾《論語別裁》中解釋說：

一個人沒有自信，也不自己重視自己，不自尊，「學則不固」，這個學問是不穩固的。這個知識對你沒有用。因此我們必須建立起自己的人格、自己的信心來。

陳大齊《論語臆解》中卻說：

「學則不固」的「固」字，依《論語》用「固」字的通例而論，應解作「蔽」字。……若蔽於緩或蔽於急，則一切唯緩或急是求。便釀成拘泥固執的流弊，招致失敗的結果。

依照南氏的解說，似乎把孔子的話說成：「君子不重則不威。不重，學則不固。」陳氏的說法則是：「君子不重則不威。君子學則不固。」兩種說法都通。其所以有兩種說法，實源於〈集解〉中的兩種解釋：

孔曰：「固，蔽也。」又曰：「言人不能敦重，既無威嚴，學又不能堅固識其異理。」朱注：「固，堅固也。」

陳大齊《論語臆解》中說：

《論語》中所用「固」字，有可作「堅」字解的。亦有可作「蔽」字解的。〈季氏篇〉「固而近於費」的固字應當解作「堅」字。〈子罕篇〉「毋固」的「固」字，及〈憲問篇〉「疾固也」的「固」字，都應解作「蔽」字。

我們認為：依照本章的句法，似乎每一句都是獨立的。我們的解釋是：

一・君子要莊重才有氣度，有威嚴，不可有輕浮的態度，讓人瞧不起。我們舉宋朝名臣呂大防為例：

大防身長七尺，眉目秀發，聲音如鐘。自少持重，無嗜好。過市不左右移目。燕居如對賓客。每朝會，威儀翼如。神宗（皇帝）常目送之。（〈宋史〉卷三百四十。）

又如王曾：

曾資質端厚，平居寡言笑，人莫敢干以私。少與楊億在侍從。億喜談謔，凡僚友無不狎侮。至與曾言，則曰：「余不敢以戲也。」

呂大防為宰相，重而有威。王曾在侍從時，也是莊重敦厚，同列也不敢狎侮。所以君子要自重。

二・君子求學，不可固執，應有隨機應變、隨時應變的作法。

〈憲問〉篇中，孔子說：「邦有道，穀。邦無道，穀，恥也。」孔安國的解釋說：「邦有道，可出來作官，拿俸祿，貢獻一己之所學。邦無道若還要出來作官，拿俸祿，那是可恥的行為。」這章文字正好解釋「學則不固」。

又如〈公冶長〉篇中，孔子稱讚甯武子說：「邦有道則知，邦無道則愚。其知可及也，其愚不可及也。」這一章書和上一章差不多。甯武子是衛國的大夫。在國家諸事都上了軌道之時，他便把所學所知發揮出來。後來朝代換了，群小把持政治，他便突然得了「老人癡呆症」，變得愚笨不堪。這段話也可為「學則不固」為註腳。（《集解》註）

三・君子為人處世，要忠實，要講信用。

按「主忠信」一語，〈集解〉引鄭玄說，謂「主、親也。」邢昺疏直接了當的說：「凡所親，皆忠信也。」換句話說，鄭、邢兩人把「忠信」視為「具有忠、信二德之人。」〈皇疏〉云：「忠信為心，百行之主也。」朱注云：「人不忠、信，則事皆無實。」這兩種說法把忠、信視為兩種德行，而非具此二德性之人。

我們讀論語，發現孔子非常提倡忠、信。〈顏淵篇〉中，子張問崇德辨惑。子曰：「主忠信、徙義，崇德也。」在這裡，「忠、信」二字清清楚楚的是說兩種德行。所以，我們認為本章「主忠信」，是指德行本身，而非具此二德性之人。

每讀唐代魏徵的〈述懷〉詩，想見其人的忠、信。〈述懷〉最後八句云：「既傷千里目，還驚九逝魂。豈不憚艱險，深懷國士恩、季布無二諾，侯嬴重一言。人生感意氣，功名誰復論。」前四句是「忠」，後四句是「信」。魏徵襄贊唐太宗達成貞觀之治，靠的便是「忠」「信」。

四．無友不如己者，是說：所交的朋友，都有他的長處。我們要欣賞，甚至學習他的長處。不可自驕自大，認為別人都不如我。是以孔子曾說：「三人行，必有我師焉。」你和種瓜的人走一起，他的種瓜技術就可以做你的老師。孔子還曾說過：「起余者商也。始可以言詩矣。」認為學生都能啟發他，何況朋友。

五．人非聖賢，孰能無過。發現了自己的過失，不要怕改。所謂知過必解。

聖經中說：有一對犯通姦罪的男女，村民要用石頭把兩人活活砸死。問耶穌如何？耶穌說：「當然要用石頭把他們砸死。請問村民們哪一位從來沒有犯過錯的？請他扔第一塊石頭。」結果，沒人敢丟第一塊石頭。也就是說，人都犯過錯，只是，自己犯錯，常不易察覺。前面「吾日三省吾身」中已舉了唐太宗的例子。這裡不贅了。

《集注補正述疏》中，游氏曰：「君子之道，以威重為質，而學以成之。學之道，必以忠信為主，而以勝己者，輔之，然或吝於改過，則終無以入德。而賢者亦未必樂告以善道，故以過勿憚改終焉。」

游氏的解說，還算完整。

有子曰：信近于義，言可復也。恭近于禮，遠恥辱也。因不失其親，亦可宗也。

《論語集注補正述疏》中有列舉一個故事說：尾生和他心愛的女子相約好在橋下見面。女子遲遲未到，眼看山洪暴發，洪流滾滾而來。尾生為了守信，不肯離開，結果為洪水溺斃。尾生為守信而死于非命。實非所宜。義者、宜也。所以說，尾生的守信，並不是義。信有時近乎義，但並不是義。孔夫子曾說過：「君子貞而不諒。」諒、守小節之謂。像尾生之守信。實非君子所宜。

這是一章難解的書。我們先舉幾個實例。

《左傳》哀公十六年：

葉公曰：「吾聞（白）勝也，詐而亂，無乃害乎？」

子西曰：「吾聞勝也，信而勇，不為不利。舍諸邊境，為魏藩焉。」

葉公曰：「周仁之謂信，率義之謂勇。吾聞：勝也，好復言而求死士。殆有私乎。復言，非信也。期死、非勇也。子必悔之。」

弗從，召之，使處吳境，為白公。（白勝後來果然作亂。）

白勝言而必踐，似是信，但他的目的在招募死士而已。真正的信，應該本乎義。盜匪不畏死而搶劫，豈能稱為勇？合乎義的勇，才是真勇。

至於恭，我們讀《晉書》卷三十三〈石苞傳〉附〈石崇傳〉載：

崇穎悟有才氣，而任俠無檢。……與潘岳諂事賈謐。廣城君每出，崇降車路左，望塵而拜。其卑佞如此！

廣城君乃是賈充的妻子郭槐，她的一個女兒是皇帝的寵妃，權傾後宮。另一個女兒私通韓壽，她把皇帝賜給賈充的異香偷給韓壽。這才暴露了姦情，賈充只好把米已成飯的女兒嫁給韓壽。把知情的婢僕都給殺了，以免家醜外揚。賈充兩個兒子都因郭槐的妒心太重而夭折。乃把韓壽的兒子韓謐要過來繼姓賈，外孫變成了孫兒。賈謐憑仗姑母（實際上是姨母）賈妃的權勢，為非作歹。石崇對廣成君的恭敬，早已逾越了禮的範疇了。

所以說：過分的恭敬便不是禮了。

至於「因不失其親，亦可宗也。」諸家解說甚多，但都很勉強。洪邁《容齋隨筆》卷一中曾列出程明道等人的解說，我們特將之抄錄在後面，供讀者參考。

程明道曰：「因恭信而不失其所以親，近於禮義，故亦可宗。」伊川曰：「因不失於相近，亦可尚也。」又曰：「因其近禮義，而不失其親，亦可宗也。況於盡禮義者乎？」范純父曰：「君子所因者本，而立愛必自親始。親親必及人，故曰『因不失其親。』」呂與叔分為三事，謝顯道曰：「君、師、友三者，雖非天屬，亦可以親，捨此三者之外，吾恐不免於諂賤。惟親不失其所親，然後可為宗也。」楊中立曰：「信不失義，恭不悖禮，又因不失其親焉，是亦可宗也。」尹彥明曰：「因其近，雖未足以盡禮義之本，亦不失其所宗尚也。」予（洪邁自稱）竊以為：「禮與義之極，多至於不親。能至於不失其親，斯為可宗也。然未敢以為是。」

孰是孰非，難作定論。我們也不敢草率評斷，且俟高明。

又，辜鴻銘先生《論語》英譯本解說此句，原文如次：

If you make friends with those whom you ought to，you will be able to depend upon them.

意思是：「你若和那些應該去交朋友的人交朋友，你可以依靠他們。」

美國漢學家James Ware英譯這句話為：

If the reliance that is placed does not violate the interests of the family, it may be honored.

意思是說：「假如你付出的信任不致觸犯到家庭的利益，這個信任可以尊重。」兩人的意見不相同。和洪邁的解說也是南轅北轍。

但，我們也有個臆測：儒家著重推己及人，故有「老吾老以及人之老；幼吾幼以及人之幼」之說。「因不失其親」，我們擬解釋為：「我們友愛（男、女）朋友，但不妨礙到對自己親人的愛，這也是可予以尊重的。」是否正確，仍待方家指正。

> 子曰：「君子食無求飽，居無求安，敏于事而慎于言。就有道而正焉，可謂好學也已矣。」

這一章書的關節，在於「好學」。

〈雍也〉篇第三章，哀公問孔子：「你門人這麼多，誰最好學？」孔子說：「有一門弟子顏回好學。他從不遷怒，一件事做錯了一次，第二次絕不會再錯，可惜他短命死了。現今沒有好學的了。」就孔子這段話，我們才發現，「好學」不是一件容易的事。

在同一篇書中，孔夫子又說：「顏回真是個賢德的人。他住在陋巷中，（居不求安），一簞飯，一瓢飲（食不求飽），人家處於這種生活之中一定憂愁得不得了，而顏回仍能安之若素。」

這兩章書合起來讀，孔子已把「好學」的條件解說很明白。

所謂「食無求飽、居無求安」，並不是說要「吃不飽飯、睡不好覺」，只是說：好學之士，志不在求美食、求華夏。《漢書》卷九十九顏師古註這章書說：「謂君子好學樂道，故志不在安飽。」說得甚是。

晉朝陶淵所著的〈五柳先生傳〉中說：「五柳先生……好讀書、不求甚解。每有會意，便欣然忘食。環堵蕭然，不蔽風日……」完全是依照孔夫子這章書的意旨而寫的。

孔子所謂的好學，不單是「食無求飽、居無求安」，而且處事要明快，說話要謹慎。這還不夠，還要將所作的事，所說的話，向有道之士求正，不遷怒，不二過，才能說得上是「好學」。

子貢曰：「貧而無諂，富而無驕，何如？」子曰：「可也，未若貧而樂，富而好禮者也。」子貢曰：「〈詩〉云：『如切如磋，如琢如磨。』其斯之謂也？」子曰：「賜也，始可與言詩已矣！告知往而知來者。」

按《史記》〈仲尼弟子列傳〉載：端木賜，衛人，字子貢。少孔子三十一歲。利口巧辭，長於外交，田常作亂於齊，欲先伐魯。孔子派子貢游說各國。他從齊國開始，走訪了吳、越、晉、魯諸國，其結果：「存魯、亂齊、破吳、強晉、霸越。使勢相破。十年之中，五國各有變。」（《史記》）

在這一章對話中，他認為：人雖窮了，但也不必諂事他人。有了錢，發了財，也不可驕傲。問孔子是否同意他的看法。孔子說：「當然可以。但若貧窮了，不改其樂，安份守道。有了錢，處處遵照禮法。豈不更好」

子貢稱讚他的老師說：詩云：「『如切如磋，如琢如磨。』一塊玉石，切了又切，磨了又磨，必須使磨出來的玉石盡善盡美。」他的意思是說：他說的「貧而無諂，富而無驕，」是一塊已磨好的玉。孔子把他說成了「貧而樂道，富而好禮。」那是把玉磨得更好了。從這一點便能看出子貢說話的能力和技巧，拍老師的馬屁，卻一點不露痕跡。

所以，孔子也就稱讚他說：「可以好好的讓你研究〈詩經〉了。對你說了以往的事，你便知道未來的做法。」

按：〈皇疏〉本「貧而樂，富而好禮。」在樂下多一個「道」字。「貧而樂道，富而好禮。」四字四字相對，句法相若。所以〈皇疏〉本為佳。《史記》「樂」下也有「道」字。

陳大齊《論語臆解》中說：

道與禮，其字雖異，其義實同。孔子有時言道，有時言德，有時言仁，有時言義，有時言禮，雖用了五個不同的名稱，其實只是合起來指著一件事。這一件事就是以義為質、以禮為文的人道，或仁德。

說的更是明白。要不然「貧而樂」，樂什麼？

子曰：「不患人之不己知，患不知人也。」

《論語集註補正述疏》引尹氏曰：「君子求在我者，故不患人之不己知。不知人，則是非、邪正或不能辨，故以為患也。」

說得很有道裡。

《三國志》〈魏書〉卷十二〈荀彧傳〉載：荀彧有王佐之才，為曹操所網羅。曹操常對人說：「荀彧是我的張良。」他對荀彧也確實言聽計從。依靠他的計畫，征陶謙、誅呂布、破黃巾、迎天子入許都、平袁紹、伐劉表。可說是無往不利。建安十七年，董昭等一般朝臣咸認曹操功勳超大，「宜進爵國公，九錫備物，以彰殊勳。」曹操私下密詢荀彧的意見。荀彧以為：曹操本興義師，以匡朝廷，安國家。秉忠貞之誠，守退讓之賢。君子愛人以德。因此勸曹操「不宜如此。」而曹操志在篡奪，那聽得進荀彧的這一番大道理。由是心中不平，遂疏遠荀彧。後曹操出征，荀彧留在壽春養病。一天，曹操差人送給荀彧一個食盒。打開來，盒內空無一物。荀彧知道曹操的意思。乃服毒自盡。

明年，曹操便接受了魏公的封號。

曹操知道荀彧有王佐之才，予以重用。荀彧不知曹操有謀篡之志，卒致服毒自殺。所以孔子說：「不患別人不知道你。你若不知人，那才是大患呢！」

一介匹夫不知人，吃虧在自己。若是一國之君不知人，那全國人民都將受害。國家也可能因而滅亡！我們看前漢元帝。《漢書》卷七十五〈京房傳〉載：

漢元帝寵信中書令石顯。顯友人五鹿充宗為尚書令。兩人狼狽為奸，顓權誤國。有一天，京房宴見，問元帝：「周幽王、周厲王為何使國家危亡？他們所寵信任用的近臣都是些什麼人？」帝曰：「君不明，所任者多是巧佞之徒。」「認為他們是巧佞之徒，還是認為他們是賢德之人才任用他們呢？」上曰：「當然認為他們是賢德之人。」京房說：「任賢必治，任不肖必亂。必然的結果。幽王厲王為什麼不能覺悟而更求賢德之人呢？」上曰：「臨亂之君都認為他們所任用的是賢臣。假如都能覺悟，天下便不會有危亡之君了。」京房又說：「春秋記二百四十年災異，以示萬世之君。陛下登基以來，日月失明，星辰逆行，山崩泉湧，地震石隕。夏霜冬雷，春凋秋榮。隕霜不殺，水旱螟蟲。民人饑疫，盜賊不禁。刑人滿市。春秋所載災疫全都有了。陛下認為是治還是亂？」上曰：「亂！」京房說：「現在陛下所用之人是？」上曰：「今日的災異和政道比往昔為好。也不是由於所用之人。」京房說：「前世之君都如此。臣恐後人對於今日的一切，和我們對從前的一切，看法相同。（臣恐後之視今，猶今之視前也！）」上又問：「然而，今為亂者為誰？」京房說：「明主當自知之。」意指石顯，元帝也知道，他只說：「已諭。」（意思是：知道了。）

《漢書》卷九十三史臣（贊）曰：「漢世衰于元、成，壞于元、平。」元帝不知人，結果把國家導入衰境。

為政　第二

子曰：「為政以德，譬如北辰。居其所而眾星共之。」

有人說孔子只說「教化」，不談「政治」。是以治「中國政治思想史」的學者大談孔子的政治思想或政治哲學都是錯誤的。薩孟武先生著《中國政治思想史》，第一篇、第一節第一句話便是：「先秦思想可以說都是政治思想。」蕭公權先生所著《中國政治思想史》第二章〈孔子〉第一節〈孔子之身世及時代〉中也說「孔子一生事蹟，不外從政，教學與編書三端。」又說「故孔子學術之主要內容為政理與治術。其行道之方法為教學，其目的則為從政。」說得真好。若是標新立異，認為孔子不談政治，似乎有點偏見。

《集注》中說：「政之為言正也，所以正人之不正也。德之為言得也，行道而有得于心也。北辰，北極，天之樞也。居其所不動也。共，向也。言眾星四面旋繞而為向之也。為政以德，則無為而天下為之，其象如此。」

程子曰：「為政以德，然後無為。」

范氏曰：「為政以德，則不動而化，不言而信，無為而成，所守者至簡而能御繁，所處者至靜而能制動，所務者至寡而能服眾。」

看這些解說，都不十分明確，「無為而治」，到有點像道家的說法。按《論語注疏》鄭玄曰：「德者無為，譬就北辰之不移，而眾星共之也。」這可能就是儒家解說之源。

孔子既說「為政以德」，開頭第一個字便是「為」，而要說成「無為」，豈不偏差？孔子的意思應該是：為政應本於德，正已，才能正人，以德為政者，才能獲得人民之擁戴，就好像北極星一樣，其他小星星都向著它、繞著它。

至於什麼是「德」？這是一個大問題。論語中常說「仁」、「道」、「君子」、每一個辭都是難說明白。尤其如薩孟武先生所說：論語是孔子的弟子們紀錄下來的。但孔子活了七十多歲，他年輕時所說的，和六十以後說的，有若干不相同之處。究竟那幾句話是什麼歲數時說的，却沒記載！要充分了解這些字的正確定義，恐怕要另作專文研究。實非三言兩語說的明白。

子曰：「詩三百，一言以蔽之，曰：思無邪。」

《集解義疏》鄭玄曰：「蔽猶當也。」思無邪，苞氏曰：「歸于正也。」三百，舉大數，實為三百零六篇。

《集註補正述疏》云：詩三百十一篇。（比〈集解〉所說多五篇。）言三百者，舉大數也。蔽猶蓋也。……故夫子言詩三百篇，而惟此一言，足蓋其義。」

程子曰：「思無邪者誠也。」范氏曰：「學者必務知要。」知要則能守約。守約則是以蓋博矣，經禮三百，曲禮三千，亦可以一言以蔽之，曰：「毋不敬。」

文章是感人的。詩也是文章之一體，思無邪的詩，給讀者以正確的道德觀念，人人學好。異端的書則否，譬如禁止黃色書刊，因為這些書刊會令人想入非非，誤入歧途。

宋朝的宰相晏殊，他有一首七言律詩，題名「寓意」：

油壁香車不再逢，峽雲無跡任西東，梨花院落溶溶月，柳絮池塘淡淡風。幾日寂寥傷酒後，一番蕭索禁烟中。魚書欲寄何由達？水遠山長處處同。

一種相思無奈之情，溢於言表，却不失於正。據說詞家柳永，曾因人推介，晉謁身為為當朝宰相的晏殊。晏殊瞧不起柳永的淫詞艷語，柳永說：「相公不是也好填詞嗎？」晏殊說：「我不曾填『綵線慵拈伴伊坐』一類的詞句！」

《詩經》以「關關雎鳩，在河之洲，窈窕淑女，君子好逑。」開始，男婚女嫁，理所當然。甚多鳥類，一經配對，相伴終生。不若其他動物，如猴、狼、獅、羚羊等，一公多母。以禽鳥求偶之音開卷，實具深意。

本章緊接「為政以德」之後，說明「詩」的重要，詩經三百零六篇，所表現的便是「思無邪」，便是「德」。便是「正」。

孔子在許多地方都有說到為政，可以和本章相呼應，茲列舉于后。

魯哀公問曰：「敢問何謂為政？」孔子對曰：「政者、正也。君為正，則百姓從政矣。君之所為，百姓之所從也。君所不為，百姓何從？」（禮記註疏卷十五哀公問）

「君為正」，也就是「為政以德，有如北辰」，「百姓從政矣」，也就是「眾星共之。」

季康子問政於孔子，孔子對曰：「政者正也。子帥以正，孰敢不正？」（論語註疏卷十二顏淵）

子曰：「其身正，不令而行。其身不正，雖令不從。」（《論語註疏》卷十三〈子路〉）

薩孟武先生舉宋之王安石為例：

上元夕，（安石）從駕乘馬入宣德門，衛士訶止之，策其馬，安石怒，上章請逮治，御史蔡確言：「宿衛之士，拱扈至尊而已。宰相下馬非其處，所應訶止。」帝卒為杖衛士，斥內侍，安石猶不平。」（《宋史》卷二百二十七〈王安石傳〉）

薩師因言：「法者，天子所與天下公共也。在法令未改前，天子尚須守法，宰相那可破壞！（〈政論衍義〉一章四節。）王安石不守法，天子也不守法，上不正，下安得正？由這一件小事觀察就可預知荊公變法之必敗。

現在雖是民主時代，若一國之元首不正，政府之首長一定也會跟進，國家與人民的命運一定是悲哀的。

子曰：「導之以政，齊之以刑，民免而無恥。導之以德，齊之以禮，有恥且格。」

在還沒有解釋本章章句前，我們先說兩個故事：

據說曾文正公曾國藩有一天收到他兄弟託人從家鄉帶來的一封信，大致說：家中蓋房子，圍牆也建好了，但鄰居認為圍牆佔用了他們的土地三尺之多，要求曾家把牆拆掉，往裡邊退三尺再蓋。曾文正公得信之後，回了他兄弟一首詩：

千里捎書只為墻，讓他三尺又何妨？
萬裏長城今猶在，不見當年秦始皇。

家人得了文正公的詩，果然把牆拆了，向裡縮退三尺重建。鄰居看見了，覺得不好意思，不但沒佔用曾家空出來的土地，而且自動把自己家的圍牆也退後三尺再砌。

這是真實的曾文正公主張謙讓的故事。曾公的作法是有根據的。我們現在便來敘述他所根據的故事，也是我們要說的第二個故事：

《史記》載：周文王為方伯之時，陰行善化，國內大治。諸侯有爭執，都找文王評斷。一位虞人和一位芮人為一件小事相爭不下，最後彼此同意去周國尋求評斷。進入了周國的國境，只見耕夫互相讓路，年輕的讓年長的。兩人覺得很慚愧，不敢去見西伯。虞人對芮人說：「我們所爭的，正是周人所恥的。我們不可以找西伯評斷，自取其辱！」芮人完全同意。因此互相讓步，歡歡喜喜的還鄉去了。

西伯的「導之以德、齊之以禮」的教化，不但使國內人民大化，而且連虞人、芮人也同受教化。甚至數千年後曾文正公都感受到這種教化的力量。

現在我們來研究本章的章句：

《論語集解義疏》引郭象的話說：

> 政者，立常制以正民者也。齊謂整齊之也。刑謂刑罰也。行者與法辟以割制物者也。免猶脫也。恥、恥辱也，制有常則可矯。法辟興則可避。可避則違情而苟免。可矯則去性而從制。從制外正而心內未服。人懷苟免則無恥於物，其於化不亦薄乎？故曰民免而無恥也，導之以德，謂誘引民以道德之事也。德者，得其性者也，禮者，禮其情者也。既導德齊禮，故民服從而知愧恥，皆為於正也。

又引沈居士之言約：

> 夫立政以制物，物則矯以從之。用刑以齊物，物則巧以避之。矯則跡從而心不化。巧避則苟免而情不恥。由失其自然之性也。若導之以德，使物各得其性，則皆用心，不矯其真，各體其情，則

皆知恥而自正也。

《後漢書》卷二十七〈杜林傳〉唐李賢等註解說：

政謂禁令，刑謂刑罰。格，來也。言為政之法，初訓導之以禁令，若有違則整齊之刑罰，則人但免罪而已，而無恥慙之心。若教導之以道德，整齊之以禮義，則人皆有恥慙之心，且皆來服。

我們覺得李賢等的解說比較好。

我們若用現在的說法來解釋這章書的意思，首先要體會「德」的意義。時代不同，德的內涵也會有若干不同之處，以男女之事言，古時男婚女嫁，（禮昏義）中規矩甚多，首要為「父母之意，媒妁之言。」現在豈可強當事人雙方無愛而結合！古時男女受授不親，父母去世，服喪三年，現在那能行得通？故現在人對「德」的觀念，與古代是不同的。

其次，有「恥且格」，「格」為何意？「集解義疏」，〈皇清經解〉〈論語斠理〉，都無注解，《論語集注補正述疏》中說：格，至也。言躬行以率之，則民有所觀感而興起矣……（一說，格，正也。〈書〉曰「格其非心。」）李賢等注曰：「格、來也。」

陳大齊《論語臆解》中說：

「格」字有兩種解釋，鄭注雲：「格，來也」論語用「格」字只此一處，故在字義方面沒有可以引為參考的資料。《集解》云：「格，至也」朱注兼採兩釋：「格，至也⋯⋯則民恥於不善，而又有以至於善也。」

說了許多話，依然沒有說清楚。

《後漢書》卷二十七「杜林傳」載：建武十四年，群臣上言：認「古來肉刑嚴重，人畏法令。今則現憲律輕薄，故姦軌不勝。宜增科禁，以絕其源。杜林反對，他上書奏曰：

夫人情挫辱，則義節之風損。法防繁多，則苟免之行興。孔子曰：「導之以政，齊之以刑，民免而無恥。導之以德，齊之以禮，有恥且格。」古之明王，深識遠慮，動居其厚，不務多辟。周之五刑，不過三千，大漢初興，群賢失得。故破矩為圓，斲雕為樸，蠲除苛政，更立疏網。海內歡欣，人懷寬德。及至其後，見以滋章。吹毛索疵，詆欺無限。果挑菜茹之饋，集以成臧。小事無妨於義，以為大戮。故國無廉土，家無完行。至於法不能禁，令不能止。上下相遁，為敝彌深。臣愚以為宜如舊制，不合翻移。

說得很有道理。

我們擬把本章書作如下的解釋：

用法制來領導人民，若有觸犯法制的，便用刑罰來修理他，這樣一來，人民怕受刑罰，便會想各種辦法，鑽法制的漏洞。或用欺騙的手法，避免受刑罰。完全沒有恥辱之心。若以德來領導人民，以禮來教導人民，人民便會有羞恥之心，他們的行為便會合于正道。例如虞人和芮人爭，到了周國便自然生羞恥之心，互相讓步。又如曾文正公的鄰居，看到對方的禮讓，也退三尺築牆。

這個解說是有一點拖泥帶水，總算還能讓初學者明白吧。

我們再舉個例：

《後漢書》卷五十六〈王龔傳〉附〈王暢傳〉載：王暢字叔茂，大將軍辟舉為茂才，先後任涣陽太守、南陽太守。他任南陽太守時，發現以前的太守對當地的帝鄉貴戚，多懷畏忌，不敢得罪。所以都不稱職。王暢深不以為然。他到任之初，即奮厲威猛，只要豪門戚族有釁穢者，莫不予以糾發。凡受賄兩千萬以上而不自首者，盡沒收其財物。若有把財物藏起來的，他便命令下吏搜屋伐樹，堙井夷灶。豪右大震。他的下屬功曹（有如今日的科長）張敞奏記諫說：「五教在寬，著之經典。商湯見人佈網補鳥者，四面俱有網，入網的鳥雀，無一能脫逃。商湯因勸補鳥者去三面的網，只留一面。其他諸侯聽說了，認為湯德及於鳥獸，因此都賓服於他。故曰：『湯去三面，八方歸仁。』古來卓茂、文翁、召父等人，都疾惡嚴刻，務崇溫厚。仁賢之政，流聞後世。……

以閤下上智之才，如天上日月之光流四海。若能行仁惠之政，海內一定改觀。……愚以為壑壑用刑，不如行恩。孳孳求姦，未若禮賢。舜舉皐陶，壞人遠去。隋會為政，晉國的盜匪都投奔他處。虞人和芮人到了周國，讓心自生。所以說：化人在德，不在用刑。」王暢深納張敞的建議，更崇寬政，慎刑簡罰，教化遂行。

這真是一個好故事。

孟懿子問孝。對曰：「無違。」樊遲御。子告之曰：「孟孫問孝于我，我對曰：『無違。』」樊遲曰：「何謂也？」子曰：「生，事之以禮。死，葬之以禮。祭之以禮。」

孟武伯問孝。子曰：「父母唯其疾之憂。」

子游問孝，子曰：「今之孝者，是謂能養。至於犬馬。皆能有養。不敬，何以別乎？」

子夏問孝，子曰：「色難，有事弟子服其勞。有酒食，先生饌。曾是以為孝乎？」

以上有四人向孔子請教「孝」是什麼？孔子竟有四種不同的答覆。孟懿子可能是士大夫階級，是以孔子答話時，用「對曰」。

第一段，孔子告訴孟孫，所謂「孝」，就是父母在生之時，要依禮的規矩來侍候他們。父母去世了，也要依照禮法來安葬他們。祭祀時，還是依照禮法。這和前面所說「導之以德、齊之以禮」是相呼應的。

孟武伯是孟孫的兒子。他也問「孝」。孔子說：「父母最怕兒女生病。兒女一病，他們那種憂心，實在痛苦不堪。」意思是說作兒女的，要好好愛護自已的身體，不可狂飲暴食而生病，使父母憂心。不能逞強好勝，與人搏鬥而受傷，使父母憂心。不能作壞事，被關監牢，被處肉刑，如削鼻、斬腳，使父母憂心。不可驕狂傲慢，令人不齒，使父母憂心。像上面所列舉的這些事，為人父母者，一定會有同感。

子游問孝，孔子說：「今日自認為是孝子的，不過是供養他父母親吃飯而已。人家養犬、養馬，不也是能養嗎？假如供養自已的父母親，沒有恭敬孺慕之情，那就不能算孝了。」

子夏問孝，孔子說：「色難。」有事替父母作，有好吃的，先給父母吃，這算哪門子孝呢？所謂色難，就是在敬事父母之時，不易拿出好臉色給父母看，敬事父母，要從內心發出孺慕之情，臉上自然也會有悅服的表情。一個人見父母對祖父母如此，那麼，他對父母也會如此，這也是「導之以德，齊之以禮」的結果。

子曰：「視其所以，觀其所由，察其所安，人焉廋哉？人焉廋哉？」

《論語集注補正述疏》云：以，為也。為善者為君子。為惡者為小人。「觀」其所由，「觀」比「視」為詳矣，由，從也。事雖為善，而意之所從來者未有善焉，則不得為君子矣，察比觀又加詳也。安，所樂也，所由雖善，而心之所樂者不在于是，則亦偽耳。……焉，何也。廋，匿也。

我們用現今的語言來解釋：看一個人所作的事，研究他作此事的用心，目的是否真是好意。觀察他是否樂于這樣作。如此一來，一個人是怎麼樣的一個人，是瞞不過別人的。他要把行事的動機、內心的安否都藏起來，是不可能的。

我們舉《新唐書》一百三十一，李適之傳為例：

天寶元年，（李適之）代牛仙客為左相，累封清和縣公。嘗與李林甫爭權不協，林甫陰賊，即好謂適之曰：「華山生金，采之可以富國，顧上未之知。」適之性疏，信其言。他日從容，為帝道之。帝喜以聞林甫。對曰：「臣知之舊矣，顧華山陛下本命，王氣之舍，不可以穿治。故不敢聞。」帝以林甫為愛己，而薄適之不親。

由這個例來看：李林甫所作，認開採華山之金礦可富國，豈非善事？却故意說「上（皇帝）未之知。」讓李適之去上當。觀其所由，乃在讓李適之上當，失去皇帝的信任，根本不是作善事。察其所安，他對皇帝說反話，害得李適之失去皇帝的信任，他可樂在心中。不是樂于作了善事，而是樂於拔去了眼中釘。他雖一手遮天，任宰相十九年，但能匿得了這種大惡的行為嗎？

後來安史之亂平定後大赦，只有楊國忠和李林甫兩家人不在大赦之列。

子曰：「君子不器。」

《集解》苞氏曰：「器者各周其用。至於君子，無所不施也。」

《集注》器者各適其用而不能相通。成德之士，體無不具，故用無不周，非特為一才一藝而已。

據若干學者解釋，「君子不器」係指通才。意謂：君子應博學多才，不可局限于有如器物，一器只有一個功能。君子應該允文允武，一言一行，放之四海而皆準。

我們認為「不器」的涵義似乎包括下列數點：

第一，君子是多才多藝的。所謂通才，不免有樣樣精通，樣樣稀鬆的意思。既然譽之為君子，他所知道的，所表現的，應該較通才更上層樓，而且有指揮專才的能力。（現今科學昌明，分工精細，自不能和古代相提並論。）我們拿越王勾踐的重臣范蠡做例證：他做官，便能做到宰相，協助越王復國。他棄官從商，又能聚財百萬。這便是「不器」的代表人物。

第二，君子是能屈能伸的。一種器皿，不但只有一個用途，而且能力也是有限定的。君子必須能屈能伸，能剛能柔。國有道則智，國無道則愚。趙襄子被智伯當面打耳光，他能忍耐，終于滅了智氏。這便是能屈能伸。

第三，君子應該是通權達變的。孟子說：「男女授受不親，禮也。嫂溺援之以手，權也。」「嫂溺不援，是豺狼也。」君子當然守本分。但有些事，必須因地制宜，因時制宜，而且因人制宜。孔子教學生，同是一個問題：「聞斯行諸？」（聽到一件事，馬上就採取行動嗎？）子路問時，孔子說：「有父兄在，怎麼可以聽了就做？」冉有問時，孔夫子卻說：「聽了就要做。」他之所以對同樣的問題而不作同樣的答覆，因為問的人不同。子路性急，冉有卻遲緩。「求（即冉有）也退，故進之。由（即子路）兼人，故退之。」

第四，君子應該眼光遠大。在八佾篇中，孔子就說過：「管仲之器小哉！」意思只能助桓公完成霸業，而不能致君堯舜。君子應該立志為「仁人」，否則就是「器太小」。

第五，君子應該是積極主動的。器皿不但用途與能力受限制。而且永遠是被動的。像算盤，不撥不動。身為君子，主動、進取、積極。

子貢問君子。子曰：「先行其言而後從之。」

《集注》孔安國曰：「疾小人多言而行之不周也。」

《集解》疏：君子先行其言而後必行，行以副所言，是行從言也。若言而不行，則為辭費，君子所恥也。

《集注》周氏曰：「先行其言者，行之於未言之前。而後從之者，言之於既行之後。」范氏曰：「子貢之患，非言之艱，而行之艱，故告之以此。」

孔子嘗誇其門人說：「在說話方面，宰予和子貢兩人最有辯才。」孔子是因人施教的，他欣賞子貢會說話，怕他流於只說不作。

《論語》書中談君子的地方很多，君子一詞，見於《詩》《書》，其見於《國風》《大雅》《小雅》中超過一百五十次。張其昀《中華五千年史》第五冊《孔學今義》中說：

『君子』原義，乃國君之子，引申為貴族的名稱。《詩》《書》可稱之『君子』，殆悉指社會之地位而不指個人之品行，即或兼指品行，亦兼地位言之。離地位而專指品行者，自孔子私人興學，倡『有教無類』之說，以才德出眾，謂之『君子』。而不問其門第出身為何。他強調任何一個人都可以成為『君子』，只要他的行為是行仁的、公正的、高尚的。

究竟君子還要有哪些品德，我們在論語其他各篇中涉及『君子』一詞的章句中將逐一說明。

本章書說：子貢問君子。孔子說：「君子若欲立言必須自身試行，行而有當，才定為準則，而後依此準則行事。」

子曰：「君子周而不比，小人比而不周。」

《集解》孔安國曰：「忠信為周，何黨為比也。」

《集注》周，普偏也。比，偏黨也。皆與人親厚之意。但周公而比私耳。

按：「周」也有親善的意思。君子對每個人都很親愛，小人則以私利為目的而朋比為奸。我們對這一章的解釋是：君子汎愛眾人，公正無私，小人結黨營私，唯利是圖。

子曰：「學而不思則罔，思而不學則殆。」

《集解》苞氏曰：「學而不尋思其義理，則罔然無所得也。」

謹按：宋朝朱熹主張大學之明明德。之所以明者，學以致之。故朱子提倡格物致知。王守仁則以「致良知」為宗，認為「不讀書可致也。」世稱姚江心學。

《明史》卷二百八十二〈儒林〉列傳序文中說：「明初諸儒，皆朱子門人之支流餘裔，師承有自，矩矱秩然。曹端、胡居仁篤踐履，謹繩墨，守儒先之正傳，無敢改錯，學術之分，則自陳獻章、王守仁（王陽明）始。」宗獻章者曰江門之學。孤行獨詣，其傳不遠。宗守仁者曰姚江之學，別立宗旨，顯與朱子背馳，門徒偏天下，流傳逾百年。其教大行，其弊滋甚。

《集注》說：「姚江之學，是思而不學也。天下之士從之者，殆也。」

《皇疏》解釋說：夫學問之法，既得其文，又宜精思其義。若唯學舊文而不思義，則臨用行之時，罔罔無所知也。

陳大齊舉《季氏篇》中孔子說：「不學詩，無以言。⋯不學禮，無以立。」若學詩禮而只誦讀其文，不必理解（思）其意義，則學詩將依然無以言，學禮亦將依然無以立。」

陳氏對「學而不思則罔」的解說應該很清楚了。

至於「殆」字《集注》何氏云：「不學而思終不得，使人疲殆。」其釋「殆」為「怠」，非也⋯朱注改而釋之。釋云：殆、危也。」

我們也認為朱子是對的。思而不學，確實是危險的。這一章書，孔子的意思是「學」與「思」並重。我們所讀到的書都是前人經驗的結晶。例如醫生醫病，也都是經過許多次的臨床實驗，才得到成功，編寫成紀錄，以供後來的醫生參考。若只憑一已的想像，貿然試諸于人，哪有不招致危險的道理？「思而不學則殆。」「殆」字在這裏，當然是「危殆」、「危險」的意思，我現在舉一個實例：

據《貞觀政要》載。

貞觀七年太宗謂侍臣曰：「凡赦宥之恩，惟及不軌之輩。古語云：小人之幸，君子之不幸。一歲再赦，善人暗啞。凡養稂莠者傷禾稼。惠姦宄者賊良人。昔文王作罰，刑茲無赦。又蜀先主嘗謂諸葛亮曰：「吾周旋陳元方鄭康成之間，每見理亂之道備矣。故諸葛亮理蜀，十年不赦。而蜀大化。……夫謀小仁者，大仁之賊，故我有天下以來，絕不放赦。……」

於是寫「晉唐政治思想史」的王雲五，認為太宗有貞觀之治，推想到他上面所說，和太宗自著《帝範》一書中所說「不大赦」，定必是事實。因而也說：「太宗的政治作為，便是他政治思想的實行。所以世民有天下以來絕不放赦。」然而，太宗真不放赦嗎？只要看看《新唐書》和《舊唐書》中的《太宗本紀》，便可發現太宗是放赦的，而大赦小赦也不只一次。甚至有一次就把死刑犯二百餘人全放回家過年，約定次年秋天重回牢獄，等候殺頭。到時人犯全回籠，太宗卻全部赦免。王雲五如此寫書，便是思而不學的結果。

子曰：「攻乎異端，斯害也已。」

這一章書因為「攻」字的各家解說不同，也是很有爭議的話。但為了初學者的方便，免除他們誤入歧途之中，我們只採同一個解釋。

《集注》范氏曰：「攻，專治也。故治木、石、金、玉之工曰攻。異端非聖人之道，而別為一端，如楊、墨是也。其率天下至於無父無君，專治而欲精之，為害甚矣。」

《集注補正述疏》述曰：何注云，攻，治也。范氏說酌焉。《攷工記》云：「凡攻木之工七，攻金之工六。」鄭禮注云：「攻猶治也。《詩》《鶴鳴》云：『他山之石，可以攻玉。』明治玉者亦曰攻也。」《皇疏》云：「古謂學為治，故史云：『治經』是也。經言異端者，自孔子之言而斥之也。則知其非聖人之道，而別為一端矣。如楊、墨者，明約舉之辭。」

《後漢書》卷三十六《范升傳》載：

范升……九歲通《論語》、《孝經》……時尚書令韓歆上疏，欲為《費氏易》、《左氏春秋》立博士……帝曰：「范博士（即范升）可前平說。」升起對曰：「（左氏）不祖孔子，而出于丘明，師徒相傳，又無其人……如令左氏、費氏得置博士，高氏、騶、夾、五經奇異，並復求立，各有所執，乖戾紛爭。從之則失道，不從則失人。將恐陛下必有厭倦之聽。……孔子曰：『攻乎異端，斯害也已。』……」

范升說得很明白了。凡不祖孔子的，都是異端。

《通鑑》《晉紀》：桓溫登平乘樓，望中原。嘆曰：「遂令神州陸沉，百年丘墟。王夷甫諸人，不得不任其責。」王夷甫及王衍，棄六經而尚清談。

《集解義疏》疏：攻，治也。善道有統，故殊途而同歸。異端不同為者也。註：善道即五經正典。……諸子百家，並是虛妄。其理不善，無益教化。故是不同歸也。

所以，孔子這句話的意思就是說：攻讀旁門左道的東西，那是大大有害的。

陳大齊《論語臆解》持相反的論調。他說：「執著某一端以為必是，因而攻擊與之相異的他端以為必非，那便有害於是非的判別了。」

他這個解釋，我們不能同意。我們仍寫在這裏，就正于高明。

子曰：「由！誨汝知之呼？知之為知之，不知為不知，是知也。」

子路姓仲，名由，字子路。少孔子九歲。據說子路好勇。有聞未之能行，唯恐有聞。蓋其于行，有兼人者矣。而其於知則不足也。見《集注補正疏》。

我們都知道，孔子「有教無類」、「因材施教。」子路性鄙好勇力，志伉直，冠雄雞，配豭豚，陵暴孔子。《史記卷六十七（仲尼弟子列傳）》後來子路終於因門人請為孔子的弟子。孔子常說：「若由也，不得其死然！」意思是「不得壽終。」（孔安國註）孔子怕子路闖禍，所以告誡他說：「仲由，我教導你，知道嗎？懂得便是懂得，知道便是知道。不懂便不可說懂，不知道便不要裝作知道。這就是知道的道理。」

以我們臆測，孔子怕子路在不知而自以為知的情況下，誤判環境之好壞，誤測人事之是非，不懂以為懂，不知以為知，結果惹出不能收拾的後果。雖然如此，子路受了孔子的感化，「惡言不聞於耳。」後來衛國發生變亂，孔子聽說了，歎息對弟子們說：「嗟呼，由死矣！」子路果然在戰亂中死於非命。

孔子這幾句話也提醒我們：知道就說知道，不知道不可假裝知道，以免闖出大禍。這才是知的道理。

子張學干祿。子曰：「多聞闕疑，慎言其餘，則寡尤。多見闕殆，慎行其餘則寡悔。言寡尤，行寡悔，祿在其中矣。」

子張姓顓孫，名師，字子張，陳人，小孔子四十八歲。《集解》鄭玄曰：「干，求也。祿，祿位也。」包氏曰：「尤，過也，疑則闕之，其餘不疑，獨慎言之，則少過。」包氏曰：「殆，危也，所見危者，闕而不行，則少悔。」

《集注》呂氏曰：「疑者所未信，殆者所未安，程子曰：尤、罪自外至者也。悔、理自內出者也。愚謂多聞見者學之博。闕殆疑者擇之情。慎言引者守之約。凡言在其中者，皆不求而自至之辭。言此以救子張之失而進之也。」

哈佛大學中文教授Lames H. Ware 用英語解釋此章說：「盡量知道多些，把有疑問的放過一邊。慎重地說其餘的，然後你就不會犯錯。儘量的看，把不好的放過一邊，對其餘的採非常謹慎的行動。如此你就不會後悔。假如你出言不會出錯，行事不會後悔，這就是求得祿的途徑。」

W氏的解釋，英文很順暢，再翻成中文就有點拖泥帶水。我們認為用現代語言來解說，這章的意思大約是：

多聽人家怎麼說，多看人家怎麼做，有疑問的或有危險的放一邊，自己要謹言慎行，才不會出錯，才不會後悔。這便是求祿的正途。

哀公問曰：「何為則民服？」孔子對曰：「舉直錯諸枉，則民服。舉枉錯諸直，則民不服。」

《註疏》註：苞氏曰：「錯，廢置也。，舉用正直之人，廢置邪枉之人，則民服其上矣。」

《註疏》疏：哀公失德，民不服從，而公患之，故問孔子求民服之法。……范甯云：「哀公捨賢任佞，故仲尼發於此言，欲使舉賢以服民也。」……江熙云：「哀公當千載之運，而聖賢滿國。舉而用之，魯其王矣。而為好耳目之悅，群邪秉政，民心厭棄。既而苦之，乃有此問也。」

《集註》述曰：魯，侯爵也。而稱哀公者，五等諸侯，其臣皆稱其君為公也。（按：哀公名爵，哀公，謚號也。）

朱注云：「錯，捨置也。諸眾也。」他本或做「措」。鄭注云：「措猶投也。諸，之也。言投於下位也。」

王應麟《國學紀聞》卷七載：「孫季和謂舉直而加之枉之上，則民服。枉固服于直也。舉枉而加諸直之上，則民不服。直固非枉之所能服也。」（全云：孫季和乃餘姚燭湖先生孫應時，陸象山之弟子。）

我們讀諸葛亮的《前出師表》中有云：

親賢臣，遠小人，此前漢之所以興隆也。親小人，遠賢臣，此後漢之所以傾頹也。

舉直錯諸枉，便是親賢臣，遠小人。舉枉錯諸直，便是親小人，遠賢臣。陳大齊的解釋為：「舉用正直的人，捨棄邪曲的人。」意思和我們的差不多。

季康子問：「使民敬忠以勸，如之何？」子曰：「臨之以莊，則敬，孝慈，則忠，舉善而教不能，則勸。」

《集解》註：孔安國曰：「魯卿季孫肥也。康，謚也。」苞氏曰：「莊，嚴也。君臨民以嚴，則民敬其上也。」苞氏曰：「君能上孝於親，下慈於民，則民忠矣。」苞氏曰：「舉用善人而教不能者，則民勸也。」

《集解》疏：季康子魯臣也，其無道僭濫，故民不敬不忠不相勸。

《集注》或曰：「季康子之於君也，斯不敬不忠者哉！斯無以勸矣。孔子告之，何為而惟若此乎？蓋孔子善於告之也。惟大夫敬其君，然後可為莊之大焉。惟大夫忠其君，然後可為孝之資、慈之順焉。惟大夫敬其君而忠，然後可為勸善之表焉。」

這個解釋非常恰當。

季康子僭越自大、不敬魯君、老百姓當然也就上行下效、不會尊敬他了。所以孔子說；「對老百姓要自重、然後老百姓才會相敬、自己孝於父母、對老百姓慈愛有加，選善人來為老百姓服務，對於無知無識的老百姓好好加以教導，這樣一來，老百姓自然也都會向善了。

或謂孔子：「子奚不為政？」子曰：「書云：『孝乎、唯孝友于兄弟。』施于有政。是亦為政，奚其為為政？」

《集注》云：定公初年，孔子不仕，故或人疑其不為政也。述曰：邢疏云：「奚，何也。」（用現代語來說，就是「為什麼」的意思。）

《集解》苞氏註曰：「或人以為居位（做官）乃是為政也。」

這一章的解釋是：有人問孔子：「為什麼不去做官為政呢？」孔子說：「《書經》《周書》中不是說了嗎：『孝嘛，一家之中，兒女孝順父母，兄弟互相友愛。』一家正，推而廣之，家家正，邦國也自然得正。這就是為政。還要怎麼樣才是為政呢？」

「或人」，就是某人的意思。我們已經不這樣用了。但日語中，至今仍然沿用。「或人」就是「某人」。「或曰」就是「某曰」。

子曰：「人而無信，不知其可也。大車無輗、小車無軏，其何以行之哉？」

《注疏》孔安國曰：「言人而無信，其餘終無可也。」苞氏曰：「大車牛車，輗希轅端橫木。以縛扼者也。小車，駟馬車也。軏者轅端上曲拘衡者也。」

我們讀《史記》卷三十二〈齊太公世家第二〉中載：

（齊桓公）五年、伐魯，魯將師敗，魯莊公請獻遂邑以平。桓公，與魯會柯而盟，魯將盟，曹沫以匕首劫桓公於壇上。曰：「反魯之侵地！」桓公許之，已而曹沫去匕首，北面就臣位。桓公後悔，欲無與魯地而殺曹沫。管仲曰：「夫劫許之而倍信殺之，愈一小快耳，而棄信於諸侯，失天下之援，不可。」於是遂與曹沫三敗所亡地於魯。諸侯聞之，皆信齊欲附焉。七年，諸侯會桓公於甄。而桓公於是始霸焉。

孔子這章書說人不可無信。一個人沒有信用，他如何做人？好像大車子沒有橫木，小車子沒有車軏，車子根本不能動。

我們從齊桓公的故事裏，誰都能看出「信」的重要。曹沫用下流手段當眾以匕首劫持桓公，使桓公答應還所奪得的魯國土地，桓公被迫答應了他。事後卻想反悔。但他卻聽了管仲的勸告，不以小快而背大信。結果，諸侯都信任桓公，造成了齊桓公稱霸的局面。

八佾 第三

子曰：「人而不仁，如禮何！人而不仁，如樂何！」

《集解》註：苞氏曰：「言人而不仁，必不能行禮樂也。」

八佾第一章孔子說季孫僭用王者之舞，第二章說三家—叔孫、仲孫、季孫—僭用王者之樂，這是第三章。

孔子對三家之僭用天子禮、樂，不禁浩然長歎。不仁之人，禮對他能發生什麼作用？不仁之人，樂對他能發生作用？意思是：三家不守禮、樂的規範，他們僭越，用天子的禮樂，這種僭越，對他們的地位有什麼幫助呢？像他們這種不仁之人，禮、樂又能如何約束他們呢？

我們看《漢書》卷八十四〈翟方進傳〉載：方進任司直之時，即以嚴峻聞名。博擊豪強，不畏權貴。成帝永始二年（西元前十五年）任御史大夫。未數月，繼薛宣為丞相。皇太后姐姐的兒子定陵侯淳於長有罪，上以太后故，免官而不治罪。有司請遣送淳於長離京就國。淳於長送了一大筆錢給皇帝的舅舅紅陽侯王立。立因上封事為淳於長求情，許他仍留長安。後被察覺，淳於長被關進監牢。丞相方進劾立，帝曰：「他是我舅舅，不忍致法，且遣就國。」方進又奏立的黨友說：「立素行積為不善，眾人所共知。邪臣自結，附託為黨。庶幾立與政事，欲獲其利。今立斥逐就國，所交接尤著者，不宜備大臣，為郡守。案後將軍朱博、鉅鹿太守孫閎、故（前）光祿大夫陳咸與立交通厚善，相與為腹心。有背公死黨之信，欲相攀援，死而後已。皆內有不仁之性，而外有儁材，過絕人倫，勇猛果敢，處事不疑。所居皆尚殘賊酷虐，苛刻殘毒以立威，而無纖介愛利之風（無絲毫仁愛而欲安利人之心）。天下所共知。孔子曰：『人而不仁如禮何？人而不仁如樂何？』言不仁之人，亡所施用。不仁而多材，國之患也。……請免博、閎、鹹歸故鄉，以銷姦雄之黨，絕群邪之望。」

詮釋孔子這章書，清楚妥貼。

林放問禮之本，子曰：「大哉問。禮，與其奢也寧儉。喪，與其易也，寧戚。」

《集註》林放，魯人。見世之為禮者，專事繁文，而疑其本之不在是也，故以為問。「孔子以時方逐末，而放獨有志於本，故大其問，蓋得其本，則禮之全体無不在其中矣。」范氏曰：「夫祭，與其敬不足而禮有餘也，不若禮不足而敬有餘也。喪與其哀不足而禮有餘也，不若禮不足而哀有餘也。」

《集解》註：苞氏曰：「易，和易也。言禮之本意失於奢，不如儉也。喪失於和易，不如哀戚也。」

林放問禮的根本，孔子讚美他說：「問得好，禮主張節儉，而非舖張奢侈。喪事注重哀戚，而非和易！」

子曰：「君子無所爭，必也射乎。揖讓而升，下而飲。」

《集解》註：孔安國：「言於射而後有爭也。」王肅曰：「射於堂，升及下，皆揖讓而相飲也。」馬融曰：「多算飲少算，君子之所爭也」。疏：「此章明射之可重也。言君子恒謙卑自收，退讓明理。故云無所爭也。」

《集註》言君子恭遜不與人爭，唯於射而後有爭。然其爭也，雍容揖遜乃如此。則其爭也君子，而非若小人之爭矣。」

《集註》述曰：言射者，曰大射，曰賓射，曰燕射，而大射為大焉。以其將祭而擇士也。射多而中者，得與于祭也，是君子之所爭也。故《禮記》《射義》引此經而言之。

這一章書，孔子說君子都是謙讓恭遜的，不會與人相爭。唯一相爭的，只是比射箭。而且還要按一定的禮儀。先射與後射的人，要互相行禮，射輸的人飲酒。雖也是爭，但只能說是君子之爭—比賽。

「爭」字在這裏我們解釋成「比賽」較為適合。

西洋拳擊，一方恨不得一拳把對方擊昏。跆拳亦復如是。球類比賽，犯規的事件，層出不窮，都不能和古時的射箭相比。只有高爾夫球，稍近於君子之爭。

子夏問曰：「巧笑倩兮，美目盼兮，素以為絢兮，何謂也？」子曰：「繪事後素。」曰：「禮後乎？」子曰：「起予者商也，始可與言詩已矣。」

《集解》馬融曰：「倩，笑貌。盼，動目貌。絢，文貌也。」（筆者按：（詩）衛風（碩人）：「手如柔荑，膚如凝脂，領如蝤蠐，齒如瓠犀，螓首蛾眉。巧笑倩兮，美目盼兮。」沒有「素以為絢兮。」一句。）

《集解》鄭玄註曰：「繪，畫文也。凡畫繪先布之彩，然後以素分其間，以成其文。喻美女雖有倩盼美質，亦須禮以成也。」孔安國註曰：「孔子言繪事後素，子夏聞而解知，以素喻禮。故曰：『禮後乎』。」

朱注云：「繪事，繪畫之事也。後素，後于素也。考工記曰：『繪畫之事後素功，謂先以粉地為質而後施五采』。」

朱注與鄭注適相反。《集解》中云：謂先成素質，而後繪五彩。猶人之美素質者，可以為絢矣。……禮必以忠信為質，獨繪事必以素質為先。此本朱子之意，而脩之，庶善從朱子者與。

按（碩人）這首詩的意思是：手像初生的茅芽般細嫩，皮膚像凝固的脂肪一樣白潔，脖子和蝤蠐一般的豐滿白晳，牙齒像瓠瓣一般的整齊，首如螓蟬一般端正，眉如蛾鬚一般曲細，嫣然倩笑，美目流轉。這首詩是讚美衛莊公夫人莊姜的。

「繪事後素」，我們贊同朱注。一個穿著華麗，精於化妝的女人，在這些化妝和衣飾之後，她的本質便是很絢麗的。好譬繪畫，各種彩色，必須著於素淨潔美的畫布上。若是一張黑紙，或者亂七八糟、五顏六色的畫布，我們怎麼在上面畫上美麗的圖畫呢？子夏說：「禮後」，是表示有美麗外表的女子，還是要尚禮重德的。

我們對於這句話的意思有較為深入一點的解釋。就拿畫畫來說，我們應該畫得清清楚楚明明白白。拖泥帶水，大費力氣，固然不好。塗抹得太濃艷，讓畫底一點都看不到。也不是好畫。好的詩句，像：「池塘生春草」，「疏雨滴梧桐」，「高台多悲風」，「採菊東籬下，悠然見南山」，「枯籐老樹昏鴉」，「西風殘照，漢家陵闕」。好像韓幹畫馬，右軍題詞。行雲流水，自然而美麗。讀起來，好像夏天吃冰淇淋，舒暢之至。至於濃粧艷抹，嬌揉造作的，例如花間集毛熙震的浣溪沙。

半醉凝情臥繡茵，睡容無力卸羅裙，玉龍鸚鵡厭聽聞。慵整落釵金翡翠，象梳歌鬢月生雲。錦屏綃愰麝煙烟薰。

這首詞，假如拿畫來作譬喻的話，我們看見的是極為濃艷的彩色，既不自然，畫底是什麼也看不見了。讀起來，好像夏天吃大肥肉，說有多難過就有多難過。

其次，所謂「禮後」乃是說，任何一首詩，他後面都應該有一個主題，而這個主題，應該是像禮之規範個人的行為一樣。這個主題，應該是嚴正的，中庸的，順乎情，而止乎禮的。所謂樂而不淫，怨而不怒，哀而不傷，才算中肯的。

例如，我們稱放翁為愛國詩人，也就是說，陸放翁的詩，總是把愛國的思想表露出來。愛國思想，便是他的「畫底」。

我相信很多人都讀過而且喜歡周美成的詞和史邦卿的詞。周美成，一代風流才子，而且對音律有深湛的研究。史邦卿，單是他的雙雙燕一詞。便足傳唱千古。但劉熙載在他的「藝概」一書中說：「周美成律最精審，史邦卿句最警鍊。然未得為君子之詞者，周旨蕩而史意貪也。」

由劉熙載的話來看，我們認為：「禮後」，比繪畫重要。所謂「文以載道」，也就是特別強調「禮後」，究竟，人和其他動物的不同，人是有使命感的。我們要使生活有意義，使生命有意義，我們應該把「禮」，放在繪畫的後面。把「道」，放在我們的詩裏面。這樣的詩，才有血有肉，有生命，可以傳唱千古，丟在地下都會發出金石之音來的。美貌的女子，也要守貞達禮才是真正的美麗。

子入大廟，每事問．或曰：「孰謂鄹人之子之知禮乎？入大廟，每事問。」子聞之曰：「是禮也。」（集注：大音泰）

《集解》註：苞氏曰：「大廟，周公廟也。孔子仕魯，魯祭周公而助祭也。」孔安國曰：「鄹，孔子父叔梁紇所治邑也。時人多言孔子知禮，或人以為知禮者，不當復問也。」孔安國曰：「雖知之當復問，慎之至也。」

《集注》尹氏曰：「禮者敬而已矣。雖知亦問，謹之至也。其為敬莫大於此。謂之不知禮者，豈足以知孔子哉？」

熟，「誰」的意思。

本章解釋為：孔子剛作了官，進入大廟助祭。為了謹慎，他每一件事都要先問個清楚。或有人說：「誰說鄹人之子（意謂鄹邑大夫叔梁紇之子）懂得禮？進了大廟，每一件事都要問清楚。」孔子聽到了，說：「這就是禮。」

前面孔子有對仲由說過：「知之為知之，不知為不知，是知也。」孔子進了大廟，惟恐有不知道的，是以事事都問，不冒充知道，這便是知的道理，求知的道理，這兩章書，互相啟發。

舉例而言：阿拉伯人吃烤羊肉飯，他們進食都只用右手，不可用左手。你若事先不問清楚，在大宴會中把左手也伸出取用肉、飯，那便是大大的失禮了！

子曰：「射不主皮，為力不同科，古之道也。」

《集解》馬融曰：「射有五善。一曰和志，體和也。二曰和容，有容儀也，三曰主皮，能中質也。四曰和頌，合雅頌也。五曰興武，與舞同也。天子有三侯，以熊、虎、豹皮為之。言射者不但以中皮為善，亦兼取之和容也。為力，為力役之事也，亦有上、中、下設三種焉，故曰不同科也。」

據《集解》之解說，古來役力，隨其力之強弱而分為三科。此處之云射，乃是大射，勝者參與祭祀。大射原有種種禮儀，如馬融所注之善，要身體平和，儀容修整，態度合節奏，射以中皮為中質。而孔子之時，與射者只顧到射中皮，那是不合理的。射是六藝之一，以技術為本位，以射中紅心為準。至於是否射穿獸皮，並非主要。孔子特別強調：這是自古以來的規矩。

今日之拳賽，依體重來分級，不同量級者不相比，也就是力不同科之意。比賽高爾夫球，男子與女子也因力不同科，男球員開球之起點較遠，女球員則較近，否則，標準桿三桿的球洞，女子參賽，便要為四桿了。

《集注》云：「射不主皮，鄉射禮文，為力不同科，孔子解禮之意如此。皮、革也。布侯棲革於其中以為的，所謂鵠也。科、等也。古者，射以觀德，主于中而不主于貫革。蓋以人之力有強弱不同等也。記曰：武王克商，散軍郊射，而貫革之射息，正謂此也。周衰禮廢，列國兵爭，復尚貫革，故孔子歎之。」

子貢欲去告朔之餼羊。子曰：「賜也．汝愛其羊，我愛其禮。」

《集解》註：鄭玄曰：「餼、禮。人君每月告朔於廟，有祭謂之朝享也，魯自文公始不視朔，子貢見其禮廢，故欲去其羊也。」鏾者，腥羊也。腥牲曰餼。

《集解》古者天子常以季冬頒來歲十二月之朔於諸侯，諸侯受而藏之祖廟，月朔則以特羊告廟，請而行之。

餼，生牲也。這便是告朔之禮，其中有尊王的意思在。

南懷瑾《論語別裁》中說：「每月的初一，主政者要代表國家，向天地祖宗，稟告所作所為，這就是所謂的『告朔。』」不知何據。

記得小時候，沒有電視，沒有無線電，沒有標準鐘。但每天中午時，政府放砲，全城週知，「這是中午十二點了。」大家的鐘、錶，都以午時砲為準。而春秋戰國之時，諸侯各自紀年，那一天是正月初一，那一天是二月初一呢？孔子主張尊王攘夷。所謂「尊王」，便是一切以周天子的規定為準則。孔子著《春秋》，第一句話說：「元年春王正月。」「元年」是魯隱公即位之年。「春王正月」是周天子所定的正月。故必須加上一個「王」字。依禮，只有周天子可稱王，諸侯只是「公」、「侯」、「伯」、「子」、「男」。孔穎達疏云：「夏以建寅之月為正月。殷以建丑之月為正月。周則以建子之月為正月。」周天子的正月，等於夏的二月，殷的三月。周天子于每年歲尾將來年十二個月的「朔」日頒給各諸侯遵行。諸侯則於每個月的朔日即初一，行告朔禮。等於對人民宣示：今天是那一個月的開始，人民乃能依據諸侯所示的朔望行事。所以，告朔似乎和諸侯向上天報告一個月來的行事無關。

子貢看到每個月的告朔禮國君（即魯君）都不參加，心中不免不平。所以他建議：「既然國君都不參加告朔禮，那用來作祭禮的羊也可以省了。」孔子的意見不同。孔子認為：主君不參加告朔裡，典禮不十分完整，但有了餼羊，則典禮未全廢。若把祭典的羊也省去了，整個典禮也就沒有了！所以孔子對子貢說：「汝愛其羊，我愛其禮。」也就是說：你捨不得一頭羊，我卻認為典禮不可廢！

古來沒有曆書，若不是主君行告朔禮，誰也不知道當日是幾月初幾。有了告朔禮，人民便有日期的依據了。

子曰：「事君盡禮，人以為諂也。」

定公問：「君使臣，臣事君，如之何？」孔子對曰：「君使臣以禮，臣事君以忠。」

孔子一生主張尊王攘夷。但周室衰微，諸侯根本不把周天子放在眼裡，而諸侯的家臣，也不把自己的國君放在眼裡。像魯國的三桓，他們三家把持魯政。是以孔子主張君臣相對的關係。君使臣子作事，必須依照禮的規範。而臣子對于國君則必須忠心誠意。由於許多家臣不把國君當國君，有些遵照禮法侍奉國君的人，反被認為是諂媚。用一句普通話說：認為是拍馬屁！

孟子對於君臣關係，有進一步的解說。《孟子》〈離婁〉篇中，孟子說：「君之視臣如手足，則臣視君如腹心。君之視臣如犬馬，則臣視君如國人。君之視臣如土芥，則臣視君如寇讎。」

孟子的話說得非常清楚。我們從《史記》中找出一個案例來解說：

豫讓是晉國人，他曾追隨范氏和中行氏，卻默默無聞。後來，他去跟隨智伯。智伯對他非常敬重，寵愛有加。在晉國各大家臣中，智氏最強，有吞併其他數家的野心。他尤其輕視趙氏的趙襄子。曾當眾打襄子一個耳光。智氏先伐趙氏，不料襄子卻說服了韓和魏，三家聯合起來，反滅了智氏，瓜分了智氏的土地。襄子最恨智伯，把他的頭漆來作飲器。（一說作小便壺。）豫讓逃亡山中，他想：「士為知己者死，女為悅己者容。智伯敬我寵我，我必為他報仇而死。」

豫讓先改名換姓，以刑人的身分，進入趙宮中，清洗廁所。卻時常帶著一把匕首。襄子如廁，發現有異，命手下抓住豫讓。豫讓毫不畏忌，對襄子說：「我是智伯的手下，我拿了匕首是要為智伯報仇的。」左右要殺豫讓。趙襄子說：「這是一位有義氣的人。我避開他就是。智伯一族已滅絕了，而他的臣子還要想犧牲性命來為他報仇，這個人實在稱得上是天下的賢人。」因此，襄子放豫讓走了。

可是豫讓還不死心，他以漆塗身，使身患惡瘡，樣子全改了，連他妻子都認不出來。他又吞碳變聲，乞食市中。終于他的一個友人認出了他。勸他說：「以你的才能，假如你能委身事趙襄子，必得近幸。而後你再為智伯報仇，豈不是好？」豫讓說：「既然委質臣事襄子，又要行刺他，這是懷二心以事其君，我不可以這樣做。我還是要依照自己的辦法來行刺，死而無憾。這樣也可以使後來懷二心以事君者覺得慚愧！」

豫讓幾次想刺殺襄子都沒成功，最後仍然被執。趙襄子問他：「你曾事范氏和中行氏，智伯滅了范氏，又滅了中行氏，你為何不為范氏和中行氏報仇，反而轉過來幫智氏呢？」

豫讓說：「范氏和中行氏只把我當作普通人，毫不關心。是以我也就以普通人待他們。智伯卻把我當國士看，所以我要以國士的做法來報答他。死而後已。」襄子說：「這次我可不能再饒你了。」豫讓說：「我聽說，明主不掩人之美，忠臣有死名之義。您已寬赦過我，天下莫不讚美您的賢德。今日之事，我當然要受死。只盼您能將你的外衣賜我，讓我刺在您的衣上。這樣，也算完成了我為智伯報仇的心願。死而無憾。」襄子把外衣脫了交付隨行人員。豫讓拔劍跳起來三次擊刺衣服。說：「我總算可以下報智伯了。」隨即自刎而死（（刺客列傳））

這個故事，又為孟子的話作了極好的解說。

孔子的話，「萬世之義也。」但我們讀歷史，發現君臣之間，很難做到這一點！而孟子的話，到了魏、晉、南北朝，卻成了人臣覬覦帝位的口實。

魏之代漢，固以曹操之功大，芟刈群雄，平定海內。天下心向曹氏所然。司馬氏之代魏，實如《晉書》卷一百五石勒所說：「不過欺他人孤兒寡婦，狐媚以取天下！」逮至南朝，每至改朝換代之際，大臣們恭奉後主，好似公司換了董事長，他們對前面的董事長完全沒有『忠』的情感。隋文帝也是「欺孤兒寡婦」，奪得天下。不久為唐取代。唐代鑒于南北朝時臣子完全沒有忠的意識，「陵闕雖殊，顧眄如一」。要糾正這種弊端，唐太宗因而主張臣子必須絕對的忠。他說：「君雖不君，臣不可以不臣。」（《舊唐書》卷二〈太宗本紀〉貞觀二年）

唐自安史之亂後，藩鎮擁兵自重，漸成割據局面。到後來，天子受制于節度使，節度使受制於將校，將校受制於士卒，逐帥立帥，有如兒戲。終於亡國。五代繼之，享祚短促，君臣之義尚未建立，即已易主。趙匡胤陳橋兵變，黃袍加身，作了皇帝。於是又提倡絕對的忠。明太祖登基後，經常廷杖朝臣，君臣關係，變成了主奴關係，清朝也沿襲了明代的風氣，朝臣對皇帝要自稱「奴才」。

所以，孔子的「君使臣以禮」的教訓，根本沒有實現過。真是可惜。

至於本章書中所說的「禮」，孔子的意思是指「禮」的精神，而非「禮」的儀式。清代俞樾《癸巳類稿》卷三〈君使臣以禮〉條說得很好。他引《左傳》的話說：

禮非儀也。晉女叔齊曰：「禮所以守其國，行其政令，無失其民。」譏魯君（昭公）公室四分，民食於他，不圖其終，為遠於禮（見《左傳》昭公五年）。齊晏嬰為其君言陳氏之事，亦曰：「惟禮可以已之。家施不及國，大夫不收公利。禮者，君令臣共，父慈子孝，兄愛弟敬，夫和妻順，姑慈婦聽。君令而不違，臣共而不貳，父慈而教，兄愛而友，弟敬而順，夫和而義，妻柔而正，姑慈而從，婦聽而婉，禮之善物也。」（見《左傳》昭公二十六年）

俞氏解說得很清楚。

子曰：「關雎樂而不淫，哀而不傷。」

《集注》云：〈關雎〉〈周南國風〉之首篇也。淫者樂之過而失其正者也，傷者哀之過而害于和者也。〈關雎〉之詩，言后妃之德，宜配君子。求之未得，則不能無寤寐反側之憂。求而得之，則宜其有琴瑟鐘鼓之樂。蓋其憂雖深而不害于和。其樂雖盛，而不失其正。

《集解》孔安國曰：「樂而不至淫，哀而不至傷，言其和也。」

原詩云：「關關雎鳩，在河之洲，窈窕淑女，君子好逑。」「參差荇菜，左右流之。窈窕淑女，寤寐求之。求之不得，寤寐思服。悠哉悠哉，輾轉反側。」「參差荇菜，左右采之，窈窕淑女，琴瑟友之。」「參差荇菜，左右芼之。窈窕淑女，鐘鼓樂之。」共四章。

儀封人請見。曰：「君子之至于斯也，吾未嘗不得見也。」從者見之。出曰：「二三子何患于喪乎？天下之無道也久矣，天將以夫子為木鐸。」

《集注》儀，衛邑。封人，掌封彊之官。蓋賢而隱于下位者也。君子謂當時賢者。至此皆得見之。自言其平日不見絕于賢者，而求以自通也。見之謂通使得見。喪謂失位去國。…木鐸，金口木舌，施政教時所振以警眾者也。言亂極當治，天必將使夫子得位設教。

《集解》鄭玄曰：「儀蓋衛下邑也。封人，官名也。」苞氏曰：「徒者是弟子隨孔子行者也。通使得見者也。」孔安國曰：「語諸弟子，言何患于夫子聖德之喪亡耶？天下之無道也已久矣，極衰必有盛也。天將以夫子為木鐸。」孔安國曰：「木鐸，施政教時所振也。言天將命孔子制作法度，以號令於天下也。」

孔子去魯，到衛國住了不少年。儀地方的小官儀封人求見。他對孔子的弟子說：「凡是到儀來的賢者，我沒有未見過的。」孔夫子的隨行學生領他見孔子。見過之後，儀封人出來，對諸弟子說：「你們幾個不必垂頭喪氣，天下無道，亂成一團，已經有好一段時間了。老天爺將使夫子為木鐸，振動人心，撥亂反正，使天下重歸于正道。」

我們這段解釋或許囉唆了一點，應該還沒失去本章書的原意。「從者見之」，「見」在此是「使見」之意，及物動詞，並非從者接見。

里仁　第四

子曰：「里仁為美。擇不處仁，焉得知？」

「里仁為美」是論語中爭論最多的一句話。

詩雅頌周王之德，絕無「仁」字。《尚書》今文諸篇亦不言「仁」。（蕭公權：《中國政治思想史》一篇二章三節）

「仁」是什麼？諸家解說很多。蔡元培《中國倫理學史》中說：「仁乃統攝諸德、完成人格之名。」

而「仁」這個字，我們也找不到外文的同義字。哈佛大學教授James R. ware把「仁」字譯成manhood-at-its-best(The sayings of Confucious)。休士(E. R.Hughes)把仁看成人際關係，譯之為Man to Manness.辜鴻銘意譯為A MORAL LIFE.林語堂譯之為True manhood。還有譯為Benevolence的。西語corac, on miseridioso y humanitario（意為「慈悲與人道的心」。）法語「仁者」為les vertueux，和西語el hornbre humanitario，不外是有道德，有人道者的意思。

孔子的「仁」，我們讀完《論語》和其他有關書籍後，認為「仁」遠超出「博愛」、「慈善」、「同情」、「好道德」、「人道」等。它幾乎代表了所有的高德性。

我們根據洪蘭友的說法，傳統中國社會的哲學基礎是孝，前面已經解說過。其他的忠、勇、信、誠等等，都是由孝推衍而來。孝是根，其他的美德是幹、枝、葉、花、果。集在一起便是樹，一如所有美德加在一起便是仁。蔡元培的說法和我們所主張的相似。

陳澧的《東塾讀書記》卷二中說：

孔子于子路、冉有、公西華，皆曰：「不知其仁。」于令尹子文、陳文子，亦曰：「焉得仁。」而教弟子則曰：「親仁。弟子安得仁者而親之乎？」

依照孔子的標準，可稱為「仁人」的，實在是鳳毛麟角，少之又少。若要居於有仁人的鄰近，根本是不可能的事。王應麟《困學紀聞》卷七中說：

張衡《思玄賦》：「匪仁里其焉宅兮，匪義跡其焉追？」注引《論語》「里仁為美。宅不處仁，焉得知？」里、宅，皆居也。石林雲：「以擇為宅，則里猶宅也。蓋古文云然。」今以宅為擇，而謂為所居，乃鄭氏訓解，而何宴從之。當以古文為正。

所以，我們也把「里」當作「擇」字解，「里仁為美」，意思是說：一個人應該選擇仁作為處人處事的最高原則。若不選擇仁，那便是不夠聰明了。

宋王安石有一篇以「里仁為美」為題的文章。他把「里仁為美」解釋成「所居必擇其地」。然後他說：「（居住在）夷（齊）之里，貪夫可以廉，（居住在）惠（指柳下惠）之里，鄙夫可以寬。」；意思是：居住的環境，風習，會影響一個人的性向。

王安石的說法，也有他的見地。

所以，里在這裡，也就是「宅」、或「擇」的意思。如此，則本章的意思是：我們要以仁為目標為居心，若不選擇仁來處人處事，怎麼能算是聰明呢？雖然解釋得有些勉強，也只好有待於方家重做解說了。

子曰：「不仁者，不可久處約，不可以長處樂。仁者安仁，智者利仁。」

《集解》孔安國曰：「久困則為非也。」又曰：「長處樂必驕佚也。」苞氏曰：「惟性仁者，自然體之，故謂安仁也。」王肅曰：「智者知仁為美，故利而行之也。」

《集注》約，窮困也。利猶貪也，蓋深知篤好而必欲得之也。不仁之人失其本心，久約必濫，久樂必淫。……〈禮坊記〉云：此貪非美辭。集注以之言仁，則嫌也。〈禮運〉云：『周人之仁去其貪。』經云：『欲仁而得仁，又焉貪？』今利仁而謂貪乎？如曰：利謂欲得之也，蓋深知篤好，而必得之也。斯叶矣。」朱子釋「利仁」曰「利於仁」，蓋以仁為利也。蓋猶〈大學〉言「不以利為利，以利為義」也。……朱子釋「利仁」曰：「利於仁，蓋以仁為利也。」猶〈易〉言：『利用安身，以崇德也。』

這一章話的意思是說：不懂得什麼是仁的人，他若久處於貧賤，必定會為非作歹。他們若長久處於富足安樂之中，便會生淫佚之心。只有懂得仁的人，才能貧而樂道，富而好禮，安於現狀，不因環境而改變他堅持守仁的心意態度。順乎自然，隨遇而安。如《集注》述曰：包注云：惟性仁者自然體之。

謝氏曰：「安仁者，非顏（回）、閔（子騫）以上去聖人為不遠，不知此味也。諸子雖有卓越之才，謂之見道不惑則可，然未免於利之也。」

由謝氏注，我們也可斷言：「里仁為美」，絕非「住在有仁者之里」的意思。因為，仁者太少了，鳳毛麟角，何處去尋？顏、閔為孔門首徒，去聖人不遠，然而，兩人而已。諸子更不可稱為仁者。若要居於有仁人之里，一里只有二十五家，每二十五家若有一仁者，則大街上走的，野外賞景的，山上爬山的，到處都是仁人了！有可能嗎？是知「里仁為美」，不是「擇有仁者所居里而居焉」！而是把仁當成時刻不離，時刻不忘，存心於仁的意思。

至於知者，有深度的知識，有判斷的智慧，當然也會以仁待人，以收善果。

子曰：「惟仁者能好人，能惡人。」

在這裡，好讀去聲，音號，作動詞用。惡在這裡也讀去聲，音務。也作動詞用。

《集注》惟之為言獨也。蓋無私心，然後好惡當於理。程子所謂得其公正是也。游氏曰：「好善而惡惡，天下之同情，然人每失其正者，心有所繫而不能自克也。惟仁者無私心，能好惡也。」

這章書說得很清楚。一般人多有偏見、偏好。只有仁者才能公正評斷好惡。才能好人。才能惡人。

子曰：「苟志於仁矣，無惡也。」

《集解》孔安國曰：「苟、誠也。言誠能志於仁者，則其餘無惡也。」

《集注》述曰：「志於仁者或知之未精，或行之未熟。雖或失敗，亦無心之過爾。豈有心之惡乎？」

我們的解釋是：若有人立志行仁，心誠意正，他當然不會做出壞事來。

子曰：「富與貴是人之所欲也。不以其道得之，不處也。貧與賤是人之所惡也，不以其道得之，不去也。」君子去仁，惡乎成名？君子無終食之間違仁。造次必於是，顛沛必於是。

《集解》疏：富者財多，貴者位高。位高則為他所崇敬。財多則為他所愛。夫人生則莫不貪欲此二者，故云是人所欲也。註：孔安國曰：「不以其道得富貴，則仁者不處也。」時有否泰，故君子履道而反貧賤。此則不以其道得之者也，雖人之所惡，不可違而去之也。馬融曰：「造次，急遽也。顛沛，僵仆也。雖急遽僵仆，不違於仁也。」

《集注》說：不以其道得之，謂不當得而得之。然於富貴則不處，於貧賤則不去。君子之審富貴而安貧賤也如此。

什麼是欲？什麼是惡？三字經中說：「曰喜怒，曰哀懼，愛惡欲，七情具。」所謂情，乃是人對事物所發生的心情。《禮記》卷二十三〈禮運篇〉中說：「何謂人情？喜、怒、哀、懼、愛、惡、欲，七者弗學而能。」

什麼是「情」？《禮記》卷二十七〈樂記〉孔穎達疏：「其心本雖靜，感於外物，而心遂動。是性之所貪欲也。自然謂之性。貪欲謂之情。是情與性別也。」性是靜的。每個人都有他的個性，對於事物的感受，各人的反應不一，便是情。例如京戲，愛好的人，聽起來搖頭擺腦，手腳還跟著打拍子，非常高興（喜）。不懂京戲的人，只覺得吵吵鬧鬧，不堪入耳，而生出厭惡之情。

至於有錢到富可敵國，官拜部長、院長之職，可不是一般人都喜歡擁有的嗎？但孔子認為，財富和高位，若不是正正當當得到的，就不應該擁有。

在這裡，上一句說：「不以其道得之，不處也。」和下一句「不以其道得之，不去也。」句法和孟子梁惠王篇中「鄰國之民不加少，寡人之民不加多」有相似之處。「不加少」，現代的語言應是「不減少」。此處下一句「不以其道得之，不去也。」應該是「不以其道除之」的意思。上下兩句相同，頗能顯出平行之美。「道」，便是「仁道」。

漢書卷八十一匡衡傳：漢元帝時任丞相、封樂安侯的匡衡，於成帝時被司隸校尉王尊狠狠的告了一狀。元帝之時，中書令石顯用事。前後丞相韋玄成和匡衡都懼怕他，不敢違反他的意思。王尊的奏摺中說：「衡、譚（謂御史大夫甄譚）居大臣位，知顯等專權勢、作威福，為海內患害，不以時而奏行罰，而阿諛曲從，坿下罔上。無大臣輔政之義！」（御史大夫升上去便是宰相。）

又如註《漢書》的唐代大儒顏思古，於貞觀七年拜秘書監，專典刊正。「……是時多引後進之士為讎校。師古抑素流（即寒門）、先貴勢（即高門），雖富商大賈亦引進之。物論稱其納賄。由是出為刺史（舊唐書卷七十二）。」足見以正道得富貴，以正道除貧賤之難。

著漢書的班固因此批評「經學絕倫」的匡衡為：「持祿保位，被阿諛之譏！」若《舊唐書》的史臣批評「該博經義」的顏師古說：「三黜之負，竟在時譏。」白璧之瑕，令人扼腕！

所以孔子說：一個人若貪圖富貴，離開了仁道，千年萬世之後，他的聲名，（如以上所舉匡衡、顏師古二例，）怎麼會好聽呢？因此孔子堅持：君子在任何極短的時間內都不可以違背仁道。像吃一餐飯的短短時間內都不行。而且，倉卒之間也要守仁道。困頓的時候也要守仁道。

註：惡，此處讀去聲，音務。

子曰：「我未見好仁者，惡不仁者。好仁者無以尚之。惡不仁者，其為仁矣，不使不仁者加乎其身。有能一日用其力於仁者矣乎？我不見力不足者也。蓋有乎？我未之見也。」

《集解》疏曰：（孔子）歎世衰道喪，仁道絕也。言我未見有一人見他人行仁而好之者也。又言我亦不見一人雖不能自行仁者，若見他人不仁而已憎惡之者也。故范甯曰：「世衰道喪，人無廉恥。見仁者既不好之。見不仁者亦不惡之。好仁惡不仁，吾未親見其人也。好仁者則為德之上，無復聽可加勝此也。」李充曰：「好仁者，故不可加善。若能惡憎於不仁者，其人亦即是仁。既能惡於不仁，不與親狎，則不仁者不得以非理不仁之事，加陵於己身也。」（孔子）又歎世無有一日能行仁者也。若有一日行仁而力不足者，我未之見也。

用白話來解釋：我沒有見過愛好「仁」的人，和討厭不仁者的人。一個人若能愛好仁，那還有什麼比這更高尚的？討厭不仁者的人，也就是仁了。他們不受不仁者的影響。有人能用他的力量做一天的仁人嗎？他的力足以達成，不會不夠力。若說力不足，我可從來沒有見過。

子曰：「人之過也，各於其黨。觀過，斯知仁矣。」

《集注》程子曰：「人之過也，各於其類。君子常失於厚，小人常失於薄。君子過於愛，小人過於忍。」尹氏曰：「於此觀之，則人之仁不仁可知矣。」

《集解》註。孔安國曰：「黨、黨類也。小人不能為君子之行，非小人之過也。當恕而無責之。觀過，使賢愚各當其所，則為仁也。」

上兩書都舉例說：耕夫不能耕，乃其失（過）。若不能書，則非耕夫之失也。

殷仲堪卻有不同的說法。他說：「人之過失，各由於性類之不同。直者以改邪為義，失在於寡恕。仁者以惻隱為誠，過在於容非。是以與仁同過，其過可知。觀過之義，將在於斯者。」

人非聖賢，熟能無過失。但通常是同類型的人犯同類型的過錯。能觀察到別人的過錯，便應該知道：怎麼樣才是仁。仁慈的人常失於太寬厚，不免姑息養奸。刻忌之人常失於殘忍，不免害人利己。能觀察到自己的過錯，一定識得仁的道理。

仁，人與人相處之至道，從一個人所犯的過錯，便不難肯定他對於「仁」的實行尺度。張其昀先生在他的〈孔子的人生哲學〉一文中說：

「觀過知仁」者，謂從人的短處往往可以看出人的長處。人情於人之過，徒見其過。惟仁者能於人之過中，而知其仁。此忠厚長者之所為，亦與人為善之道也。過失人所難免。知過能改，進德修業，端在於此。（民國六十六年九月〈文藝復興月刊〉第八十五期。）

張氏的解說，也有他的道理。

子曰：「朝聞道，夕死可矣。」

《集注》云：道者，事物當然之理。苟得聞之，則生順死安，無復遺恨矣。朝夕，所以甚言其時之近。

《集解》疏：（孔子）歎世無道，故言。設使朝聞世有道，則夕死無恨。故云可矣。欒肇曰：「道所以濟民，聖人存身為引道也。濟民以道，非為濟身也。故云誠令道朝聞於世，雖夕死可也。傷道不行，且明己憂世，不為身也。」

兩書所言，頗有出入。前者，孔子認為世人懵懵懂懂，不知道為何物。若一朝弄清楚了什麼是「道」，便死而無憾了。

後者言孔子憂世之不道。若朝聞道之行於世，則死無遺憾。

我們同意《集注》的說法。只是，什麼是「道」？很難解說清楚。老子說：「道可道，非常道。」又說：「人法地，地法天，天法道，道法自然。」

《論語》開頭引有子的話：「君子務本，本立而道生。孝悌也者，其為仁之本與。」說明了仁和道是相近的。

下面一章，曾子說：「夫子之道，忠、恕而已矣。」那麼這裏的道，也就是「忠」和「恕」了。

子曰：「士志於道，而恥惡衣惡食者，未足與議也。」

《集注》云：心欲求道，而以口體之奉不若人為恥，其識趣之卑陋甚矣，何足與議於道哉？程子曰：「志於道而心役乎外，何足與議也！」

《集解》疏。李充曰：「夫貴形骸之內者，則忘其形骸之外矣。是以昔之有道者，有為者，乃使家人忘其貧，王公忘其榮，而況於衣、食也。」

後漢王霸，字儒仲，少有清節。…隱居守志，茅屋蓬戶，連徵不至，以壽終。（《後漢書》卷八十三〈逸民傳〉）他的妻子在《後漢書》〈列女傳〉中也有列名。光武帝數徵，王霸不肯出仕。他的妻子也以美志行聞於鄉里。王霸年少時與令孤子伯為好友。後子伯任楚相，兒子為功曹。子伯令他的兒子捎書給王霸，車馬服從，雍容華貴。王霸的兒子正在田中耕作，聽說有客來，投耒而歸。見到令孤的兒子，沮怍不能仰視。王霸目之，有愧容，客去久臥不起。他的妻子怪問其故，王霸說：「我和子伯素不相若，今天看到他的兒子容服光鮮，舉措有適，而我們的兒子卻蓬髮歷齒，未知禮則，見客有慚色。父子恩深，不覺自失！」他的妻子說：「君少修清節，不願榮祿，今子伯之貴孰與君之高？奈何忘宿志而慚兒女乎？」王霸才知道是自己不對。既志於道，便不能在乎惡衣惡食。於是夫婦終身隱遯。（參考《後漢書》卷八十四〈列女傳〉。）

霸妻之賢，一言驚醒丈夫。真了不起。

子曰：「君子之於天下也，無適也，無莫也。義之與比也。」

《集解》范甯曰：「適、莫，猶厚、薄也。比、親也。君子與人，無有偏頗厚薄，唯仁義是親也。」

陳大齊《論語臆解》簡釋云：君子對於天下一切事情，不認其本身為絕對地可，亦不認其本身為絕對地不可，一依其適用得合宜與否以評定其可與不可。

《後漢書》卷八十下〈劉梁傳〉劉梁字曼山，宗室子孫，而少孤貧。他著有〈辯和同之論〉。其辭曰：

夫事有違而得道，有順而失義，有愛而為害，有惡而為美，其何乎？蓋明智之所得，闇偽之所失也。是以君子之於事也，無適無莫，必考之以義焉。

這段文章便是由論語本章而來，而陳大齊的解說又是根據劉梁之言。

我們根據劉梁所舉的例子來一一說明：

楚恭王（名審）病篤之時，召集大臣，對他們說：「不穀（自稱之詞。猶言「不才」、「不善」。）不德，少主社稷（十歲登基），失先君之緒，覆楚國之師，不穀之罪也。我若託祖宗的保佑，全首領而終，請稱我為『靈』，或『厲』。」大臣們都說：「好。」恭王去世了，大臣們擬遵從他的遺言。但令尹子囊（名午）說：「不可以。我們作臣子的侍奉國君，但從其善，不從其過。赫赫楚國，大王君臨之，撫正南海，訓及諸夏。其寵（光榮的意思）大矣。有這些光榮的事蹟，又能覺察到自己的錯誤，我們應該為大王上謚號為『恭』才對。」大臣們認為令尹子囊的話很合理，因此給楚王上謚號曰：「恭」。稱「楚恭王」。——這是違而得道。也就是說：大臣們雖然違背了恭王的遺言，卻合乎義、合乎道。（按古來帝王大臣，死後都有謚名。只用一兩個字，便提示了死者生前的行為、作風。《謚法》中說：「亂而不損曰『靈』。殺戮不辜曰『厲』。既過能改曰『恭』。」）

《國語》載：楚靈王（子圍）無道。驕淫暴虐。建造「章華之臺」。伍舉對他說：「為此台，國人罷（極度疲勞）焉。財用盡焉。年穀敗焉。數年乃成。」靈王終因無道而失去君位，逃亡在外。無人敢收留他。無人敢給他食物，恐罪及三族。芋地方官申亥（申無宇之子）說：「吾父再犯王命，王弗誅。恩孰大焉！」他尋找靈王，發現他餓臥在釐澤。乃奉之以歸。其年夏五月癸丑，王自縊死申亥家。申亥竟以兩女殉葬。——這是順而失義。（參閱《史記》卷四十〈楚世家〉。）

《淮南子》載：楚恭王與晉師戰于鄢陵，恭王受了傷，暫時收兵。司馬子反渴，想喝水。他的隨從討好他，給他美酒。子反喝了不少，酩酊大醉，躺在營帳中。楚恭王包紮好傷，要再戰，卻找不到子反。走進營帳，發現子反醉臥帳中，一身酒味。恭王一氣之下，把子反給斬了。——這是愛而害之。

《左傳》載：魯國的孟孫死了，臧武仲在靈堂哭得很是哀痛。返家途中，他的駕車的御者對他說：「孟孫厭惡您，您卻哭得這樣哀痛。若是愛您的季孫死了，您會如何？」武仲說：「孟孫之惡我，藥石也。季孫之愛我，美疢也。疢毒滋厚，石猶生我。」——此惡而為美。俗謂：良藥苦口利於病。（疢，音趁。熱病也。）

我們再看《後漢書》卷六十三

……州郡禮命，四府並辟，皆無所就。後徵拜議郎。及其在位，廉方自守。所交皆舍短取長。好成人之美。時潁川荀爽，賈彪，雖俱知名而不相能。並交二子，情無適莫。世稱平正（〈李固傳〉坿〈李燮傳〉）情無適莫，即對兩人的友情無厚薄之意。

子曰：「君子懷德，小人懷土。君子懷刑，小人懷惠。」

《集注》懷、思念也。懷德謂存其固有之善。懷土謂溺其所處之安。懷刑謂畏法。懷惠謂貪利。君子小人趣向不同，公私之閒而已矣。尹氏曰：「樂善惡不善，所以為君子。苟安務得，所以為小人。」

或謂君子為國君，小人為下民。上之化下，如風之靡草。君若化民安德，則下民安其土不遷下。這個解釋非常不恰當。人民都是小人嗎？簡直是一種侮辱。

James R. Ware 把本章書譯成：大人珍重完美，小人珍重自身的舒適。大人珍視法律規章，小人要求特別的恩惠。

意思和集注的解釋差不多。

子曰：「放於利而行，多怨。」

《集注》孔氏曰：「放、依也。多怨，謂多取怨。」程子曰：「欲利於己，必害於人，故多怨。」《集解》孔安國曰：「放，依也。每事依利而行之者也。取怨之道也。」

陳大齊《論語臆解》說：「放字有兩種解釋，一為『依』，一為『縱』。兩者不相抵觸。解作『依』字語氣較輕。解作『縱』字語氣較重，更能與多字相呼應。」全文說：行事只圖放縱自己的利慾，不管他人的利益，其結果必遭遇阻礙而多所取怨。

子曰：「不患無位，患所以立。不患莫己知也，求為可知也。」

一般政府官員、公司職員，常認為自己所處的地位太低，卻不考慮到自己是否能勝任較高的職位。有些人，自認有智慧、有才能、有膽識、有學問，就怕別人不知道。尤其恨長官不識貨。卻不知如何充實自己。若能淬練自己、修身養性、致知格物，自然而然會為別人所知。

筆者任科長之時，有一位三等秘書寫信給某次長請求調升，次長回他信，先稱讚他工作努力，而後說：「若能充實自己，淬勵品德、改善人際關係，從大處著眼、從小處著手，將來前途無量。」這位小朋友接到次長的信，以為已獲知於長官。他的直屬長官笑笑對他說：「次長是罵你的，假如我說你的鞋子真不錯，若是換了一個面子，換了一個底，再換一付鞋帶，豈不是一雙新的？這哪是誇讚你的鞋子，這是說你的鞋子破舊不堪。不是嗎？」

求為可知，並不是自我宣傳，而是要靠自己的表現。而且不應汲汲于求為可知。宋朝的洪邁《容齋隨筆》卷二〈求為可知〉條雲：

……為之說者，皆以為當求為可知之行。唯謝顯道云：「此論猶有求為可知之道。在至論則不然。雖用而莫我知，斯我貴矣。夫復何求？」余以為君子不以無位為患，而以無所立為患。不以莫己知為患，而以求為可知為患。……夫求之有道。若汲汲然求為可知，則亦無所不至矣。

洪邁的這個解說，我們很為欣賞。

〈憲問〉篇中，孔子說：「不患人之不己知，患其不能也。」可和本章書相參考。

子曰：「參乎，吾道一以貫之哉。」曾子曰：「唯。」子出，門人問曰：「何謂也？」曾子曰：「夫子之道，忠、恕而已矣。」

孔夫子最講求仁，也可以說：仁就是孔子思想的中心。所謂仁，就字面看，是「二」「人」。仁者就是「人和人相處的最高道理」。

這章書孔子說他的「道」是「一以貫之」。我們翻閱了很多典籍，未能發現有能將這四個字解說得清楚的。

對於「一以貫之」的道，曾子的解說為「忠、恕而已。」

《論語集註》中程子的解釋說：「以己及物，仁也。推己及物，恕也。違道不遠是也。忠、恕一以貫之。忠者天道。恕者人道。忠者無妄。恕者所以行乎忠也。忠者體，恕者用，大本達道也。」說了半天，我們不認為程子已經闡釋了「一以貫之」和「忠、恕之道」的真正意義。

曾子是孔子得意門生之一。雖然孔子曾說「參也魯。」只是說他對道理的反應較為慢一點，不如顏淵他們快。並不是說他笨。後來，曾子把從孔子學來的道理著作一本《孝經》，等於是為「一以貫之」作了一個註解。

陳澧的《東塾讀書記》卷二中說：

宋儒好講「一貫」。惟朱子之說平實。（朱子）《語類》卷二十七云：「嘗譬之『一』便如一條索，那貫底物事便如許多散錢。須是積得這許多散錢，卻將那一條索來一串穿。這便是『一貫』」。（以前的銅錢也是圓形，中間有一個方孔。可以用繩索把若干銅錢穿在一起。）

顧亭林《日知錄》中說：

子「一以貫之」云，三百之詩至泛也，而曰「一言以蔽之，思無邪。」此說最明白。詩三百者，多學也。博也。一言以蔽之者，一貫也。約也。思無邪者，忠、恕也。禮也。

朱、顧兩先生的說法似乎已觸及問題的中心了，但我們仍然不滿意。顧先生除「忠」、「恕」外，又加了一個「禮」字。把問題弄得更複雜了。

耶魯大學印行的Ideological Differences And World Order一書中有一篇馮友蘭先生的論文，題目是：「傳統中國社會的哲學基礎」（The Philosophical Basis of Traditional Chinese Society）。在文中，馮先生認為傳統中國社會的基礎是一個「孝」字。他引述《禮記》〈祭義〉中一段曾子的話：

曾子曰：「身也者，父母之遺體，敢不敬乎？居處不莊，非孝也。事君不忠，非孝也。朋友不信，非孝也。戰陣無勇，非孝也。五者不遂，災及於親，敢不敬乎？」

這一番話，曾子已經把「孝」解說得很清楚了。而問題又發生了。後漢時，儒者便有「仁」和「孝」孰先孰後的爭論。當時的一位儒者延篤，字叔堅，南陽人，博學通經傳及百家之言。他說：

二致同源，總率百行，非復銖兩輕重，必定前後之數也。如欲分其大較，體而名之，則孝在事親，仁施品物。施物則功濟於時，事親則德歸於己。於己則事寡，濟時則功多。推此以言，仁者遠矣。……夫仁人之有孝，猶四體之有心腹，枝葉有本根也。聖人知之，故曰：「夫孝、天之經也，地之義也，人之行也。」……（《後漢書》卷六十四本傳）

說得有點道理。但他仍是把仁和孝分為二事，和孔子的「一以貫之」並不相合。

不忠的人，被皇帝抄家滅族，豈不是禍延祖考，那能稱得上孝。若有人戰陣不勇、交友不信、待人不誠，居處不莊，處事不敬，旁人不免會罵他孬種、罵他沒有教養。都會使他的父母蒙羞，當然是不孝！反過來說，一個人若孝於親，當然不會做出使父母喪生、或使父母名譽受損的事。

我們對於孔子「一以貫之」的看法，和延篤相近，但不一樣。我們認為：孝便是仁。譬如我們說「桃樹」。桃樹有根，有幹、有枝、有花、有葉、有果。合在一起便是桃樹。兒女對父母有孝。由孝而衍出忠、恕、信、勇、誠、愛、莊敬等美德。孝是根，其他各種德行便是幹、枝、花、葉、果。合在一起便是「仁」。

子曰：「君子喻於義，小人喻於利。」

《集解》孔安國曰：「喻猶曉也。」疏，范甯曰：「棄貨利而曉仁義則為君子。曉貨利而棄仁義則為小人。」

這一章書是以道德來區分君子和小人的。

《集注》程子曰：「君子之於義，猶小人之於利也。」楊氏曰：「君子有舍生而取義者。以利言之，則人之所欲無甚於生，所惡無甚於死。」但「殺頭的生意有人做。」充分說明了小人之喻於利。

關於利和義，讓我們先來看看董仲舒的解釋。他說：「天之生人也，使之生義與利。利以養其心。心不得義不能樂。體不得利不能安。義者，心之養也。利者，體之養也。體莫貴於心，故養莫貴於義。義之養生人，大於利矣。」（春秋繁露第三十一篇身之養重於義）說得還算合情合理。義利並存。先義後利。

孟子說：「亦有仁義而已矣，何必曰利（《孟子》〈梁惠王〉）。」朱子說：「古之太學主於教人，而國以取士。故士來者，為義，不為利。」明丘濬說：「彼果何所為而來哉？固將以希祿食，干爵位，以為父母之養，鄉里之榮，以行己之所志也，其心未嘗無所利。苟無所利，孰肯去鄉，捐親戚，以從事於客遊哉？（見薩孟武儒家政論衍義二六三頁所引）。」

孟子的時代不同，他極端提倡仁義。朱子的說法，不免有點牽強了。丘氏所說，乃是實在情形。

《論語注疏》中，邢昺疏曰：「喻，曉也。君子則曉於仁義，小人則曉於財利。」朱子註曰：「義者天理之所宜，利者人情之所欲。」這卻是有點道學的說法了。余師薩孟武先生說：「所以『君子喻於義』，不是說君子言義，不言利。而是說：君子於利，只可得其所應得。（《儒家政論衍義》頁二三四）。」

所以孔子說：「見利思義〈憲問〉。」何晏《集解》引馬融語：「義然後取，不苟得。」邢昺疏云：「見財利，思合義然後取也。」可見孔子是不反對人情之好利，但要求不可見利忘義。假如見利便忘記了義，即便是小人了。

孟子真不說利嗎？他對梁惠王說：「無恆產而有恆心者，惟士為能。若民則無恆產，因無恆心。苟無恆心，放辟邪侈，無不為已……是故明君制民之產，必仰足以事父母，俯足以蓄妻子。樂盡終身飽，凶年免於死亡（孟子梁惠王）。」這便是孔子對冉有所說的：「治民者先富之，而後加教。」富之，利也。而孟子所說的士，便是王安石所說的「中人之上」者。他說：「夫出中人之上者，雖窮而不失為君子。出中人之下者，雖泰而不失為小人。唯中人則不然。窮則為小人，泰則為君子。計天下之士出中人之上下者，千百而無十一。窮而為小人，泰而為君子者，則天下皆是也（《王臨川全集》卷三十九〈上仁宗皇帝言事書〉）。」

宋代的李覯說得更好。他說：「愚竊觀儒者之論，鮮不貴義而賤利。其言非道德教化，則不出諸口矣。然洪範八政，一曰食，二曰貨。孔子曰：『足食足兵，民信之矣。』是則治國之實，必本於財用。蓋城廓富美，非財不完。羞服車馬，非財不具。百官群吏，非財不養。軍旅征戍，非財不給。郊社宗廟，非財不事。兄弟婚媾，非財不親。諸侯四夷，朝覲聘問，非財不接。矜寡孤獨，凶荒札瘥，非財不卹。禮以是舉，政以是成，愛以是立，威以是行。舍是而克為治者，未之有也（《李直講文集》卷十六〈富國策〉第一）。」

子曰：「見賢思齊焉。見不賢而內自省也。」

《集注》思齊者，冀己亦有是善。內自省者，恐己亦有是惡。《詩》〈鄭風〉「野有蔓草，零露瀼瀼。有美一人，婉如清揚。邂逅相遇，與子偕臧。」臧，善也。《集注》謂：這便是見賢思齊。《詩》〈小雅〉〈鶴鳴〉「鶴鳴於九皋，聲聞於天。魚在於渚，或在潛在淵。樂彼之園，爰有樹檀。其下維穀。它山之石，可以攻玉。」蓋見不賢而內自省也。

這一章是說：看到賢人的所作所為，便應想到自己要作得同他一樣。看到不賢的人做壞事，便應當自己檢討自己，是不是曾做過同樣的壞事？《野有蔓草》我們試解說於後：

野外有蔓草，其上露珠零亂。有一個漂亮的小姐，溫婉清秀，容光煥發。我和妳不期而遇，我和妳一同相善。

《鶴鳴》詩云：

鶴鳴於深澤之中，聲音高達於天際。魚悠游於小洲之旁，或潛身於深淵之中。賢人樂隱于其園庭之內，園內種了檀樹，其下又有穀樹。真希望這位隱居的賢人能出山任事，他像他山的石，可以砥礪美玉，輔助人君，溥利人民。

子曰：「古者言之不妄出也，恥躬之不逮也。」

這一章書，孔子教人不可輕言寡信。說出了口，可是自身沒有力量，辦不到，豈不是可恥？所以言不妄出。

管同《四書紀聞》中認為「出」是「逾越」的意思。「言不妄出」，即是不說超越本分的話。

王闓運《論語訓》中說：「凡云『古』者，皆為殷時也。出，出位也。處士而言治道，侯國而謀天下，身所不及，無以驗其行，亦可恥也。」

兩家的說法都說得通。

子曰：「以約失之者鮮矣。」

《集解》孔安國曰：「奢則驕，溢招禍。儉約則無憂患也。」

《集注》尹氏曰：「凡事約則鮮失，非止謂儉約也。」謝氏曰：「不侈然以自放之謂約。」逑曰：「此為逞才自放者告焉。」

這章書是說：「一個人能約束自己，不奢不驕，便很少會犯過失。」

我們讀《後漢書》卷五十六〈王暢傳〉載：王暢任南陽太守，前後二千石皆懼帝鄉貴戚，多不稱職。王暢深以為憾。上任之初，即奮厲威猛，豪黨有穢行者，莫不糾發。

郡中豪族多以奢靡相尚，暢常布衣皮褥，車馬羸敗，以矯其敝。同郡劉表時年十七，從暢受學。進諫曰：「夫奢不僭上，儉不逼下，循道行禮，貴處可否之間。蘧伯玉恥獨為君子。府君不希孔聖之明訓，而慕夷齊之末操，無乃皎然自貴於世乎？」暢曰：「昔公儀休在魯，拔園葵，去織婦；孫叔敖相楚，其子被裘刈薪。夫以約失之鮮矣。聞伯夷之風者，貪夫廉，懦夫有立志。雖以不德，敢慕遺烈。」

劉表所說的「奢不僭上、儉不逼下」，也頗有道理。例如：我駐某國大使館，大使的座車是賓士三百。館員的車，有賓士五百、保時捷、寶馬七六〇等駐在國國民不能進口的豪華轎車。他們不但「僭上」，而且利用了外交特權買車，兩年之後將車賣給當地人，大賺一筆。駐在國諷罵我大使館為「豪華汽車代理商」也不以為恥，實在要不得。

公儀休是魯國宰相。他在相位時，不許家人織布、種園葵。他認為：宰相食國家的俸祿，不應和織女、菜農爭利。這也就是「儉不逼下」。

孔子所謂「以約失之者鮮矣」，正是王暢主張節儉的理由。

子曰：「君子欲訥於言而敏於行。」

孔子非常強調「慎言」。他曾說過：「古者言之不妄出，恥恭之不逮也。」又說：「言之不怍，則為之也難。」又說「駟不及舌。」又說「剛毅木訥近仁。」

訥、遲鈍。訥於言，說話要從容、要遲緩。敏於行，動作要明快。

這一章是孔子告誡門人：說話不可太快，言多必失。作不到的事，更不可先說大話。但一旦採取合乎仁的行動時，卻要敏捷俐落。

我們讀《晉書》卷四十一〈魏舒傳〉載：魏舒四十餘歲才舉孝廉，由澠池長、浚儀令、入為尚書郎。累遷後將軍鐘毓長史。鐘毓常和參佐比射箭。有一次朋人不足，要魏舒湊數。舒容範閑雅，發無不中，莫有能敵者。舉坐愕然。鐘毓感歎說：「吾之不足以盡卿才，有如此射矣，豈一事哉！」

轉相國參軍，封劇陽子。府朝碎務，未嘗見是非；至於廢興大事，眾人莫能斷者，舒徐為籌之，多出眾議之表。文帝深器重之，遷宜陽、滎陽二郡太守，甚有聲稱。徵拜散騎常侍。出為冀州刺史，在州三年，以簡惠稱。入為侍中。武帝以舒清素，特賜絹百匹。遷尚書，及山濤薨，以舒領司徒，有頃即真。舒有威重德望，祿賜散之九族，家無餘財。後以災異遜位，帝不聽。後因正旦朝罷還第，表送章綬。帝手詔敦勉，而舒執意彌固，於是賜安車駟馬，門施行馬。

史家謂「舒為事必先行而後言。遜位之際，莫有名者。時論以為晉興以來，三公能辭榮善終者，未之有也。」

「先行而後言」，正是「言不妄出」，正是「訥於言而敏於行」。

子曰：「德不孤，必有鄰。」

《集注》云：鄰猶親也。德不孤立，必以類應。故有德者必有其類從之，如居之有鄰也。

《集解》注：方以類聚。同志相求。故必有鄰，是以不孤也。

顏師古說：「鄰，近也。言修德者，不獨空為之而已，必有助也。」（《漢書》〈董仲舒傳〉）

本章書的意思是：修德之人，絕不會孤獨，必定有很多修德之人，互為切磋，互為砥礪。

子游曰：「事君數，斯辱矣。朋友數，斯疏矣。」

《集注》程子曰：「數，頻數也。」胡氏曰：「事君諫不行則當去，導友善不納則當止。至於煩瀆，則言者輕，聽者厭矣。是以求榮而反辱，求親而反疏也。」

這一章的要旨是：向國君進諫，國君不聽，便當知止。若一諫再諫，不免受辱。勸朋友去惡行善，朋友不聽，便不要再三勸告，若然，則欲親反疏，把朋友給得罪了。

清代俞樾所著：《群經平議》中說：「數者，面數其過也。」俞氏並舉《漢書》之〈高帝紀〉中，「漢王數羽。」為證。師古註曰「數，責其罪也。」

俞氏的解說，我們不能同意。同輩可互相「數落」。作臣子的，如何可以當面「數」國君的錯？

《後漢書》卷五十七〈李雲傳〉載：

桓帝延熹二年，誅大將軍梁冀，而中常侍單超等五人皆以誅冀功並列侯，專權選舉。又立掖庭民女亳氏為皇后，數月間后家封侯者四人，賞賜巨萬。是時地數震裂，眾災頻降。雲素剛，憂國將危，心不能忍，乃露布上書，移副三府，曰：「臣聞皇后天下母，德配坤靈，得其人則五氏來備，不得其人則地動搖宮。比年災異，可謂多矣，皇天之戒，可謂至矣。高祖受命，至今三百六十四歲，君期一周，當有黃精代見，姓陳、項、虞、田、許氏，不可令此人居太尉、太傅典兵之官。舉厝至重，不可不慎。班功行賞，宜應其實。梁冀雖持權專擅，虐流天下，今以罪行誅，猶召家臣搤殺之耳。而猥封謀臣萬戶以上，高祖聞之，得無見非？西北列將，得無解體？孔子曰：『帝者，諦也。』今官位錯亂，小人諂進，財貨公行，政化日損，尺一拜用不經御省。是帝欲不諦乎？」

所謂露布上書，有類於今日的公開信。「移副三府」，將副本抄送三公的辦公室。孔子曾說：「事君信而後諫。其君未信，則以為謗己。」李雲既非近侍之臣，又未曾得到皇帝的信任，如此上書，皇帝又是甚為不道的桓帝，其結果當然是免不了下獄而死。

《後漢書》作者批評李雲說：論曰：禮有五諫，諷為上。若夫託物見情，因文載旨，使言之者無罪，聞之者足以自戒，貴在於意達言從，理歸乎正。曷其絞訐摩上，以衒沽成名哉？李雲草矛之生，不識失身之義，遂乃露布帝者，班檄三公，至於誅死而不顧，斯豈古之狂也！夫未信而諫，則以為謗己，故說者識其難焉。

按《大戴禮》，所謂五諫，指諷諫，知患禍之將發生而諷告也。順諫，出辭遜順，不失君心。闚諫，視君之顏色而諫。指諫，質指其事而諫。陷諫，言國之害忘生為君也。

註：李雲所說的「尺一」，是指「詔策」，有如今日的「總統令」。古之狂，孔子說：「古之狂也直，今之狂也，詐而已矣。」史家認李雲為「古之狂」即是說他「直」。

公冶長　第五

子謂：「公冶長可妻也，雖在縲紲之中，非其罪也。以其子妻之。」子謂：「南容，邦有道不廢，無道免於刑戮，以其兄之子妻之。」

《集解》疏：縲，黑索也。紲，攣也。所以拘罪人也。范甯曰：公冶長賢人，于時經枉濫在縲紲之中。孔子以女妻之，將以大明衰世用刑之枉濫。

《集解》南容遭國君有道則出仕，不廢已之才德。若無道，則危行言遜，以免于刑戮也。

據說公冶長解鳥語。因鳥語而誤被拘禁。又因鳥語而被釋。孔子深知其賢，故以女妻之。南容名南宮滔，魯人。字子容。公冶長，字子長，姓公冶。齊人。《家語》云：「魯人」。范甯云：「字子芝。」見《史記》卷六十七〈仲尼弟子列傳〉。

子謂子賤：「君子哉若人。魯無君子者，斯焉取斯？」

《集解》孔安國曰：「子賤魯人，弟子宓不齊也。」苞氏曰：「若人者，若此人也。如魯無君子，子賤安得取此行而學行之？」（宓不齊，字子賤，小孔子三十歲。）

《集註》引〈說苑〉云：孔子謂子賤曰：「子治單父而眾說（悅），何施而得之也？」對曰：「不齊所父事者三人，所兄事者五人，所友事者十二人。」孔子曰：「父事三人，可以教孝矣。兄事五人，可以告弟矣。友事十二人，可以教學矣。是士附矣。」「猶未也，此地有賢于不齊者五人，不齊師之而稟度焉。」孔子曰：「昔堯舜聽天下，務求賢以自輔。夫賢者百福之宗也。神明之主也。惜乎不齊所治者邑也。」所以孔子稱子賤為君子。若說魯無君子，此人何以成此德？

或曰：雍也仁而不佞。子曰：「焉用佞？禦人以口給，屢憎于人。不知其仁也，焉用佞也？」

《集解》馬融曰：「雍，弟子仲弓名也。姓冉也。」孔安國曰：「屢，數也。佞，人口辭便捷，數為人所憎也。」（仲弓，魯人，小孔子二十九歲。）

《集注》仲弓為人，重厚簡默，而時人以佞為賢，故美其優于德而病其短于才也。佞，口才也。春秋時，自謙者自稱不佞。禦，當也，猶應答也。給，辨也。憎，惡也。

孔子對「仁」的標準定得非常高。從論語中便可看出來，除了顏回，孔子認為他勉強能三個月不違仁。但其他學生，沒有一個稱得上仁的。本章有人說「冉雍仁，但不會說話。」也就是口才不好。孔子說：「為什麼要會說話呢？佞者能屈人之口（禦），而不能服人之心。辨給常令人討厭！我不知道仲弓是仁者，但也不需要以口辨逞能！」

子使漆雕開仕。對曰：「吾斯之未能信。」子說。

《集注》漆雕開字子若。《史記》〈仲尼弟子列傳〉字子開。閻氏云：「孔子弟子漆雕啟。避漢景帝諱，而名開。」皇疏云：「答師稱『吾』，古人皆無也。」（〈家語云〉，蔡人，字子若，少孔子十一歲。）

《集解》孔安國曰：「仕進之道，未能信者，未能究習也。」鄭玄曰：「孔子喜其志道深也。」范甯曰：「開知其學未究治道，以此為政，不能使民信己。」孔子悅其不汲汲于榮祿也。

孔夫子要使漆雕開去作官，開認為自己對治道還沒有十分把握（信），便直接告訴老師：「吾斯之未能信。」孔子聽了，很高興。高興他謙虛、不汲汲于富貴，有自知之明。

子曰：「道不行，乘桴浮于海，從我者，其由也矣。」子路聞之喜。子曰：「由也好勇過我，無所取材。」

《集解》馬融曰：「桴，編竹木也。大者曰筏，小者曰桴。」鄭玄曰：「子路信夫子欲行，故言『好勇過我也』。『無所取材』，言無可取桴材也。以子路不解微言。故戲之耳。」

《集注》程子曰：「浮海之歎，傷天下之無賢君也。子路勇於義，故謂其能從己。皆假設之言耳。」

子路以為實然。而喜夫子之與己。故夫子美其勇，而譏其不能裁度事理，以適于義也。」

這章書是孔子自歎之辭。他說：「沒有地方可以實行我的抱負，我的大道理，真想作一個筏子，到海外去過一生。假如如此，跟我一起過海上生活的，可能只有子路吧。」子路聽了，非常高興。孔子讚美他的勇氣，卻說：「到那兒可以找到浮海為生的材料呢？」

若干學者認為這是孔子譏笑子路不切實際，我們不以為然。孔子既是聖人，豈能反反復復戲弄自己的門弟子？他的意思應該是：「引桴浮于海的夢想都無法實現，因為，那兒去找渡海的材料呢？雖然子路比我還勇敢，能陪同我乘桴渡海，沒有渡海的材料，工具，也是枉然！」還是悲歎自己「學」不得適當的「時」機「習」用！

仲由，字子路，汴人也。少孔子九歲。家語一字季路，又作汴人。

陳大齊把「無所取材」解釋為：「子路好勇，好得過分，此一材質是不足取的。」也說得通。

孟武伯問：「子路仁乎？」子曰：「不知也。」又問。子曰：「由也，千乘之國可使治其賦也。不知其仁也。」「求也何如？」子曰：「求也，千乘之邑，百乘之家，可使為之宰也。不知其仁也。」「赤也何如？」子曰：「赤也，束帶立于朝，可使與賓客言也。不知其仁也。」

《集注》述曰：經云：「回也，其心三月不違仁。其餘則日月至焉而已。若由也、求也、赤也，皆其餘也。故曰，仁道至大，非全體而不息者，不足以當之。」

賦、兵也。古者以田賦出兵，故謂兵為賦。

《集解》孔安國曰：「千乘之邑，卿大夫之邑也。卿大夫稱家，諸候千乘，卿大夫故曰百乘也。宰、家臣。」馬融曰：「赤，弟子公西華也。有容儀可使為行人也。」（行人，即今之外交官。）孔安國曰：「仁道至大，不可全名也。」

這一章充分說明了孔子對自已弟子的了解。他認為：子路可為千乘之國領軍隊，仕為諸候之臣。冉求可為諸候或大夫之邑宰。公西華儀表出眾，可在朝為外交官。但都不說三人能稱得上仁。

冉求字子有，少孔子二十九歲，魯人。為季氏宰。公西赤字子華，魯人，少孔子四十二歲。

子謂子貢曰：「汝與回也，孰愈？」對曰：「賜也何敢望回？回也聞一以知十，賜也聞一以知二。」子曰：「弗如也。吾與汝弗如也。」

《註解》孔安國曰：「愈猶勝也。」

孔子問子貢：「你和顏回相比，誰比較優勝。」子貢說：「賜怎麼敢和他比。他能聞一知十，賜只能聞一知二。」孔子說：「是不如他。我同意你說你不如他。」

若于學者都把「吾與汝弗如也」解釋成「我和你都不如他。」孔子是聖人，難道他不如自已的弟子？在這，「與」是「許」、「同意」的意思。〈先進篇〉中，孔子要待側的幾個弟子各言其志。最後曾皙說：「暮春者，春服既成，冠者五六人，童子六七人，浴乎沂，風乎舞雩，詠而歸。」夫子喟然歎曰：「吾與點也。」曾皙，便是曾點。孔子說：「吾與點也。」意思是「稱許」、「同意」。是動詞，不是連接詞。本章「吾與汝弗如也。」「與」是動詞。也是「同意」的意思。

宰予晝寢。子曰：「朽木不可雕也，糞土之牆不可圬。於予與何誅？」子曰：「始吾于人也，聽其言而信其行。今吾于人也，聽其言而觀其行。于予與改是。」

《集解》苞氏曰：「朽，腐也。雕，雕琢刻書也。」王肅曰：「朽，墁也。二者喻難施功，猶不成也。」孔安國曰：「誅，責也。今我當何責于汝乎？深責之辭也。」

現今流行睡午覺，因為晚上有電燈，可工作，可應酬，可讀書。古時日出而作，日入而息，白天睡覺，實在不應當。所以孔子罵白天睡覺的宰予，他說：「腐朽了的木頭，再怎麼也雕刻不好，糞土之牆，再怎麼也粉刷不好，對于宰予，我要怎麼責備他呢？」（意思是說：宰予不過是塊朽木，是糞土之牆，雕刻粉刷是沒有用的。）孔子又說：「開頭我很相信人說的話，認為他一定會照着自己的話作。有了宰予這個惡例，今後我要聽人說話，還要觀察他的行為。看看是否言行一致。」

南懷瑾說宰予身體不好，所以要午睡。一個人不把身體養好，就好像朽木，好像糞土之牆、又認為孔子其後說的話都是因為宰予身體不好而說的。我們很不同意。

我們讀《史記》卷六十七〈仲尼弟子列傳〉中載：

宰予字子我，利口辯辭。既受業，問：「三年之喪不已久乎？君子三年不為禮，禮必壞。三年不為樂，樂必崩。舊穀既沒，新穀既升，鑽燧改火，期可已矣。」子曰：「于汝安乎？」曰：「安。」「汝安則為之。君子居喪，食旨不甘。聞樂不樂，故弗為也。」宰我出，子曰：「予之不仁也。子生三年後免于父母之懷。夫三年之喪，天下之通義也。」

宰我問五帝之德。子曰：「予非其人也。」（意思是宰予不配聽。）

宰我為臨淄大夫，與田常作亂，以夷其族，孔子恥之。

由《史記》所載這些事實來看，我們不難瞭解孔子對宰予晝寢所說的話是正面的，還是負面的。南懷瑾的解說似乎不太正確。

子貢曰：「我不欲人之加諸我也，吾亦欲無加諸人」。子曰：「非爾所及也。」

《集注》子貢言我所不欲人加于我之事，我亦不欲以此加之于人。此仁者之事，不待勉強。故夫子以為非子貢所及。程子曰：「我不欲人之加諸我，我亦無欲加諸人。仁也。施諸已而不願，亦勿施于人，恕也。恕則子貢或能勉之，仁則非所及矣。愚謂無者自然而然。勿者禁止之謂。此所以為仁恕之別。」

本章子貢言：「我不想別人對我作的事，也不希望對人家作。」孔子卻說：「賜呀！這不是你的能力辦得到的。」

因為，你不對人作壞事，尚容易控制。要他人尊重你，不對你作壞事，除非你有高尚的道德、高深的學問、博愛的表現，救世的心胸。那就非子貢所能辦得到的。

劉安的《淮南子》〈道應篇〉中有一段精彩的對話云：

惠孟見宋康王，康王蹀足謦欬，疾言曰：「寡人所說者，勇有力也，不說為仁義者也，客將何以教寡人？」惠孟對曰：「臣有道於此，使人雖勇，刺之不入；雖有力，擊之不中。大王獨無意耶？」宋王曰：「善，此寡人之所欲聞也。」惠孟曰：「夫刺之而不入，擊之而不中，此猶辱也。臣有道於此。使人雖有勇弗敢刺、雖有力不敢擊。夫不敢刺、不敢擊，非無其意也。臣有道於此，使人本無其意也。夫無其意，未有愛利之心也。臣有道於此，使天下丈夫、女子莫不歡然皆欲愛利之，此其賢於勇有力也，四累之上也。大王獨無意邪？」宋王曰：「此寡人所欲得也。」惠孟對曰：「孔、墨是已。孔丘墨翟，無地而為君，無官而為長，天下丈夫、女子莫不延頸舉踵而願安利之者。今大王，萬乘之主也。誠有其志，則四境之內皆得其利矣。此賢於孔、墨也，遠矣！」

一個人若能作到「使天下丈夫、女子莫不歡然愛利之」，這是仁的最高境界，他若有不欲加諸於人的舉動，別人絕不會加在他身上。所以孔夫子對子貢說：「那不是你能辦得到的！」

子路有聞，未之能行，唯恐有聞。

《集解》疏：子路稟性果決，言無宿諾。故前有所聞於孔子，即欲修行。若未及能行，則不願更有所聞。恐行之不周，故唯恐有聞也。

這是很普通的現象。有許多人，在學校讀書時，第一課書還未完全明瞭之前，唯恐接着上第二課。

子謂子產有君子之道四焉：「其行己也恭，其事上也敬，其養民也惠，其使民也義。」

《集解》孔安國曰：「子產，鄭大夫公孫僑也。」

《集注》恭、謙遜也。敬、謹慎也。惠、愛利也。使民義，如都鄙有章，上下有服，田有封洫，廬井有伍之類。襄三十年《左傳》云：子產使都鄙有章，上下有服，田有封洫，廬井有伍。從政一年，輿人頌之曰：「取我衣冠而褚之，取我田疇而伍之。孰殺子產，吾其與之。」及三年，又誦之曰：「我有子弟，子產誨之。我有田疇，子產殖之。子產而死，誰其嗣之？」蓋民及三年乃知其義也。褚者藏也，內而國都，外而野鄙。皆治之有章。其非法服，則藏之不敢服也。

子產治國，內而國都，外而郊野，都有一定的章法。庶民的衣服，也有一定的質料和樣式。灌溉農田水溝（泗）有關口，房屋水井，錯落有致。開始時老百姓覺不便。三年之後，老百姓才受到了實惠，才歌功頌德，讚美子產。孔子說：子產其有四種君子的美德，一是行為端正，不逆忤人物。二是尊敬長上，發自誠心。三是惠及人民，使經濟繁榮，耕不缺水，服色整齊，生活安定。四是使民以義，也就是不奪民時。

孔子曾到過鄭國，據《史記》卷十二〈鄭世家〉載：「與子產如兄弟云。」子產死，孔子泣曰：「古之遺愛也。」《史記》又載：「子產者，鄭成公少子也。」「子產卒，鄭人皆哭泣，悲之如亡親戚。」

子張問曰：「令尹子文，三仕為令尹，無喜色。三已之。無慍色。舊令尹之政，必以告新令尹。何如也。」子曰：「忠矣。」曰：「仁矣乎？」曰：「未知，焉得仁？」「崔子弒其君，陳文子有馬十乘，棄而違之。至予他邦。則曰：『猶吾大夫崔子也。』違之。之至他邦。則又曰：『猶吾大夫崔子也。』違之，何如？』子曰：「清矣。」曰：「仁矣乎？」曰：「未知，焉得仁？」

《集解》孔安國曰：「令尹子文，楚大夫，姓鬬、名穀，字於菟。」（我們認為孔安國沒說對，子文是令尹，不是大夫。令尹等于後來的宰相，官位高于大夫甚多。）

《集注》令尹，官名，楚上卿執政者也。子文姓鬬，名穀於菟。其為人也，喜怒不形，物我無間，知有其國，而不知有其身……宣四年《左傳》言，鬬伯比謡于邔子之女，而生子文也。既棄之，而虎乳之。遂收之。楚人謂乳穀，謂虎、於（音烏）菟。故命之曰鬬穀於菟。

崔子、齊大夫，名抒。齊君莊公名光。陳文子亦齊大夫。

我們現在說明崔抒弒君的故事。《史記》卷三十三（齊太公世家）載：棠公的妻子甚美，棠公死了，崔抒便把棠公的妻子拿來作太太。而齊莊公又和這位美女私通。莊公常來崔家和這位美女幽會，崔抒忍無可忍，當莊公又來幽會其妻之時，叫家人把莊公殺死。

這一章書，子張說：「鬬穀於菟三次被任命為宰相，沒有表現出欣喜。三次下台，也沒有任何不快。而且交接之時，還要把自己任內的各種情形告訴繼任者。這個人怎麼樣？」孔子說：「是個忠臣。」「他是仁人嗎？」孔子說：「他不知道什麼是仁，所以算不上仁。」子張又說：「齊國的崔抒把齊莊公給殺死了。陳文子有四十匹馬（一乘即是四匹），他捨棄不要，去到別國。『還是像我們崔大夫一樣』。又去別國，發現『還是和崔大夫一樣』，因又離去。這種人如何？」孔子說：「很清高。」「算不算得上仁？」孔子說：「他不知道什麼是仁，所以算不得仁。」

三仕為令尹—三次受任為令尹之官。

三已之—三次終結為令尹。

有馬十乘，棄而違之—一乘為四匹馬。十乘即四十匹。他為了討厭有崔抒這種殺君的大夫，拋棄了馬，去國他往。違，離去。

季文子三思而後行。子聞之曰：「再思，斯可矣。」

《集解》鄭玄曰：「季文子，魯大夫，季孫行父也。文、謚也。文子忠而有賢行。其舉事寡過。不必及三思也。」

《集注》程子曰：「為惡之人，未嘗知有思。有思則為善矣。然至於再則已審。三則私意起而反惑矣。故夫子譏之。」（按宣公簒位，文子乃不能討，反為之使齊而納賂焉。豈非程子所謂「私意起反惑」之驗與。是以君子務窮理而貴果斷。不徒多思之為尚。）

這章書說：季文子作事要考慮三次而後才採取行動。孔子聽說了，說：「再考慮一下便可以了，何必要三思？」

有些人，一件大事來了，再三考慮，畏首畏尾，因為考慮太久，致失先機，甚至什麼行動也不敢採取。所以孔子認為：凡事再思而行，便可以了。

子曰：「甯武子，邦有道則智，邦無道則愚。其智可及也。其愚不可及也。」

《集解》馬融曰：「衛大夫甯俞也。武、謚也。」疏：言武子若值邦君有道，則肆已知識，以贊明時也。若值國主無道，則卷智藏明，詳昏同愚也。是其中人識量，當其肆智之目當為世人可及也。時人多衒聰明，故智識有及于武子者，而無敢詳愚隱智如武子者，故云其愚不可及也。孫綽曰：「人情莫不好名，咸貴智而賤愚。雖治亂異世而矜鄙不變。惟深達之士為能晦智藏明以全身遠害。飾智以成名者易去華以保性者難也。」

《集注》甯武子，衛大夫，名俞。按《春秋傳》武子仕衛，當文公、成公之時。文公有道，而武子無事可見。此其知之可及也，成公無道，至于失國。而武子周旋其間，盡心竭力，不避艱險。凡其所需，皆知巧之士所深避而不肯為者，而能卒保其身以濟其君。此其愚之不可及也。程子曰：「邦無道能沈晦以免患，故曰不可及也。」

我們看《集解》和《集注》的說法，完全相反。似乎《集注》舉《春秋傳》的解說為詳實。孔子的本意，很可能是認同《集註》的解釋。

宋葛立方所著《韻語陽秋》卷七中說：

所謂及者，繼也，非企及之及。謂甯武之愚，而後人不可繼爾。居亂世而愚，則天下塗炭將孰拯？屈原事楚懷王，不得志則悲吟澤畔，卒從彭咸之居。究其初心，安知拯世之意不得伸，而至於是乎？賈生謫長沙傳，渡湘水為賦以弔之，所遭之時，雖與原不同，蓋亦原之志也。

我們的看法和葛立方相同。

子曰：「伯夷、叔齊，不念舊惡，怨是用希。」

《集注》伯夷、叔齊、孤竹君之二子。孟子稱其不立于惡人之朝，不與惡人言。與鄉人立，其冠不正，望望然去之，若將浼焉。其介如此，宜若無所容矣。然其所惡之人，能改即止。故人亦不甚怨之也。（浼因每，污也。）

《集解》孔安國曰：「孤竹之國是殷湯正月三日丙寅日所封。其子孫相傳至夷齊之父也。父姓墨台，名初，字子朝。伯夷名允，字公信。叔齊名致，字公達。伯夷大而庶。叔齊小而正。父薨，兄弟相讓，不復立也。」

伯夷雖為兄，因為是庶出，即小老婆所生，故不肯繼承父位。叔齊雖是年紀小，却是嫡子。兩人相讓，雙雙逃去。孔子說他們不把從前人家對不起他們的惡事記掛在心，所以心中很少有抱怨之感。

子曰：「孰謂微生高直，或乞醯焉，乞諸其鄰而與之！」

《集解》孔安國曰：「微生姓，名高。魯人也。有人問他要醯（音西，即酸醋），乞之四鄰以應求者。用意委曲，非直人也。」

《集注》人來乞醋，其家無有，故乞諸鄰家以與之。夫子言此，譏其曲意徇物。掠美市恩，不得為直也。

程子曰：「微生高所枉雖小，害直為大。」范氏曰：「是曰是，非曰非。有曰有，無曰無。直也。聖人觀人，於其一介之取予，而千駟萬鍾從可知焉。所以教人不可不謹也。」

這章書說：誰說微生高正直？有人向他要點醋，他自已沒有，却去向鄰居討來給人。熟，誰也。微生高有正直之名。但孔子從小事判定他不直。

子曰：「巧言令色，足恭，左丘明恥之，丘亦恥之。匿怨而友其人，左丘明恥之，丘亦恥之。」

《集解》孔安國曰：「足恭，便僻之貌也。」（便僻，特別恭敬之貌。匿怨而友其人，孔安國曰：「心內相怨而詐親也。」）

《集注》足，過也。左丘明，古之聞人也。謝氏曰：「二者之可恥，有甚于穿窬也（作小偷）。左丘明恥之，其所養可知矣。夫子自言丘亦恥之，以深戒學者，而立心以直也。」

孔子說：過分恭敬，對人花言巧語。這種態度，左丘明深以為恥，丘（孔子自己）也深以為恥。怨恨一個人偏又故意親近他，和他作朋友，左丘明深以為恥，丘亦深以為恥。

我們讀《晉書》卷三十三〈何曾傳〉載：

曾性奢豪，務在華侈。帷帳車服，窮極綺麗，廚膳滋味，過於王者。每燕見，不食太官所設，帝輒命取其食。蒸餅上不坼作十字不食。食日萬錢，猶曰無下箸處。人以小紙為書者，敕記室勿報。劉毅等數劾奏曾侈忲無度，帝以其重臣，一無所問。

都官從事劉享嘗奏曾華侈，以銅鉤〈峕犮〉紖車，瑩牛蹄角。後曾辟享為掾，或勸勿應，享謂至公之體，不以私憾，遂應辟。曾常因小事加享杖罰。其外寬內忌，亦此類也。時司空賈充權擬人主，曾卑充而附之。及充與庾純因酒相競，曾議黨充而抑純，以此為正直所非。

何曾心裡怨恨劉享告他狀，卻提拔他為掾。明是愛才，是公，卻時常假公濟私，常因小故而杖罰劉享。這便是匿怨而友其人。他看不起賈充，但賈充是賈妃的父親，位高權大，因而不得不向賈充低頭。賈充和庾純有爭執，雖然庾純有理，何曾還是支持賈充，孔子所說：「匿怨而友其人」，何曾真小人也。

司馬昭為晉王，何曾與高柔、鄭重都是三公，入見晉王之時，何曾致拜盡敬。高、鄭二人不過長揖而已。他身為魏氏重臣，竟與斐秀、王沈等勸進晉王司馬炎，廢魏帝。司馬炎踐祚，乃拜何曾為太尉，晉爵為公。勸進，當然是要巧言令色、又足恭。孔子所引以為恥的事，何曾全都做到了！

註：瑩牛蹄角；把牛的角和蹄洗刷打磨得晶瑩明亮。

顏淵季路侍。子曰：「盍各言爾志。」子路曰：「願車馬衣輕裘，與朋友敝之而無憾。」顏淵曰：「願無伐善，無施勞。」子路曰：「願聞子之志」子曰：「老者安之，朋友信之，少者懷之。」

顏淵和子路在孔子身旁。孔子曰：「盍（何不）各說說你們的志向。」子路說：「願將自已的車馬、好的衣服和朋友共用。破舊了也無餘憾。」（輕裘，今之毛皮衣。毛皮以輕暖為佳。）顏淵說：

「願作善事而不誇說（伐，誇也），不勞動別人。」子路說：「願聽聽老師的志向。」孔子說：「老者養之以安，朋友相交以信，少者懷之以恩。」（陳大齊《論語臆解》中簡釋孔子言為：「對於老年人予以安撫，對於朋友待以誠信，對於少年人加以關懷。」）

這章書的對話，充分表露了子路的俠義情懷，顏淵的謙退愛人，更顯示孔子的聖人胸襟。我們認為顏子的「不伐善」有兩個意義。第一是有功不居，也就是不宣揚自己的功績。第二是不逞能。不顯揚自己的才能。我們舉歷史為例。

先說不居功。

《後漢書》卷七十一〈皇甫嵩傳〉載：皇甫嵩破黃巾，威震天下。功成師剋，嵩乃上言其狀。汝豫之戰，以功歸于朱儁。張角敗亡，以功歸之盧植。收名斂策，不列己名。作《後漢書》的范曄借魏太尉華歆的話誇讚他說：

「時人說皇甫嵩之不伐。汝豫之戰，歸功于朱儁。張角之捷，本之於盧植。收名斂策，而己不有焉。蓋功名者，世之所甚重也。誠能不爭天下之所甚重，則怨禍不深矣。」如皇甫公之赴履危亂，而能終以歸全者，其致不亦貴乎！故顏子願不伐善為先，斯亦行身之要與！

「功名者，天下之所甚重。」是以皇甫嵩能不伐功為世所稱，當然也有冒他人之功以自肥者。二十世紀六十年代，非洲許多國家（極大多數為法語系國家）先後獨立，獨立之後，大都與我建立邦交。陳雄飛大使，居功最大。雲公（雄飛先生字雲階）早歲留學法國，法語非洲國家之元首政要，若非雲公之同班同學，便係校友。交涉談判，事半功倍。甚至這些國家中有某國對我邦交發生問題時，外交部一個電報，雲公便得從駐地赴非洲滅火。雲公退職後，筆者曾提起這些往事，問他「功勞全記在別人頭上，好像小說《薛仁貴征東》中、薛仁貴的功勞被張士貴的『狗婿何宗憲』冒去了，有沒有感到遺憾？」雲公說：「我任次長之時，才發現南部非洲的巴蘇托蘭、貝川納蘭和史瓦濟蘭三國，從開始連絡到獨立後建交設館，都是你一手促成的，除了檔案中可查得到，之外，你的功勞也都歸諸於簽字建交的長官，你又作何感想？」筆者不敢回應。每想到宋代若干大臣所持「功歸於下，恩出於上」的銘言，一面為雲公叫屈，一面也佩服他不伐功的人格。

再說「不逞能」

《莊子》〈徐無鬼〉篇中有一個「吳山之狙」的故事：

吳王浮于江，登乎狙之山。眾狙見之，恂然棄而走，逃於深蓁（棘叢也）。有一狙焉，委蛇（從容）攫搔（騰躍），見巧乎王。王射之，敏給博捷矢。王命相者（佐王狩獵之人）趨射，狙執死。（被執而死）

眾狙皆走，惟獨此狙逞能，給果被執而死。

這是說動物。再說人。《後漢書》卷五十四〈楊脩傳〉載：

脩字德祖，好學，有俊才，為丞相曹操主簿，用事曹氏。及操自平漢中，欲因討劉備而不得進，欲守之又難為功，護軍不知進止何依。操於是出教，唯曰「雞肋」而已。外曹莫能曉，脩獨曰：「夫雞肋，食之則無所得，棄之則如可惜，公歸計決矣。」乃令外白稍嚴，操於此迴師。脩之幾決，多有此類。脩又嘗出行，籌操有問外事，乃逆為答記，勑守舍兒：「若有令出，依次通之。」既而果然。如是者三，操怪其速，使廉之，知狀，於此忌脩。且以袁術之甥，慮為後患，遂因事殺之。

吳山之狙（猴子）逞能而死。楊脩也是逞能而死。故曰「無逞能」。

子曰：「已矣乎，吾未見能見其過而內自訟者也。」

《集解》苞氏曰：「訟猶責也。言人有過，莫能自責者也。」

《集注》已矣乎者，恐其終不得見而歎之也。

孔子這章書歎一般人不能發現自已的過錯，而自己責備自己。假如知過自責，一定能痛改前非。顏淵不二過，所以孔子稱讚他。

子曰：「十室之邑，必有忠信如丘者焉。不如丘之好學也。」

《集注》云：十室，小邑也，忠信如聖人，生質之美者也。夫子生知而未嘗不好學，故言此以勉人，言美質易得，至道難聞。學之至，則可以為聖人。不學，則不免為鄉人而已，可不勉哉。

本章孔子說：只要有十家的小地方，必定也有忠信如他的。但不好學。若好學，豈不也能成聖人？否則，不過一個鄉下人而已。孔子弟子三千，子僅稱顏淵一人好學。有人問起，孔子說：「弟子中只有顏淵一人好學，可惜現在已經去世了，再沒有第二人了！」

雍也 第六

子曰：「雍也可使南面。」

《集解》苞氏曰：「可使南面者，言任諸候，可使治國政也。」《集注》南面者，人君聽治之位，言仲弓寬容簡重，有人君之度也。…論家說云凡簡而重者，則不煩矣。不煩則不苛細而寬洪矣。蓋人君之態度宜然也。重者慎重，由敬而生也。

孔子很看重冉雍，說他可以為諸候，南面而治國。

仲弓問子桑伯子。子曰：「可也簡。」仲弓曰：「居敬而行簡，以臨其民，不亦可乎？居簡而行簡，無乃太簡乎？」子曰：「雍之言然。」

子桑伯子，《集解》王肅曰：「伯子，書傳無見也。」〈集注〉云：「魯人。胡氏以為疑即莊周所稱子桑戶者是也。」

仲弓以夫子許己南面，固問「伯子如何？」述曰：《莊子》〈大宗師〉篇云：子桑戶、孟子反、子琴張相與友。蓋子桑戶者、伯子也。通志稱魯大夫，則魯人也。亦見《莊子》〈山木〉篇。戶作雽。〈楚辭〉以桑扈與接輿並稱。戶者，扈省文也。今攷文三年〈左傳〉云：「子桑之忠也，其知人也，能舉善也。」此言秦用孟明為子桑舉焉。豈議其簡乎。

孔安國曰：「居身敬肅，臨下寬略則可也。」苞氏曰：「伯子之簡，太簡也。」

仲弓問孔子：「子桑伯子如何（即可否南面？）？」孔子說：「可也。因為子桑伯子尚簡。」仲弓說：「自處以敬，而對下寬簡，則事不煩、民不擾，那就可以了。若先自處以簡，而所行又簡，豈不失之太簡，無法度可守了。」孔子說：「你的話對。」

哀公問弟子孰為好學。孔子對曰：「有顏回者好學，不遷怒，不貳過。不幸短命死矣！今也則亡。未聞好學者也。」

《集解》註：凡人任情，喜怒違理。顏淵任道，怒不過分。遷者移也，當其理不移易也。不貳過者，有不善，未嘗復行也。

〈仲尼弟子列傳〉載：顏回者，魯人也，字子淵，少孔子三十歲。〈家語〉云：「年二十九而髮白，三十二而死。」

按：孔鯉—孔子的兒子—死時。年五十，孔子當時七十歲。顏子死，其父欲賣孔子之車為子購槨。孔子說：我兒死時也沒有槨。我為大夫，不能沒車。」足見孔鯉先死，顏子後死。若顏子二十九歲去世，孔子才六十一歲，若以孔鯉先死，而相比時，顏子死時最少四十歲了。數字有誤。究竟如何，已無可攷。

《集注》程子曰：「顏子之怒，在物不在己，故不遷。有不善未嘗不知，知之未嘗復行，不貳過也。」

哀公問孔子諸弟子中誰最好學。孔子說：「顏回最好學。他心中若有不快事，不遷怒他人。有小錯立即察覺，便不會再犯。可惜他短命，已經去世了。現在沒有像他這樣的弟子了。沒聽說還有誰好學。」

子華使于齊，冉子為其母請粟。子曰：「與之釜。」請益。曰：「與之庾。」冉子與之粟五秉。子曰：「赤之適齊也，乘肥馬，衣輕裘。吾聞之也，君子周急不繼富。」

公西赤，字子華，小孔子四十二歲，冉求字子有，小孔子二十九歲。

公西赤奉命出使齊國，冉求為他的母親請粟。（等於今日之安家費。）孔子說：「給一釜（即六斗四升）。」冉求請求再加一些。孔子說：「那麼給一庾（即十六斗）吧。」冉求卻給了五秉。（一秉為十六斛。五秉等于八十斛。）孔子說：「公西華去齊國，騎駿馬，穿上等的毛皮衣。我聽人說：『君子只周濟貧乏的人，而不錦上添花，為有錢的人送錢。』」

這章書稱冉求為冉子，當係孔子門人所記。冉求為公西華之母請粟，不聽孔子的話而特別給多些，不免有賣人情之嫌。慷他人之慨。故孔子最後有「周急不繼富」的評語。

原思為之宰，與之粟九百，辭。子曰：「毋，以與爾鄰里鄉党乎。」

原憲字子思。〈家語〉云：「宋人，少孔子三十六歲。」

原憲任家邑宰，孔子給他粟九百。（未說明單位。九百斛？九百斗？）原憲辭而不受。孔子說：「毋，（不要辭）可以拿去分給你的親戚鄰里。」

《集解》孔安國曰：「九百斗也。」鄭玄曰：「五家為鄰，五鄰為里，萬二千五百家為鄉，五百家為黨也。」

我們翻開二十四史各列傳，有許多清廉官吏，俸祿分給鄉里窮人，令人敬佩。想必他們多少是受孔老夫子「以與爾鄰里鄉党」這一句話的影響。

子謂仲弓曰：「犂牛之子騂且角，雖欲勿用，山川其舍諸？」

《集解》犂、雜文也。騂、赤色也。角者，角周正，中犧牲也。雖欲以其生犂而不用，山川寧舍之乎？言父雖不善，不害于其子之美也。

《集注》仲弓父賤而行惡，故夫子以此譬之。言父之惡，不能廢其子之善。如仲弓之賢，自當見用于世也。然此論仲弓云耳，非與仲弓言也。范氏曰：「以瞽瞍為父而有舜，以鯀為父而有禹。古之聖賢，不繫于世類，尚矣。子能改父之過，變惡以為美，則可謂孝矣。」

述：子謂顏淵曰：「惜乎，吾見其進也，未見其止也。」—我們認為是有人提起，孔子說顏淵：「只見他努力上進，沒見到他會進到什麼階段才會停止。」說話時，顏淵已死，此話當非對顏淵說的，本章「子謂仲弓曰」，也不是對仲弓說話，而是向他弟子提起仲弓，說他賢，不至因父惡而不致不為世所用。聖人豈能對人之子說其父為「犁牛」之理！

本章：孔子認為仲弓，有如犁牛之子騂且角，想不用牠作犧牲用于大祭祀，山川之神都不會捨得。

子曰：「回也，其心三月不違仁。其餘則日月至焉而已矣。」

孔子說顏回能作到連續三個月都不違背仁。其餘子弟則是一日一月之間能不違仁。

《集解》和《集注》都認為三個月便是一季，氣候轉變之時，由春入夏，由夏入秋。能三個月不違仁，幾乎就是說每一季都不違仁。孔子之所以只說三月，乃是鼓勵其他的弟子而已。

季康子問：「仲由可使從政也與？」子曰：「由也果。於從政乎何有？」曰：「賜也可使從政也與？」子曰：「賜也達，于從政乎何有？」曰：「求也可使從政也與？」子曰：「求也藝，于從政乎何有？」

《集解》苞氏曰：「果、謂果敢決斷也。」孔安國曰：「達謂通于物理也。」孔安國曰：「藝、謂多才能也。」衛瓘曰：「何有者，有餘力也。」

《集注》從政謂為任大夫之職，果有決斷，達通事理，藝多才能。程子曰：「季康子問三子之才可以從政乎，夫子答以各有所長。非惟三子，人各有所長。能取其長，皆可用也。」

南懷瑾認為：孔子說：「子路生性太果敢，對事情決斷得太快：如果要他從政恐怕就不太合適。……子貢太通達，把事情看得太清楚，功名富貴全不在他眼下……如果從政，卻不太妥當。……冉求是才子……名士氣味頗大，也不能從政。」

他的說話，恰好與古人所說相反。

我們認為這章書的意思是：季康子問孔子：子路、子貢、冉求三人可否任大夫之職，孔子說：「子路果敢有決斷、子貢通達事理，冉求多才多藝，像這樣的人才，現在從政諸人中那兒有呀？」

季氏使閔子騫為費宰。閔子騫曰：「善為我辭焉。如有復我者，則吾必在汶上矣。」

《集解》孔安國曰：「費、季氏邑也。季氏不臣，而其邑宰數叛，聞閔子騫賢，故欲用也。」孔安國曰：「（閔）不欲為季氏宰」，語使者曰：「善為我辭說，若重來召我，我去之汶水上，欲北如齊也。」

《集注》程子曰：「仲尼之門，能不在大夫之家者，閔子、曾子數人而已。」

閔子騫，名損，小孔子十五歲。

〈晉書〉卷八十九〈韋忠傳〉載：

韋忠字子節，平陽人也。少慷慨，有不可奪之志。好學博通，性不虛諾。閉門修已，不交當世。…家貧，藜藿不充。人不堪其憂，而忠不改其樂。（裴）頠為僕射，數言之于司空張華，華辟之，辭疾不起。人問其故，忠曰：「吾茨簷賤士，本無宦情。且茂先（張華字茂先）華而不實，裴頠慾而無厭，棄典禮而附賊后。若此，豈大丈夫之所宜行邪？」

韋忠之不願應張華之辟，乃慕閔子騫之不願為季氏宰。閔子騫與韋忠俱為孝子。

子曰：「賢哉回也。一簞食、一瓢飲，在陋巷，人不堪其憂，回也不改其樂。賢哉回也。」

《集解》孔安國曰：「簞、笥也。瓢、瓠也。」

孔子讚美顏淵，說「好一個賢德的顏回，一簞飯、一瓢水，住在陋巷之中，別人都受不了，他卻能安貧樂道。好一個賢德的顏回！」

子謂子夏曰：「汝為君子儒，無為小人儒。」

《集解》馬融曰：「君子為儒，將以明其道。小人為儒，則以矜其名也。」

《集注》程子曰：「君子儒為己，小人儒為人。」謝氏曰：『君子小人之分，義與利之間而已…適己自便，凡可以害天理者，皆利也。』

陳大齊解釋：你要做識本大道理的學者，不要做專門講究小節的學者。

子游為武城宰。子曰：「汝得人焉耳哉？」曰：「有澹臺滅明者，行不由徑，非公事未嘗至于偃之室也。」

言偃、字子游，吳人。小孔子四十五歲。澹臺滅明，武城人，字子羽。小孔子三十九歲。

《集解》苞氏曰：「武城、魯下邑也。」徑，路之小而捷者。不由徑，則動必以正，而無見小欲速之意可知。非公事不見邑宰，則其有以自守，而無枉己徇人之私可見矣。

本章書：言偃任武城宰，孔子問他：「有沒得到什麼人才？」答道：「有一個叫澹臺滅明的，從不走小路，沒有公事絕不來我的辦公室。」

《史記》卷六十七〈仲尼弟子列傳〉載：〈澹臺滅明〉狀貌甚惡，欲事孔子，孔子以為材薄。既已受業，退而修行。南游至江，從弟子三百人。設取予去就，名施乎諸候。孔子聞之，曰：「吾以言取人，失之宰予。以貌取人，失之子羽。」

子曰：「孟之反不伐。奔而殿。將入門，策其馬曰：『非敢殿也，馬不進也。』」

《集解》孔安國曰：「（孟之反）魯大夫孟之側也。」馬融曰：「殿在軍後者也。前曰啟，後曰殿。孟之反賢而有勇。軍大奔，獨在後為殿。人迎為功之。不欲獨有其名。故云：『我非敢在後拒敵也。馬不能前進耳。』」

《集注》孟之反魯大夫，名側。胡氏曰：「反即莊周所稱孟子反者是也。」伐、誇功也。奔、敗走也。

《晉書》卷四十二〈王濬傳〉載：濬自以〈破吳〉功大，而為〈王〉渾父子及豪強所抑，屢為有司所奏，每晉見，陳其攻伐之勞，及見枉之狀，或不勝忿憤，徑出不辭。帝每恕之。益州護軍范通，濬之外親也。謂濬曰：「卿功則美矣。然恨所以居美者，未盡善也。」濬曰：「何謂也？」通曰：「卿旋旆之日，口不言平吳之事。若有問者。輒曰：『聖主之德，群帥之力，老夫何力之有焉！』如斯顏老之不伐，龔遂之雅對，將何以過之？藺生所以屈廉頗，王渾能無愧乎？」范通這一段話說得非常得体，可為殷鑑。

案《漢書》卷八十九〈循吏傳〉載：龔遂治渤海，渤海大治，受徵入朝。議曹王生願從。朝見天子之日，王生曰：「天子問君何以治渤海，君不可有所陳對，宜曰：『皆聖主之德，非小臣之力也。』」遂受其言。既至前，上果問以治狀，遂對如王生言。天子悅其有讓，笑曰：「君安得長者之言而稱之？」遂因前曰：「臣非知此，乃臣議曹教戒臣也。」上以遂年老不任公卿，拜為水衡都尉。——此即范通所謂龔遂之雅對。

顏指顏淵。顏淵曾向孔子說他的志向：「願不伐。」即是不誇耀自己。

子曰：「不有祝鮀之佞，而有宋朝之美，難乎免于今之世矣。」

《集注》祝、宋朝之官鮀、衛大夫，字子魚，有口才。朝、宋公子，有美色。孔子言衰世好言悅色，非此難免，蓋傷之也。

《集解》孔安國曰：「佞，口才也，祝鮀，衛大夫名子魚也。時世貴之。宋朝，宋國之美人也，而善謡。言當如祝鮀之佞，而及如宋朝之美，難矣免于今世之害也。」

但《左傳》定公十四年云：衛侯為夫人南子召宋朝，夫南子，宋女也，通乎宋公子朝，蓋其色之美也。

由《左傳》所說來看，宋朝當為男性，與衛侯夫人南子通姦。〈集解〉說是「美人」，蓋古可稱男子為「美麗者也」。

本章孔子的意思是感歎：一個人若無花言巧語的辯才，只有宋朝的美麗，（古男子可稱美麗），很難在現今世上生存（或討生活）。

子曰：「誰能出不由戶者，何莫由斯道也。」

《集解》孔安國曰：「吉人之立身成功，譬由道出入，要當從戶也。」范甯云：「人咸知由戶而行，莫知由學而成也。」

《集注》洪氏曰：「人知出必由戶，而不知行必由道。非道遠人，人自遠耳。」

孔子說：「誰能不從大門出入呢？為什麼行不由道呢？」

子曰：「質勝文則野，文勝質則史。文質彬彬，然後君子。」

《集解》苞氏曰：「野如野人，言鄙略也。」「史者，文多而質少也。」「彬彬、文質相半之貌也。」

《集註》野、野人，言鄙略也。史掌文書，多聞習事而誠或不足也。彬彬，猶斑斑，物相雜而適均之貌。言學者當損有餘補不足，至于成德，則不期然而然耳。

有人寫書，喜歡說一些不着邊際的話。他們不願聽孔子的「知之為知之，不知為不知。」而說出一些難以捉摸的話來蒙混，真是不幸。「文質彬彬」，解說的人很多，但很少有令人滿意的，有人說：質好譬一塊璞玉，文好比雕刻。雕得太花了，不見玉質，那是文勝。雕得太少了，玉石不好看的部分—野的部分、太多，那是質勝。要雕得恰到好處，文、質彬彬，勻勻稱稱，才算完美。一個讀書人，既不可太野，也不可太史，要野、史配合得當，才能成為一個君子。

這個解釋，似乎還差強人意。

子曰：「人之生也直，罔之生也幸而免。」

《集解》馬融曰：「言人之所以生于世而自終者，以其正直之道也。」苞氏曰：「誣罔正直之道而亦生，是幸而免也。」

《集注》程子曰：「生理本直。罔、不直也。而亦生者，幸而免耳。」

我們看《南齊書》卷二十三〈褚淵傳〉：淵字彥回，河南陽翟人。母親是宋武帝的女兒始安公主。自己又討了宋文帝的女兒南郡獻公主。父親湛之去世，他把父親的遺產全給了弟弟，自己只留幾千卷書。他拜附馬都尉，除著作佐郎、太子舍人、太子洗馬、秘書丞、歷中書郎、司徒右長史、吏部郎。宋明帝即位，遷侍中，知東宮事。轉吏部尚書。明帝崩，遺詔以為中書令、護軍將軍、加散騎常侍。與尚書令袁粲受顧命，輔幼主。幼主酷暴，淵與粲言世事，粲謂「主上幼年，微過易改。」不贊成行伊、霍之事。而群臣歸心蕭道成。及廢蒼梧（幼主），群公集議。袁粲、劉秉不受任，獨褚淵說：「非蕭公無以了此。」一手取書授太祖。事乃定。順帝立，褚淵又升官。蕭道成終於作了皇帝，是為齊太祖。褚淵母、妻均出自劉宋皇室，竟甘願領頭奉蕭道成為帝，進位司徒、侍中、中書監，封南康郡公。邑三千戶。四十八歲臥病，不久薨。他的族弟褚炫，字彥緒。對於從兄身事二代，甚不滿。曾說：「使淵作中書郎而死，不當是一名士邪？名德不昌，遂令有期頤之壽。」（見《南齊書》卷三十二〈褚炫傳〉）罵得好。

這就是孔子本章書所說的：人要以直道生活在這個世界上。像褚淵這樣不以直道而生，真是幸運而免去了劫難！但他是罔而生的。

子曰：「知之者不如好之者，好之者不如樂之者。」

《集解》苞氏曰：「學問知之者不如好之者，篤好之者又不如樂之者深也。」

《集注》尹氏曰：「知之者知有此道也。好之者而未得也。樂之者有所得而樂之也。」張敬夫曰：「譬如五谷，知者知其可食者也。好者食而嗜之者也。樂者嗜而食之而飽者也。知而不能好，則是知之未至也。好之而未及于樂，則是好之未至也。此古之學者可以自強而不息者與。」

經言：「顏子問仁而請事也，則為知之者焉。其言顏子好學也，則為好之者焉。其言顏子不改其樂也，則為樂之者焉。」

子曰：「中人以上，可以語上也。中人以下，不可以語上也。」

《集解》王肅曰：「上謂上智之人所知也。兩舉中人，以其可上可下也。」

朱註云：「教者當隨對方資質之高下而告語之。則其言易入而無躐等之弊也。」邢疏謂：「人之才識凡有九等：謂上上、上中、上下、中上、中中、中下、下上、下中、下下也。上上則聖人也。下下則愚人也。皆不可移也。其上中以下，下中以上，是可教之人也。中人謂第五中中之人也。以上謂上中、上下、中上之人也。以其才識優長，故可告語上知之所知也。中人以下，謂中下、下上、下中之人也，以其才識暗劣，故不可以告語上知所知也。此應云中人以上可以語上，以下不可以語上。而繁文兩舉中人者，以其中人可上可下故也。言此中人若才性稍優，則可以語上。才性稍劣，則不可以語上。是其可上可下也。」

按君人之才識分為九等，是由班固始。他所著的《漢書》卷二十中有「古今人表」，列為九格，上上為聖人，上中為仁人，上下為知人，是一分類，可能根據論語的說法，而後來三國的九品中正，又是根據此一分類。班氏把趙高、太宰嚭等列為愚人，很明顯的，是因為他們的人格，並非他們的智慧。和孔子的上知下知絕對不相等的。

樊遲問知。子曰：「務民之義，敬鬼神而遠之。可謂智矣。」問仁。子曰：「仁者，先難而後獲，可謂仁矣。」

《集解》王肅曰：「務所以化導民之義也。」苞氏曰：「敬鬼神而不瀆也。」孔安國曰：「先勞苦乃後得功，此所以為仁也。」

《集注》〈禮運〉稱，孔子云：「何謂人義？父慈、子孝、兄良、弟悌、夫義、婦聽、長惠、幼順、君仁、臣忠。十者謂之人義。」

「知」在此是「智」的意思。也讀「智」音。樊遲問孔子如何為智？孔子說：「致力於人道之所宜

（義），敬鬼神，但不迷惑。」所謂民之義，便是上面說的父慈子孝十義，可不迷惑于鬼神之說，那當然是上智了。遠讀去聲。動詞。

又問仁。孔子對「仁」的答覆幾乎每次都不一樣，因人而異。在這章書裏，他說：「莫畏艱難，事必經過一番艱苦，才能有所得。（如范甯所說『艱難之事，則為物先。獲功之事則處物後。』）這也算是心存于仁，為人之道了。」

《集注》程子曰：「人多信鬼神，惑也。而不信者又不能敬。能敬能遠，可謂知矣。」解說得很好。

子曰：「觚不觚，觚哉、觚哉！」

《集解》馬融曰：「觚、禮器也。一升曰爵，三升曰觚。」註：觚哉觚哉，言非觚也。以喻為政不得其道，則不成也。

王肅曰：「當時沉湎于酒，故曰觚不觚，言不知禮也。」蔡謨曰：「酒之亂德，自古所患，故禮說三爵之制，〈尚書〉著明酒誥之篇，〈易〉有濡首之戒。〈詩〉列賓筵之刺，皆所以防沉湎。王氏之說是也。觚失其禮，猶言君臣不君臣耳。」

解說甚是。

《集注》觚、稜也。或曰酒器，或曰木簡。皆器之有稜者也。蓋當時失其制，而不為稜也。程子曰：「觚而失其形制，則非觚也。舉一器而天下之器莫不皆然。故君而失其君之道則為不君，臣而失其臣之職則為虛位。」范氏曰：「人而不仁則非人，國而不治則不國矣。」

也有道理。

宰我問曰：「仁者雖告之曰，井有仁者焉，其從之與？」子曰：「何為其然也。君子可逝也，不可陷也。可欺也，不可罔也。」

《集解》孔安國曰：「宰我以為仁者必濟人於患難。故問有仁人墮井，將自投下從而出之否乎，欲極觀仁人憂樂之所至也。」苞氏曰：「逝、往也，言君子可使往視之耳，不肯自投救之也。」馬融曰：「可欺者，可使往也。不可罔者，不得誣罔，令自投下也。」

別本作「井有仁焉。」又有「井有人焉。」劉聘曰：「仁當作人。」

宰予對孔子說：「假如有一個人掉在井裡，有人跑來告知仁者，仁者會自已跳入井中救人嗎？」孔子說：「為什麼會這樣呢？君子可以去井邊看看，但不會自已跳入井中。你可以用道理來騙他去井邊，但來到井邊，並沒人落井，你卻不能罔詐他去井中看看。因為：君子只會相信道理上說得過去的誑語，不會相信道理上必不能有的謊言。」

子曰：「君子博學于文，約之以禮，亦可以弗畔矣夫。」

《集解》鄭玄曰：「弗畔，不違道也。」

《集注》君子學欲其博，故于文無不考。守欲其要。故其動必以禮。如此則不背于道矣。

孔子說：「君子廣學六藝之文，又以禮約束自己，便不至離經畔道。」

子曰：「中庸之為德也，其至矣乎？民鮮久矣。」

《集解》庸、常也。中和可常行之德也。世亂先王之道，民鮮能行此道久矣。非適今也。

《集注》中者，無過無不及之名也。庸、平常也。至、極也。鮮、少也。言民少此德，今巳久矣。

程子曰：「不偏之謂中，不易之謂庸。中者天下之正道，庸者天下之定理。自世教衰，民不興于行，少有此德久矣。」

本章孔子說：中庸是至高無尚的道德標準。人民已經很久很久不講求中庸之道了！

子貢曰：「如能博施于民而能濟眾者，何如？可謂仁乎？」子曰：「何事于仁，必也聖乎，堯舜其猶病諸，大仁者，已欲立而立人，已欲達而達人，能近取譬，可謂仁之方者矣。」

《集解》孔安國曰：「若能廣施恩惠，濟民于患難，堯舜至聖，猶病其難也。」孔安國曰：「《集注》以己及人，仁者之心也。譬，喻也。方、術也。近取諸身，以已所欲，譬之他人。知其所欲亦如是也。然後推其所欲以及干人。則恕之事而仁之術也。」

子貢說：「若能廣施恩惠于人民，救濟許多有需要的人，可不可以稱為仁呢？」孔子說：「這不只是仁，而是聖了。堯舜大聖都認為作不到。一個仁者，自已能獨立了，還扶持別人站起來，自已發達了，還要使別人也發達。能樹立榜樣，可說是仁的道理。」

述而第七

子曰：「述而不作，信而好古，竊比于我老彭。」

《集解》苞氏曰：「老彭，殷賢大夫也，好述古事。我若老彭祖述之耳。」《集注》述、傳舊而已。作則創始也。作非聖人不能，而述則賢者可及。竊比，尊之之辭。老彭，商賢大夫，見〈大戴禮記〉蓋信古而傳述者也。孔子刪詩書、定禮樂，贊周易，修春秋，皆傳先王之舊，而未嘗有所作也。

這章是孔子自謙之語。他說自已只是述舊，而不敢創新，作禮樂，相信而且愛好古事，竊是自謙之辭，私下學（比）商朝愛說古事的老彭。

子曰：「默而識之，學而不厭，誨人不倦。何有于我哉？」

這章書筆者和前人的解說完全不同。孔子說：我默默觀察這個世界、這個社會，而記在心中。天天學，天天有新的發現，所以，學不完，也學不厭。還有就是，教誨後進，永遠也不覺得疲倦。而且有興趣。就是如此了。（最後一句話古人解釋為：「這三件事無人能超過我」。聖人一向謙恭，豈會如此猖狂？最後一句話，用英語俗話來說就是That is all！或可解釋為：如斯而已。）

子曰：「德之不脩也，學之不講也。聞義不能從也，不善不能改也，是吾憂也。」

《集注》尹氏曰：「德必修而後成，學必講而後明，見善能從，改過不吝，此四者，日新之要也。苟未能之，聖人猶憂，況學者乎？」

從今日的政治現象看：一般人不修德，唯新是圖。（選舉之時作各種慷他人之慨的承諾，以不當的手法抹黑對手，自己賄選，雖被抓住不承認！）不好好講求學問，一百多個大學，考上了只是混一張文聘而已！自已應該作的好事，分明知道也不去履行。作了壞事，不但不知改過，被輿論揭發了，還要鴨子死了嘴巴硬，強辯硬拗！孔夫子幾千年前就為這些事憂心。今日有識之士，豈止憂心，簡直要痛哭流涕！

子曰：「志於道，據於德，依於仁，游於藝。」

《集解》志、慕也。道不可倚，故志之而已。據、杖也。德有成形，故可據也。依、倚也。仁者功施于人，故可倚之也。藝、六藝也。不足據依，故曰游也。

《集注》志者，心之所之謂。道則人倫日用之間所當行者是也，知此而心必之焉，則所適者正，而無他岐之惑矣。據者執守之意。依者不違之謂。游者玩物適情之謂。

這一章書，古人解得玄之又玄。今人有解說者，旁敲側擊，很難讓人瞭解。我們大胆的解釋於後：立志追求人間最高的道理，任何事都根據好品德來實行—如為政以德—以仁為心，已欲立而立人，已欲達而達人，除此之外，對六藝—禮、樂、射、御、書、數，也應加以研究，遊走其間。人人都應如此。

子曰：「不憤不啟，不悱不發，舉一隅而示之，不以三隅反，則吾不復也。」

《集解》鄭玄曰：「孔子與人言，必待其人心憤憤、口悱悱，乃後啟發為之說也。如此則識思之深也。說則舉一隅以語之，其人不思其類，則不復重教之也。」

《集注》憤者，心求通而未得之意。悱者，口欲言而未能之貌。啟謂開其意。發謂達其辭。物之有四隅焉，舉其一可知其三。反者，還以相證之義。復，再告也。

譬如說，一個學生，見人家都會作詩，自已不會，不免有氣憤不平之意。這時，孔子便啟發他如何作詩。這樣學生當然自發自動的學了。學生看見別人談道理，說故事，口若懸河，自己想同樣的開口卻說不出來。這時，孔夫子便來教他、啟發他了。假如孔子說：「鯉魚靠鰓呼吸，靠鰭行動。」若一個學生只記鯉魚，而不能推論到鯽魚、鱒魚也一樣用鰓呼吸、用鰭行動，他就不再重覆教這位學生了。—因為，他實在太蠢了！

假如真是如此，則孔夫子「誨人不倦」的話，便有問題了。教了一遍學生不懂，便不再教。這豈是「誨人不倦」？之所以如此，這段話可能是孔子年青時的作為，讓人記了下來。後來年事漸長，孔子知道天下的英才實在不多，不是個個都有極高的天分像顏回一樣，所以便有了『有教無類』、「誨人不倦」的說法。

但孔子這種教導後進的方法，所謂循循善誘，實在值得效法。

子謂顏淵曰：「用之則行，舍之則藏，唯我與爾有是夫。」子路曰：「子行三軍，則誰與？」子曰：「暴虎憑河，死而無悔者，吾不與也。必也臨事而懼，好謀而成者也。」

《集解》孔安國曰：「可行則行，可止則止。」

《集注》天下有道則見，無道則隱。今曰：「用之則行，舍之則藏」，皆以道為時中也。這一章書，和我們在第一章書「學而時習之」實在相通。孔子對顏回說：「時行則行，時止則止。動靜不失其時。時機對了，我們可以行道。時機不對，我們便隱退。只有我和你兩人能辦得到。」

子路聽見孔子讚美顏回，很不服氣。他說：「老師要是帶領三軍（按萬二千五百人為一軍。大國才有三軍。），要誰和你一起？」孔子說：「徒手打老虎，徒步過黃河，至死也不知悔改。這種有勇無智之人，我是不會和他同行的。應該在大事臨頭能小心謹慎，好好謀劃而成功之人，才是我要挑選的人。」

暴虎馮河，見於《詩經》《小雅》之〈小旻〉篇。其詩云：

不敢暴虎（徒手擒虎），不敢馮（音平）河（以徒步去過黃河），人知其一，莫知其他。戰戰競競，如臨深淵，如履薄冰。

子曰：「自行束脩以上，吾未嘗無誨焉。」

《集解》孔安國曰：「言人能奉禮，自行束脩以上，則皆教誨之也。」

《集注》脩、脯也。十脡為束。古者相見，必執贄以為禮。束脩，其至廉者也。聖人之于人，無不欲其入于善。但不知來學，則無往教之禮。故苟以禮來，則無不有以教之也。

註：脩、長條的肉乾。脯、乾肉。

南懷瑾《論語別裁》中把「束脩」寫成「束修」。他說：「依我的看法，問題在「自行」兩個字。「自行束修」，是自行檢點的意思。」

「脩」和「修」，是兩個意義完全不相同的字。古二字有時相通而已。

焦竑所著《焦氏筆乘》卷一《束脩》條說：

束脩，非謂脯贄也。蓋言自行束帶脩飾之禮以上。（後）漢延篤曰：「吾自束脩以來，為人臣不陷于不忠。為人子不陷于不孝。」（《後漢書》卷六十《延篤傳》）梁高曰：「主公束脩厲節。」賈堅曰：「吾束脩自立，君何忽忽相謂降邪？」此可證。

這一章書，依焦竑的意思是：「只要穿的整整齊齊、以禮來見我者，我不會不教他們的。」我們讀《漢書》卷九十九上〈王莽傳〉，張敕為陳崇草奏，稱王莽的功德。奏中說：

竊見安漢公（即王莽）自初束脩……

顏師古註云：「束脩謂初學官之時。」

《後漢書》卷二十六〈伏湛傳〉載：南洋太守杜詩薦伏湛，文中說：

臣詩竊見故（前）大司徒陽都侯伏湛，自行束脩，訖無毀玷。

註《後漢書》的李賢解說：

自行束脩，謂年十五以上。

我們以為：孔子聖人，有教無類。窮人家弟子雖沒錢，想必孔子還是會予以教導的。「送乾肉條」便接受為學生，恐不正確。師古和李賢的解說近是。若不能自行束脩的兒童，他們只應先上幼稚園，孔子大概不會接受他們為學生吧。依照李賢的說法，本章書是：「十五歲以上的人來就我，我不會吝惜而不予教誨的。」的意思。

子在齊聞韶樂，三月不知肉味。曰：「不圖為樂之至于斯也。」

《集解》周生烈曰：「孔子在齊，聞習韶樂之盛美，故忽于肉味也。」王肅曰：「為，作也。不圖作韶樂至于此。此，此齊也。」

《史記》卷四十七〈孔子世家〉云：孔子年三十五……與齊太師語樂，聞韶音，學之，三月不知肉味。齊人稱之。

《集解》中又說：韶是舜樂名，而陳是舜之後代。保有其樂。陳敬仲窃以奔齊。齊是無道之君，而奏聖王之樂，心為痛傷，因此食肉竟不知肉味。所以孔子說：「想不到韶樂竟然在齊國演奏也！」

據說韶樂盡善盡美，孔子是知音者，聽了之後，全部精神都浸淫在韶樂之中，乃至于食不知味。《史記》中卻多了「學之」兩個字，那就不止是欣賞，而且努力學習演奏。孔子是精通音樂的。〈孔子世家〉中有一段他學琴的故事：

孔子學鼓琴師襄子，十日不進。師襄子曰：「可以益矣。」孔子曰：「丘已習其曲矣，未得其數也。」有間，曰：「已，有所穆然深思焉。有所怡然高望而遠志焉。」曰：「丘得其為人，黯然而黑，幾然而長，眼如望，如玉四國，非文王其誰能為此也。」師襄子避席再拜，曰：「師蓋云〈文王操〉也。」

所以，他聽了韶樂之後，心中只有樂聲，吃肉都不知肉味。

冉有曰：「夫子為衛君乎？」子貢曰：「諾，吾將問之。」入曰：「伯夷、叔齊，何人也？」曰：「古之賢人也。」曰：「怨乎？」曰：「求仁而得仁，又何怨？」出曰：「夫子不為也。」

南懷瑾的《論語別裁》中說：

孔子周遊列國，各國都排斥孔子，生怕他有意奪取政權。唯有在衛國的時候，衛靈公、一般大臣都對孔子很好。尊敬他，照顧他。所以當時大家都懷疑他。甚至孔子的弟子，聽了太多的謠言，也起懷疑。像冉有，一天就說：「我們的老師真想做衛國的國君嗎？」……

我們讀了南先生這段解釋，十分驚訝。衛非小國，像論語〈學而篇〉中便有一段話說：「其為人也孝弟而好犯上者，鮮矣。不好犯上而好作亂者，未之有也。」孔子聖人，豈能作出犯上搶奪衛君位子的亂臣賊子所作的事？而且，孔子一個外國人（魯人），帶了幾個弟子來到衛國居住，又如何能發動政變，成為衛國的君主呢？所以，我們覺得南懷瑾的解釋似乎不太妥當。

原來衛靈公寵愛美麗却淫亂的夫人南子。為了討好南子，（南子宋人）還為她召來宋國好淫的美男子宋朝！宋人作歌諷刺這件事。歌曰：「既定爾婁猪（母豬），曷歸吾艾豭（公豬、種豬）。」太子蒯聵聽到了，深以為恥，要殺南子。不料同謀者臨時不敢動手，未能殺成，自已反被父親靈公趕出衛國，由晉國的趙鞅收留。靈公死了，太子不在衛，因之太子蒯聵之子輒被立為國君。而趙鞅要把蒯聵送回衛國為國君。于是，父子之間便為君主之位而動干戈。冉有乃有疑問在心：父子相爭，我們要站在那一邊呢？老師是否會相助兒子（衛君）對付他父親呢？

《集解》鄭玄曰：「為猶助也。衛君者，謂輒也。」

《集注》：為猶助也。衛君、出公輒也。

因此，冉有便問子貢。子貢善於言語，他立即去問孔子：「推位讓國的伯夷叔齊是何等樣人？」孔子說：「他們是賢人。」子貢又問：「他們會怨望嗎？」孔子說：「兩人求仁得仁，怎麼會怨呢！」

由讓國為賢，則父子爭國當然不是好事。孔子既然讚美夷齊之求仁得仁，當然否定父子爭國之惡行。於是子貢推論：夫子不會幫助衛君去對付他父親的。所以他回冉有說：「夫子不為也。」即：「老師不會幫助衛君。」

伯夷、叔齊是孤竹君的兩個兒子。孤竹君將死，遺命立叔齊，叔齊不肯接任，認為長兄伯夷須立，因而逃去。伯夷不願背父命，也逃去，其國人立孤竹君之中子。

蒯聵得罪了他父親衛靈公流亡國外七年，若回到國內，乃是罪人一個，有如今日的通緝犯。是故他的兒子拒絕他入境，春秋都予以肯定。

我們舉一個漢代的故事。

昭帝始元五年，有一個男子乘黃犢車，建黃旐，衣黃襜褕，著黃冒，詣北闕，自謂衛太子。公車以聞，詔使公卿將軍中二千石雜識視。長安中吏民聚觀者數萬人。右將軍勒兵闕下，以備非常。丞相御史中二千石至者（立）〔並〕莫敢發言。京兆尹不疑後到，叱從吏收縛。或曰：「是非未可知，且安之。」不疑曰：「諸君何患於衛太子！昔蒯聵違命出奔，輒拒而不納，春秋是之。衛太子得罪先帝，亡不即死，今來自詣，此罪人也。」遂送詔獄。（《漢書》卷十一〈雋不疑傳〉）

由此可見，孔子雖不幫助輒，卻是贊同輒拒蒯聵的。

又據宋洪邁《容齋隨筆》卷三〈冉有問衛君〉條解說：

說者皆評較蒯聵、輒之是非，多至數百言。唯王逢源以十字蔽之。曰：「（夫子）賢兄弟讓，知惡父子爭矣。」最為簡妙。蓋夷齊以兄弟讓國，而夫子賢之。則不與（不贊成之意）衛君以父子爭國可知矣。晁以道亦有是語。

這正是我們的意見。

子曰：「飯疏食，飲水，曲肱而枕之，樂亦在其中矣。不義而富且貴，于我如浮雲。」

《集注》飯，食之也。（飯為動詞）疏食，麤飯也。

這一章，同「君子食不求飽，居不求安」意思相通。孔子的意思是說：吃糙米飯，喝白開水，把手臂彎起來當枕頭睡覺，也是有他的快樂的。若用不正當的手段取得富貴，好像天頂飄浮而過的白雲，對我毫無意義。

《集注》程子曰：「非樂疏食飲水也，雖疏食飲水，不能改其樂也。不義之富貴，視之輕如浮雲然。」又曰：「須知所樂者何事。」

安貧樂道也。

葉公問孔子于子路，子路不對。子曰：「汝奚不曰：其為人也，發憤忘食，樂以忘憂，不知老之將至也云爾。」

《集解》孔安國曰：「葉公名諸梁，楚大夫。食采于葉，僭稱公。不對者，未知所以答也。」

《集注》葉公，楚葉縣尹沈諸梁，字子高。僭稱公也。未得，則發憤而忘食。已得，則樂之而忘憂。

葉縣尹沈諸梁見到子路，問子路：「孔子是怎樣的一個人？」子路可能認為葉公非所問而問，因此不回答。也可能因為聖人之德實有未易名言者而不能隨便作答。孔子知道了，對子路說：「你為什麼不告訴他：夫子為人，發憤修德勤學，至于忘記吃飯的地步。樂道忘憂，日復一日，根本不擔心老之將至。」

子曰：「我非生而知之者，好古、敏以求之者也。」

《集注》生而知之者，氣質清明，義理昭著，不待學而知也。敏，速也，謂汲汲也。尹氏曰：「孔子以生知之聖，每云好學者，非惟勉人也。蓋生而可知者，義理爾。若夫禮樂名物，古今事變，亦必待學而後有以驗其實也。」

《集解》鄭云曰：「言此（好古敏以求之）者，勉勸人于學也。」

本章孔夫子說：「我不是一生下來就知『道』的。我是嗜好古人所說的道理，儘快而又不間斷的學習而得到『道』的。」之，我們認為是代名詞。表示「仁」或「道」。

子不語怪、力、亂、神。

《集注》怪異勇力悖亂之事，非理之正。固聖人所不語。鬼神造化之迹，雖非不正，然非窮理之至，有未明者，故亦不輕易語人也。謝氏曰：「聖人語常而不語怪，語德而不語力，語治而不語亂，語人而不語神。」

《集解》王肅曰：「怪，怪異也，力謂若奡盪舟、烏獲舉千鈞之屬也。亂謂臣弒君、子弒父也。神謂鬼神之事也。」

本章書說：孔子不談論怪異、暴力、叛亂和神鬼的事。

子曰：「三人行，必有我師焉。擇其善者而從之，其不善者而改之。」

《集注》三人同行，其一我也。彼二人者，一善一惡。則我從其善而改其惡焉。是二人者，皆我師也。尹氏曰：「見賢思齊，見不賢則內自省。則善惡皆我之師。進善其有窮乎？」

老子云：「善人，不善人之師。不善人，善人之資。」

筆者任外交部司長之時，司中科員外放出任駐外使領館的館員，或寫信來訴苦，說館長如何如何不善。筆者即以孔子這一章書作答。云：「館長若好（善人），你該多多向他學習。館長若不好（不善人），你便當引以為戒，將來自已升任館長時，便不可以犯同樣的錯誤。」

子以四教：文、行、忠、信。

《集注》程子曰：「教人以學文、修行。而存忠信也。忠信、本也。」述曰：「謹案：四教者，孔門之學也。其教皆萬世學者師也。文者，六藝之文也。〈禮經解〉所稱六經是也。行者、五倫之行也。《中庸》所稱『五達道』是也。博學于文，知斯文也。約之以禮，行斯行也。學必先知而後行。故文開其始焉。忠信者，文之實而行之主也。忠在已之體，信及人之用。」

《集解》李充曰：「典籍辭義謂之文。孝悌恭睦謂之行。為人臣則忠。與朋友交則信。此四者，教之所先也。故以文發其蒙，行以積其德，忠以立其節，信以全其忠也。」

子曰：「聖人吾不得而見之矣！得見君子者，斯可矣。」

子曰：「善人吾不得而見之矣！得見有恆者斯可矣。亡而為有，虛而為盈，約而為泰，難乎有恆矣。」

《集注》聖人、神明不測之號。君子、才德出眾之名。述曰：孟子云：「聖而不可知之為神。」左傳云：「君子者，謂其才德可以君人。」（君在此為動詞。君人，可君臨人民。）

張子曰：「有恆者，不貳其心。善人者，志于仁而無惡。」

這一章書，孔子慨歎世無明君。他說：「聖人我不得而見，能見到可以君臨天下的明君可就不錯了。以仁為處事處世的善人我見不到，能見到有恆心向善的人也就不錯了。把無當作有，把空虛說是豐富。把貧約說成奢泰，這種誇張虛假的人，怎麼會有恆心向善呢！」

子釣而不綱，弋不射宿。

《集注》綱，以大繩屬網，絕流而漁者也。弋、以生絲繫矢而射也。宿、宿鳥。洪氏曰：「孔子生貧賤，為養與祭，或不得已而釣弋，如獵較是也。然盡物取之，出其不意，亦不為也。此可見仁人之本心矣。待物如此，待人可知。小者如此，大者可知。」

這一章書說：孔子只以釣竿釣魚，而不用大綱竭澤而漁。不得已要射鳥，也從不射宿鳥。（案：鳥晚間宿歇，完全沒警覺。要射宿鳥，那是太容易了。出其不意而射之，聖人不為也。）

子曰：「蓋有不知而作之者，我無是也。多聞，擇其善者而從之。多見而識之，知之次也。」

《集解》苞氏曰：「時人多有穿鑿篇籍者，故云然也。」（知之次也。）孔安國註曰：「如此，次于生而知之者也。」

《集注》不知而作，不知其理而妄作也。……識、記也。所從不可不擇。記則善惡皆當存之以備參改。如此者，雖未能實知其理，亦可以次于知之者也。

本章書和「知之為知之，不知為不知，是知也。」「或生而知之，或學而知之。」「生而知之者，上也。學而知之者，次也。」各章句，有相通之處。孔子認為「思而不學之士胡亂論作，我不會那樣。多聞，選擇好的，遵循之，以為作人作事的指標。多看別人怎麼作，分別好壞記下來參改，也可以說得上是次一等的知了。」

互鄉難與言。童子見，門人惑。子曰：「與其進也，不與其退也。唯何甚？人潔己以進，與其潔也，不保其往也。」

《集注》互鄉，鄉名。其人習于不善。難與言善。惑者，疑夫子不當見之也。鄭注云：「互鄉人，言語自專，不達時宜。」朱子易之云：「其人習于不善，難與言善。」

《集解》孔安國曰：「教誨之道，與其進，不與其退。怪我見此童子，惡惡何一甚也？」鄭玄曰：「往猶去也。人虛己自潔而來，當與其進之，亦何能保其去後之行也。」

我們認為：「與」在此是「贊成」之意。〈公冶篇〉中孔子問子貢：「你和顏回誰更好？」子貢自問不如。孔子說：「吾與女弗如也。」意思是說：我贊成（同意）你的說不如。或有人解說為「我和你都不如顏回也。」把「與」字解釋為「同」、「和」，似乎不十分恰當。《論語》中又有孔子問門人志向的一章，最後問曾晳。然後，孔子作結論說：「吾與點也。」即是「我贊成點的說法。」「與」在《論語》中的用法。由此可推知。

據說互鄉的人都很壞，很難溝通。有一個互鄉的童子來見孔子，孔子接見。眾門人覺得很困惑。「老師為什麼要接見一個互鄉的童子呢」孔子說：「我們要贊同人家上進，而不贊同人家不上進。你們為什麼大驚小怪、嫌人嫌得太過分了。人家潔身以求上進，我贊同他的上進，至于他以往如何，我却不能擔保。」孔子曾說：「既往不咎。」「往」應該是「以往」的意思，而非「未來」。

我們讀《後漢書》卷六十八〈郭林宗傳〉，找到一個很好的例証：

賈淑字子厚，林宗鄉人也。雖世有冠冕，而性險害，邑裏患之。林宗遭母憂，淑來修弔，既而鉅鹿孫威直亦至。威直以林宗賢而受惡人弔，心怪之，不進而去。林宗追而謝之曰：「賈子厚誠實凶德，然洗心向善。仲尼不逆互鄉，故吾許其進也。」淑聞之，改過自厲，終成善士。鄉裏有憂患者，淑輒傾身營救，為州閭所稱。

郭林宗稱許賈淑的上進，一如孔子對互鄉童子的「與其進也，不與其退也。」終使賈淑改過自新，成為善士。

子曰：「仁乎遠哉？我欲仁，斯仁至矣！」

《集注》仁者心之德，非在外也，放而不求，故有以為遠者。反而求之，則即此而在矣。夫豈遠哉？程子曰：「為仁由己。欲之則至，何遠之有？」

《集解》苞氏曰：「仁道不遠，行之則是至也。」

我們學英語、法語，越覺得難，越學不成。若是放開胸懷，立志學好，不怕說錯，天天練習，自然就學好了。這章書，孔子認為：「仁並不很遠，很難修己成為仁人，只要你立定志向，仁自然而然便達成了。」

陳司敗問：「昭公知禮乎？」子曰：「知禮。」孔子退，揖巫馬期而進之曰：「吾聞君子不党。君子亦党乎？君取于吳為同姓、謂之吳孟子。君而知禮，孰不知禮？」巫馬期以告。子曰：「丘也幸，苟有過，人必知之。」

《集注》陳、國名。司敗、官名，即司寇也。昭公、魯君，名稠。習于威儀之節，當時以為知禮。故司敗以為問，而孔子答之如此。巫馬期，孔子弟子。《史記》卷六十七〈仲尼弟子列傳〉載：「巫馬施，字子旗，少孔子三十歲」。鄭玄曰：「魯人。」〈家語〉云：「陳人，字子期。」

《集解》孔安國曰：「相助匿非曰党。魯、吳均姬姓也。禮：同姓不婚。而君娶吳女當稱吳姬，諱曰孟子也。」

陳國的司寇問孔子：「昭公，都說他知禮，他真的知禮嗎？」孔子說：「昭公知禮。」孔子離開了，這位陳司寇對孔子的弟子巫馬期說：「我聽說君子不匿非諱過。魯昭公討吳國的小姐為妻，魯、吳兩國都姓姬，昭公娶了吳孟子，說他知禮，那什麼人才不知禮呢？」巫馬期把陳司敗的話告知孔子。孔子說：「我孔丘真幸運，有過錯，別人一定會知道。」

孔夫子曾說過：「父為子隱，子為父隱，直在其中矣。」孔子把魯昭公評為知禮，他是魯人，昭公為魯的國君，而且大家都說昭公知禮，故外人問起時，孔子免不了也有「君為臣隱、臣為君隱」的心意，便一口回答說「知禮。」昭公却討了同姓的小姐為妻，依禮是「同姓不婚」的，是以陳司敗說孔子黨昭公。孔子才會有自責的話。

子曰：「若聖與仁則吾豈敢。抑為之不厭，誨人不倦，則可謂云爾已矣。」公西華曰：「正唯弟子不能學也。」

《集注》聖者大而化之。仁則心德之全，而人道之備也。為之，謂仁聖之道。誨人，亦謂以此教人也。然不厭不倦，非已有之則不能，所以弟子不能學也。

述曰：子貢問孔子：「夫子聖矣乎？」孔子曰：「聖則吾不能，我學不厭而教不倦也。」子貢曰：「學不厭，智也。教不倦，仁也。仁且智，夫子既聖矣。」

孔子自謙，「不敢稱聖與仁，但為仁聖之道而不厭，以仁聖之道教人而不倦，如斯而已。」公西華說：「這正是弟子們學不到的。」

子曰：「奢則不孫，儉則固。以其不孫也，寧固。」

《集注》孫、順也。固、陋也。奢儉俱失中，而奢之害大。晁氏曰：「不得已而救時之弊也。」

《集解》孔安國曰：「俱失之也。奢不如儉。奢則僭上，儉則不及禮耳。固、陋也。」

孔子說：「過分奢華，導致僭上，過分節儉，成為吝嗇之人。兩者俱非正道，若兩害相權，取吝嗇，而否定不遜。」

後漢的馬融曾有一篇論奢儉的文章。他說：

臣聞孔子曰：「奢則不遜，儉則固。」奢儉之中，以禮為界。是以蟋蟀、山樞之人，並刺國君，諷以太康馳驅之節，夫樂而不荒，憂而不困，先王所以平和府藏，頤養精神，致之無疆。故戛擊鳴球，載於虞謨；吉日車攻，序於周詩。聖主賢君，以增盛美，豈徒為奢淫而已哉！伏見元年已來，遭值厄運，陛下戒懼災異，躬自菲薄，荒棄禁苑，廢弛樂懸，勤憂潛思，十有餘年，以過禮數。重以黃太后體唐堯親九族篤睦之德，陛下履有虞烝烝之孝，外舍諸家，每有憂疾，聖恩普勞，遣使交錯，稀有曠絕。時時寧息，又無以自娛樂，殆非所以逢迎太和，裨助萬福也，臣愚以為雖尚頗有蝗蟲，今年五月以來，雨露時澍，祥應將至。方涉冬節，農事間隙，宜幸廣成，覽原隰，觀宿麥，〔勸〕收藏，因講武校獵，使寮庶百姓，複覩羽旄之美，聞鐘鼓之音，歡嬉喜樂，鼓舞疆畔，以迎和氣，招致休慶。（《後漢書》卷六十上）

馬氏認為，奢儉之間，應以禮為界。太奢固然不好，太儉也有問題。恰如孔子所說：「過猶不及。」

《詩經》〈國風序〉曰：

〈蟋蟀〉刺僖公也，儉不中禮。……〈山有樞〉，刺晉公也，有才不能用。

《詩經》〈國風〉中之〈唐風〉，其第一首詩即是〈蟋蟀〉。詩云：

蟋蟀在堂，歲聿其莫，今我不樂，日月其除，無已大康，職思其居，好樂無荒，良士瞿瞿。

蟋蟀在堂，歲聿其逝，今我不樂，日月其邁，無已大康，職思其外。好樂無荒，良士蹶蹶。

蟋蟀在堂，役車其休，今我不樂，日月其慆。無已大康，職思其憂。好樂無荒，良士休休。

聿音育，語助詞。莫、暮。職、庶幾，希望之詞。瞿瞿、戒慎恐懼的意思。

大意是說：蟋蟀在堂中叫了，一年又到了末尾了。不趁現在享樂，日月是不會等人的。不要樂過了頭，還要想到家務事（家以外的事，應當憂慮的事）。享樂而不荒廢正事，才是謹慎小心的（勤快的、安詳的）良士。

山有樞，隰有榆，子有衣裳，弗曳弗婁；子有車馬，弗馳弗驅。宛其死矣，他人是愉。

山有栲，隰有杻，子有廷內，弗洒弗埽，子有鐘鼓，弗鼓弗考。宛其死矣，他人是保。

山有漆，隰有栗，子有酒食，何不日鼓瑟，且以喜樂，且以永日？宛其死矣，他人入室。

大意是說：山上有各種樹，低濕的地方也有各種樹。這些樹都是要人來利用。你有衣裳，不穿不服。有車馬，不馳不驅，一旦死了，只好留給別人享用了。（其他兩首為：你有廷堂，不洒不掃。你有鐘鼓，不敲不打。你有酒食，不奏樂享用。為什麼不經常行樂，消磨永日？）

子曰：「君子坦蕩蕩，小人長戚戚。」

《集解》鄭玄曰：「坦蕩蕩，寬廣貌也。長慼慼，多憂懼貌。」

《集注》坦，平也。蕩蕩，寬廣貌。程子曰：「君子循理，故常舒泰。小人役于物，故多憂慼。」

我們認為，君子守道循理，胸襟坦然。小人受役于物，為非作歹，而又害怕東窗事發，所以長懷憂懼。

子溫而厲，威不猛，恭而安。

《集注》厲、嚴肅也。人之德性，本無不備，而氣質所賦，鮮有不偏。惟聖人全體渾然，陰陽合德，故其中和之氣，見於容貌之間者如此。

孔子外表溫和却嚴肅。易於接近，却使人在他面前不敢隨便嘻笑。因為他的修養、德性，自有一股威嚴之氣，却非剛猛。對人謙恭有禮，是以常處於安詳平和之中。

泰伯 第八

子曰：「泰伯其可謂至德也已矣。三以天下讓，民無得而称焉。」

《集解》王肅曰：「泰伯，周大王之太子也。次弟仲庸，少弟曰季歷。季歷賢，又生聖子文王昌。昌必有天下，故泰伯以天下三讓於王季。其讓隱，故民家無得而稱之者。所以為至德也。」

《集注》周大王之時，商道寖衰，而周日強大，大王因有翦商之志。而泰伯不從。大王遂傳位季歷以及昌。泰伯知之，即與仲庸逃之荊蠻。於是大王乃立季歷。傳國至昌。而三分天下有其二，是為文王。文王崩，子發立，遂克商而有天下。以泰伯之德，當商周之際，固足以朝諸侯有天下矣，乃棄不取，而又泯其迹焉。則其德之至極為何如哉？

我們常說：「善欲人知，不是真善，惡恐人知，便是大惡。」泰伯當商周之際，三分天下，其二尊周，若繼任周王，以他的德性，不難王天下，但他不願抗商，把太子之位讓給季歷。所謂「三讓」，即係「固讓」，而後逃入蠻荒。這才是「為善不欲人知」，豈不是至德。所以孔子大大的稱讚他。

子曰：「恭而無禮則勞，慎而無禮則葸，勇而無禮則亂，直而無禮則絞。君子篤於親則民興於仁。故舊不遺則民不偷。」

《集解》葸、畏懼之貌也。言慎而不以禮節之，則常畏懼也。馬融曰：「絞，絞刺也。」苞氏曰：

「興，起也。君能厚于親屬，不遺忘其故舊，行之美者也。則民皆化之，起為仁厚之行。不偷薄也。」

《集注》葸、畏懼貌。絞，急切也。無禮則無節之。故有四者之弊。君子，謂在上之人也。張子曰：「人道知所以先後，則恭而不勞，慎不葸，直不絞，民化而德厚矣。」

《集注》認為「君子」以下為曾子的話。

按：禮乃是規範行為的。懂得禮，才能進退有據。是以孔子說：「不合乎禮的謙恭，徒勞無益。不合於禮的謹慎，畏懼不進。不合於禮的勇，造成混亂。不合於禮的坦直，急切無功。國君若能對親人篤厚，人民都受到感化，興起仁厚之思。國君若不忘故舊，人民也就會起而效之，不作浮薄行為了。」

曾子有疾，召門弟子曰：「啟予手，啟予足。詩云：戰戰兢兢，如臨深淵，如履薄冰。而今而後，吾知免夫，小子。」

《集解》鄭玄曰：「啟，開也。曾子以為：受身體於父母，不敢毀傷之，故使弟子開衾而視之也。」孔安國曰：「言此詩者，喻己常誡慎，恐有所毀傷也。」周生烈曰：「乃今日而後，我自知免於患難矣。小子，弟子也。呼者，欲使聽識其言也。」

《集注》引《孝經》云「身體髮膚，受之父母。不敢毀傷，孝之始也。立身行道，揚名於後世，以顯父母，孝之終也。」

《禮》《祭義》稱：〈曾子門人樂正〉子春答門弟子者則云：「吾聞諸曾子、曾子聞諸夫子曰：『父母全而生之，子全而歸之，可謂孝矣。不虧其體，不辱其身，可謂全矣。故君子頃步而不敢忘孝也。』」

曾子病篤之際，呼喚他的弟子，開衾看他的手，看他的足，都完好。他告誡弟子說：「詩云：戰戰兢兢，如臨深淵，如履薄冰。」表示他父母全而生之，現在全而歸去，已盡到了孝。他繼續說：「而今而後，我可以免去這些擔心了。」他再重複呼一聲「弟子」，乃是提醒他們，一個人必須對父母盡孝，死而後已！

南懷瑾的解說是曾子病得連自己的手足在哪裏都不知道，要弟子們也把他的手腳擺好。和《集解》《集注》的說法都不一樣。

我們看《後漢書》卷五十二〈崔篆傳〉云：

崔篆，涿郡安平人。著《周易林》六十四篇，用決吉凶，多所占驗。臨終作〈慰志賦〉，其末句云：「貴啟體之歸全兮，庶不忝乎先子。」

這兩句話便是由曾子「啟予手、啟予足」這一段話而來。「蓋父母全已生之，亦當全而歸之。」忝、辱也。先子，謂先人也。即父親。

我們認為崔篆的話是正確的。

曾子有疾，孟敬子問之。曾子言曰：「鳥之將死，其鳴也哀。人之將死，其言也善。君子所貴乎道者三：動容貌，斯遠暴慢矣。正顏色，斯近信矣。出辭氣，斯遠鄙倍矣。籩豆之事，則有司存。」

《集解》馬融曰：「孟敬子，魯大夫仲孫捷也。」苞氏曰：「欲戒敬子，言我且將死，言善可用也。」鄭玄曰：「此道謂禮也。動容貌，能濟濟蹌蹌，則人不敢暴慢之也。正顏色，能矜莊嚴栗，則人不敢欺誕之也。出辭氣，能順而說，則無惡戾之言入於耳也。」苞氏曰：「敬子忘大務小，故又戒之以此也。籩豆，禮器也。」

《集注》《禮》《檀弓》鄭注云：「敬子，武伯之子。」貴猶重也。容貌舉一身而言。暴、粗厲也。慢、放肆也。信、實也。正顏色而近信，則非色莊也。辭、言語。氣、聲氣也。鄙、凡陋也。倍與背同。謂背理也。……程子曰：「動容貌舉一身而言也。周旋中禮，暴慢斯遠矣。正顏色則不妄，斯近信矣。正辭氣，正由中出，斯遠鄙背。三者正身而不外求。」故曰：「籩豆之事，則有司存。」尹氏曰：「養於中則見於外，曾子蓋以修己為為政之本。若乃器用事物之細，則有司存焉。」

曾子病得很厲害，魯大夫仲孫捷去探問曾子的病。曾子對他說：「鳥將要死之時，鳴聲很哀悽。人將要死之時，說的話是好話。君子看重禮，有三點。第一，儀容舉止要中規中矩，動容則人敬其儀，如此可避免他人粗暴侮慢之行為。第二是顏色要端正—儀容指全身，顏色指臉色—則人不敢欺詐，而達其誠。這就和誠信差不多了。第三是出言有章，人樂其文，而鄙背絕也。至於器物小事，由有司去打理。」

曾子的話，先從身體的儀容舉止說起，次說臉色，再說言語。是很有條理很有層次的解說。據說孟敬子專事細微小事，而忽略修身待人等大事，故曾子勸他注重舉止容色和言語，至於器物等微末小事，讓主管的人員去辦便可以了。

曾子曰：「以能問於不能，以多問於寡，有若無，實若虛，犯而不校，昔者，吾友嘗從事於斯矣。」

《集解》苞氏曰：「校、報也，容見侵犯而不校之也。」馬融曰：「友、謂顏淵也。」

《集注》權、計權也。友、馬氏以為顏淵，是也。顏子之心，唯知義理之無窮，不見物我之有間，故能如此。

曾子說：「我的好友，才能卓越，卻時常向才能小於他的人討教。他的知識豐富，但時常向知識次於他的人請教。別人誇張，以無為有，他卻實有而若無。別人以虛為實，他則實而若虛。別人冒犯，他也不計較報復。他在世便是如此表現的。」言下之意，自謙不能和他的友人相比。

《後漢書》卷二十五〈劉寬傳〉載：

劉寬字文饒，弘農華陰人也。寬嘗行，有人失牛者，乃就寬車中認之。寬無所言，下駕步歸。有頃，認者得牛而送還，叩頭謝曰：「慙負長者，隨所刑罪。」寬曰：「物有相類，事容脫誤，幸勞見歸，何為謝之？」州里服其不校。

《宋史》卷二百八十二〈王旦傳〉載：

帝嘗示二府〈喜雨詩〉，旦袖歸曰：「上詩有一次誤寫，莫進入改卻否？」王欽若曰：「此亦無害。」而密奏之。（充分顯示王欽若之姦邪！）帝慍，謂旦曰：「昨日詩有誤字，何不來奏？」旦曰：「臣得詩未暇再閱，有失上陳。」惶懼再拜謝，諸臣皆拜。獨樞密馬知節不拜，據以實奏。且曰：「王旦略不辨，真宰相器也。」帝顧旦而笑焉。

劉寬能犯而不校（較、計較）只不過一頭牛。王旦有謗不校，尤為不易。曾子說：「我的好友，才能卓越，卻時常向才能小於他的人討教。他的知識豐富，但時常向知識次於他的人請教。別人誇張，以無為有，他卻實有而若無。別人以虛為實，他則實而若虛。別人冒犯，他也不計較報復。他在世便是如此表現的。」言下之意，自謙不能和他的友人相比。

曾子曰：「可以託六尺之孤，可以寄百里之命，臨大節而不可奪也。君子人與，君子人也！」

《集解》孔安國也：「六尺之孤，謂幼小之君也。」（寄百里之命）孔安國曰：「攝君之政令也。」大節者、安國家、定社稷也。奪者，不可傾奪也。

《集注》其才可以輔幼君，攝國政。其節至於死生之際而不可奪，可謂君子矣。程子曰：「節操如是，可謂君子矣。」邢疏引鄭注云：「六尺之孤，年十五已下是也。」（周尺較今為小，約合今尺六寸二分半。）

曾子說：「若有一人，可以信任他輔助幼君，攝持國政，國有大難、君有大難，能不顧一己之性命，救國難、保幼主，臨到這種生死關頭也不能改變他。這是不是君子呢？這樣的人當然是君子。」

曾子曰：「士不可不弘毅，任重而道遠。仁以為己任，不亦重呼？死而後已，不亦遠呼？」

〈公冶長〉篇中，孔子曾說：「甯武子邦有道則知，邦無道則愚。其知可及也。其愚不可及也。」後漢桓帝、靈帝之時，親小人，遠賢臣，國事日非，陳蕃卻能承甯武子之愚，死而後已。我們且舉《後漢書》卷六十六〈陳蕃傳〉為証：

桓帝之時，大將軍梁冀用事，權震天下。陳蕃為樂安太守，梁冀派人詣陳蕃，有所請託，陳蕃不予置理。因而左遷脩武令。陳蕃後來拜尚書。由于正直敢言，忤左右，出為豫章太守。不久，又徵為尚書令。轉光祿勳，同五官中郎將黃琬共典選舉，不偏權富，為埶家郎所譖訴，坐免官，其後又徵為尚書僕射，轉太中大夫。延熹八年，代楊震為太尉。幾度讓位，桓帝不許。永康元年，桓帝駕崩，竇后臨朝，以陳蕃「忠清真亮」，任為太傅。錄尚書事。靈帝即位，竇太后詔封陳蕃為高陽鄉侯，食邑三百戶。陳蕃上書十餘次，固讓不肯受封。

陳蕃和竇太后的父親大將軍竇武同心協力，徵用名賢，共參政事，天下莫不延頸嚮往望太平。而中常侍蘇康、管霸等再度被任用：排陷忠良，共相阿媚。忠臣劉祐、馮緄、李膺等俱以忤旨抵罪。小黃門趙津與南陽大猾張氾等奉事中官，肆行貪虐，姦媚左右。國事日非，正直噤聲。陳蕃名臣，群小尚不敢加害。桓帝駕崩，靈帝即位。宦官侯覽、曹節、公乘昕、王甫、鄭颯等與趙夫人諸女尚書，並亂天下。附從者升晉。忤逆者中傷。竇武與陳蕃擬除姦肅貪，竇武乃被曹節等矯詔誅殺。陳蕃時已年高七十餘，聞武遇害，竟率官屬諸生等八十餘人拔刀入承明門，要清君側，然不敵王甫等之重兵，陳蕃被執送黃門北寺獄，即日遇害。著《後漢書》的范曄有一段對陳蕃的佳評：

論曰：桓、靈之世，若陳蕃之徒，咸能樹立風聲，抗論惛俗。而驅馳嶮阸之中，與刑人腐夫同朝爭衡，終取滅亡之禍者，彼非不能絜情志，違埃霧也。愍夫世上以離俗為高，而人倫莫相恤也。以遯世為非義，故屢退而不去；以仁心為己任，雖道遠而彌厲。及遭際會，協策竇武，自謂萬世一遇也。懍懍乎伊、望之業矣！功雖不終，然其信義足以攜持民心。漢世亂而不亡，百餘年閒，數公之力也。

本章書曾子說：「讀書人必須有弘大的胸襟，果決的判斷。救世濟民，以仁心為懷，那是多麼重的責任！而且還要不折不撓的往前走下去，直到死為止。那是多麼的遠！」范曄對陳蕃的讚許，陳蕃可謂當之無愧。

子曰：「民可使由之，不可使知之。」

《集注》程子曰：「聖人設教，非不欲人家喻而戶曉也。然不能使之知，但能使之由之耳。若曰聖人不使民知，則是後世朝四暮三之術也，豈聖人之心乎？」

很多人攻擊孔子，認為這兩句話尤為不當，簡直是愚民政策，和現在全世界都在奉行的民主政治大相逕庭。他們把這兩句話翻成白話說：「老百姓，叫他做就是。不必要告訴他們為什麼。」

若干衛道之士，為了要說服反對派，他們說：「古來的書大都沒有標點符號。這兩句話的點句有問題。」他們把這兩句話分成四句來讀：

民可使，由之，不可使，知之。

意思是說：老百姓懂得如何去做了，便由他去做。若不知道，便教導他。主張如此斷句的，以康有為和梁啟超為主。因為康、梁在斷句上下功夫，因而又有一派把這兩句畫分成另外四句：

民可，使由之。不可，使知之。

意思是說：人民已經夠水準了，讓他們自己去作。還不懂，便要使他們學習，瞭解。

這樣解釋，固然是為孔老夫子洗刷了愚民的罪名。但我們也有一番說詞。我們認為這兩句話斷句並沒錯。意思也沒錯。錯的是：冬烘先生沒深切去體會。錯的是：封建時代，都以尊君為士人的職責，把孔子所說的話，或者任何學者所說的話，都朝尊君的方向去解說。

現在是科技十分昌明的時代。就拿電腦來說：使用電腦的人，要他靈活運用，熟悉各種鍵盤的操作，已經相當不容易了。再要操作自如、速度快、正確性高，當然更需要持久的練習。至於電腦的構造，每一個零件的性質，製造的過程，運作的原理，他實在沒有知道的必要。社會分工越細，人們的職司越專，操作的人，製造的人，設計的人，應該是各有所司，各不相雜的。

有一年筆者陪同一批大醫生到中東訪問，其中有小兒心臟科的專家，有小兒胸腔科的，有小兒耳鼻喉科的，有小兒血液科的，也有心臟內科的，心臟外科的，胸腔內科的，胸腔外科的專家等等，筆者問他們，為什麼大人和小孩要分屬不同的科呢？他們說：「成人和小兒，屬於兩種完全不同的動物。」換句話說：治成人心臟病的醫生去治小兒，一定錯誤百出。在歐美都流行GP，流行家庭醫生。你生了病，自以為要看心臟科，結果是肺有問題。所以，歐美人看醫生，先看GP。（General Practioner），即全科醫生。經他診斷之後，他會告訴你，下一步要去看哪一科的醫生。你只要照作就好了，不必問為什麼。你問了，他也不能三兩句話解釋清楚，除非你要他「使知之」，那你得去學醫，要七年才能畢業。你現在有病，再去學醫，七年以後，你可以等，你的病卻不能等！

所以，在分工越細的社會中，各人只知道各人所應作的一部份。只要照著做就好了，不必一定要把原理全部弄清楚。人生苦短，要把自己所應該知、所應該做的弄清楚，已是不容易，不可能、也不應該去知道所有的東西。對於這兩句話，我們的解釋是：

對於一般人，只要告訴他們怎麼做就行，不必尋根問底，浪費時間。

因為，古時人民大多為文盲，知識不高，所以孔子才這麼說。

子曰：「好勇疾貧，亂也。人而不仁，疾之已甚，亂也。」

《集解》苞氏曰：「好勇之人而患疾己貧賤者，必將為亂也。」孔安國曰：「疾惡太甚，亦使其為亂也。」繆協曰：「好勇則剛武，疾貧則多怨。以多怨之人習於武事，是使之為亂也。」鄭康成曰：「不仁之人疾之太甚，是使之為亂也。」

《集注》好勇而不安分，則必作亂。惡不仁之人，使之無所容，則必致亂。二者之心，善惡雖殊，然其生亂則一也。

孔子說：「好勇的人，又不能安於貧困，結果是亂—殺人放火，搶劫偷盜之謂。不仁之人，即沒有道德的人，若被大家討厭得無地自容，結果一定會惱羞成怒，起來作亂事！」

一個好勇善鬥的人，又疾惡自己既沒有權位、又沒有錢財，那還不亂來。偷、搶、殺人、放火，都能作得出來。

我們舉後漢的左原為例：

左原，陳留人，是郡學生，因犯法即除名。郭林宗有一天在街上遇見他，特別請他到餐館喝酒吃菜。安慰他說：「從前顏涿聚是梁甫地方的大盜，段干木是晉國的市儈。結果顏成了齊國的大忠臣。段成了魏的大賢人。古來顏淵、蘧伯玉也免不了會犯錯，希望你不要心懷怨恨，要深自反省！」事後許多人都譏笑郭林宗竟和惡人交往。林宗說：「人而不仁，疾之以甚，亂也！」有一天，左原想起在郡學中事，突然心頭大恨，勾結了一批惡少，預備給其他的郡學生好看。適逢郭林宗在。左原覺得慚愧，悄悄溜走了。後來別人知道了，大家才對郭林宗感謝、佩服。（《後漢書》卷六十八〈郭林宗傳〉）

我們讀《後漢書》卷六十七〈黨錮列傳〉，深歎李膺、范滂諸君子，激素行以恥威權，立廉尚以振貴執。惜乎靈帝昏庸，信寵宦豎，一意孤行，致使忠直蒙塵，國家遭難。孔子說：「人而不仁，疾之已甚，亂也。」是以李、范等以疾惡、公直而罹難，命喪宦豎之手！郭林宗遜言危行，雅俗無所失，終能成名享譽，千古不衰。

子曰：「若有周公之才之美，使驕且吝，其餘不足觀也已！」

《集解》孔安國曰：「周公者、周公旦也。」

《集注》才美謂智能技藝之美。驕、矜夸。吝、鄙嗇也。程子曰：「此甚言驕吝之不可也。蓋有周公之德，則自無驕吝。若但有周公之才，而驕吝焉，文不足觀矣。」又曰：「驕氣盈，吝氣歉。愚謂驕吝雖有盈歉之殊，然其勢常相因。蓋驕者、吝之枝葉。吝者、驕之本根，故嘗驗之天下之人，未有驕而不吝，吝而不驕者也。」

孔子說：「一個人哪怕有周公的才能，而秉性驕狂吝嗇，他是不會有什麼成就的。」

司馬光論人：才勝於德者是小人。德勝於才者是君子，才德兼備者是聖人，才德俱無者是下愚。足見德比才還重要。

子曰：「三年學不至於穀，不易得也。」

《集注》穀，祿也。「至」疑當作「志」。為學之久，而不求祿，如此之人，不易得也。楊氏曰：「雖子張之賢，猶以干祿為問，況其下者乎？」

古來讀書的人，大都以干祿為目的。是以孔子歎息說：「求學三年，而不涉及干祿，不易得到這樣的學生！」

子曰：「篤信好學，守死善道。危邦不入，亂邦不居。天下有道則見，無道則隱。邦有道，貧且賤焉，恥也。邦無道，富且貴焉，恥也。」

我們讀《漢書》卷八十七〈楊雄傳〉載：楊雄以為：經莫大于《易》，故作《太玄》。傳莫大于《論語》，乃作《法言》。史篇莫善于《倉頡》，作《訓纂》。箴莫善于《虞箴》，作《州箴》。賦莫深于《離騷》，反而廣之。辭莫麗於相如，作四賦。楊雄的著作，至今猶為學者所尊重。而顏之推所著《顏氏家訓》第九章〈文章〉篇，譏楊雄「德敗美新」。原來王莽篡漢，成立新朝，楊雄出任大夫，寫了一篇〈劇秦美新〉論，謂秦酷虐之甚，讚美新王朝的賢明。所以為人所譏為「敗德之甚」。楊雄著作等身，卻是好學而不篤信，真可惜。

我們再看漢代的龔勝。勝以名節著稱。哀帝為定陶王時便曾聽說過他。登基之後，徵為諫大夫。勝以敢言稱。哀帝也很欣賞他。後來哀帝寵用董賢，勝謂董賢亂制度，因而使哀帝不高興。臣相王嘉推荐曾任廷尉的梁柏等人，龔勝上書哀帝說：「王嘉資性邪僻，所荐舉之人多係貪殘之輩。位列三公，而不能調和陰陽。其咎不能旁貸。」後因與博士夏侯常廷爭，制「貶秩一等。」龔勝謝罪求去官，上不許，且加賞賜。任為渤海太守。勝謝病不赴任。哀帝乃徵勝為光祿大夫。勝常稱病，數度上書辭官。而不久，哀帝崩。王莽秉政，龔勝即懇辭還鄉。這正是孔子所說「邦無道則隱」的行為。《漢書》又載：

莽既篡國，遣五威將帥行天下風俗，將帥親奉羊酒存問勝。明年，莽遣使者拜勝為講學祭酒，勝稱疾不應徵。後二年，莽復遣使者奉璽書，太子師友祭酒印綬，安車駟馬迎勝，即拜，秩上卿，先賜六月祿直以辦裝，使者與郡太守、縣長吏、三老官屬、行義諸生千人以上入勝里致詔。使者欲令勝起迎，久立門外。勝稱病篤，為牀室中戶西南牖下，東首加朝服拕紳。使者入戶，西行南面立，致詔付璽書，遷延再拜奉印綬，內安車駟馬，進謂勝曰：「朝聖未嘗忘君，制作未定，待君為政，思聞所欲施行，以安海內。」勝對曰：「素愚，加以年老被病，命在朝夕，隨使君上道，必死道路，無益萬分。」使者要說，至以印綬就加勝身，勝輒推不受。使者即上言：「方盛夏暑熱，勝病少氣，可須秋涼乃發。」有詔許。使者五日壹與太守俱問起居，為勝兩子及門人高暉等言：「朝廷虛心待君以茅土之封，雖疾病，宜動移至傳舍，示有行意，必為子孫遺大業。」暉等白使者語，勝自知不見聽，即謂暉等：「吾受漢家厚恩，亡以報，今年老矣，旦暮入地，誼豈以一身事二姓，下見故主哉？」勝因敕以棺斂喪事「衣周於身，棺周於衣。勿隨俗動吾冢，種柏，作祠堂。」語畢，遂不復開口飲食，積十四日死，死時七十九矣。使者、太守臨斂，賜複衾祭祠如法。門人衰絰治喪者百數。（卷七十二）

龔勝不但于國無道時歸隱，而且真能「篤信好學，守死善道」，讀〈龔勝傳〉令人起敬悼之心。

子曰：「不在其位，不謀其政。」

《集解》孔安國曰：「欲各專一於其職也。」

《集注》如不在其位而謀其政焉，彼在其位者，必疑於所謀矣。曰：「將炫長也，將結歡也，將生事也，將侵權也。」謀者雖欲救時，徒自辱耳。故君子之不謀，義也、智也。

孔子這句話的意思是說：「政府中的官員，各司其職，不可越現代庖。否則會生大亂。」

子曰：「狂而不直，侗而不愿，悾悾而不信，吾不知之矣。」

《集解》孔安國曰：「狂者進取，宜直也。」又曰：「侗、未成器之人也，宜謹愿也。」苞氏曰：「悾悾，愿愿也，宜可信也。」

《集注》侗、無知貌。愿、謹厚也。「吾不知之者」，甚絕之之辭，亦不屑之教誨也。

孔子說：「狂傲卻不正直，無知又不謹慎，自己笨却不信他人，這三種人，我是拒絕的，我不會收這種人作門弟子。」

子曰：「學如不及，猶恐失之。」

《集解》學自外入，至熟乃可長久。如不及，獨恐失之耳。

這是孔子勸學之辭。他說：「我們學習，總好像時間不足，來不及抓住。學了還要溫故而知新，好像恐怕所學到的會遺忘。」

所以說：「學如逆水行舟，不進則退。」是以不可有絲毫鬆怠。

子罕第九

子罕言利。與命、與仁。

《論語》一書共二十篇，四百九十九章。其中論及「仁」者達五十九章之多。「仁」字見於全書共一百一十次。若說孔子「罕言仁」，絕對不正確。果然，先賢早已發現這個錯誤。

王叔岷先生《論語斠理》一書中說：「史繩祖《學齋佔畢》云：『論語謂「子罕言利，與命與仁。」古注及諸家皆以為三者子所諱言，余獨疑之。利者，固聖人深恥而不言也。雖孟子猶言「何必曰利？」況孔聖乎？故魯論中止言『放於利而行，多怨。』及『小人喻於利』之外，深斥之，而無言焉。至如命與仁，則自乾坤之元，孔子文言已釋為「體仁」矣。又曰『乾道變化，各正性命。』曷嘗不言？且考諸《魯論》二十篇，問答言仁，凡五十三條，張南軒已集為《洙泗言仁》，斷之曰言矣。又命字亦非一。如『道之將行，命也；道之將廢，命也。』『公伯寮其如命何？』又曰：『亡之，命矣夫！』又曰：『五十知天命。』又曰：『死生有命』又曰：『不幸短命。』又曰：『不知命，無以為君子。』是豈不言哉？蓋子罕言者，獨利而已。當以此句作一義；曰命曰仁，皆平日所深與，此句別作一義。與者，許也。論語中『與』字自作兩義。如『吾與點也。』『吾無行而不與二三子者。』又『與其進也。』『與其潔也。』『吾非斯人之徒與而誰與？』『義之與比。』『丘不與易也。』『吾不與也。』等字，皆其比也。當以理推之。』」

近人楊希枚極贊史說，曾有「論語子罕章句問題評斷」一章文，載於《民主評論》第六卷第二十四期。也是說這一章應讀為「子罕言利。與命，與仁。」義即孔子贊言仁、命，而罕言利。

王先生認楊希枚為「決千古之疑者矣！」而又言「與」字當讀「舉」他說：

惟兩與字之義，似尚可進一解。竊以為與當讀為舉。《周禮》地官師氏：「王舉則從」鄭注：「故書舉為與。」《史記》《呂后本紀》「蒼王舉直。」徐廣注：「舉一作與。」並為「與」「舉」通用之証。「舉」獨「言」也。《禮記》《雜記》下：「過而舉君之諱則起。」鄭注：「舉獨言也。」「與命與仁者」，「言命言仁」也。宋羅泌《路史》卷五中有云：「命者，安亂止妄之正理也。」《論語》二十篇，終之以「不知命」，而今之君子皆曰：「孔子不言命。夫「命」、孔子之所與也，曷不言哉？」又有注云：「與命、與仁、豈不言仁！」謂孔子「言命、言仁」是也。

所以，我們對這章書的解釋是：孔子很少談到利．但命與仁，則為平日常談到而且讚許的。

子絕四：「毋意、毋必、毋固、毋我。」

《集解》以道為度，故不任意也。用之則行，舍之則藏，故無專必也。無可無不可，故無固行也。述古而不自作，處群萃而不異，唯道是從，故不自有其身也。

《集注》絕，無之盡者。毋《史記》作無，是也。意、私意也。必，期必也。固，執滯也。我、私己也。四者相為終始。起于意，遂于必，留于固、而成於我也。蓋意、必常在事前；固、我常在事後。至於我又生意，則物欲牽引，循環不窮矣。

孔子絕對不作四件事：絕不任意而為，絕不堅持必定的結果，絕不固執，絕不以自己為中心，以己度人。

關於毋必，我們想起宋人的詞句：「相思何必定何如？誠知春去後，管得落花無？」這個「毋必」，卻是有點無奈的成份，和孔子的毋必是不可同日而語的。

陳大齊把「毋意」釋為「不作沒有確實根據的猜測。」

牢曰：「子云：『吾不試，故藝。』」

《集解》鄭玄曰：「牢，弟子子牢也。言孔子自云：『我不見用，故多能伎藝也。』」

《集注》牢，孔子弟子，姓琴，字子開。一字子張，（按：《史記》〈仲尼弟子列傳〉中未載其人。）試、用也。言由不為世用，故得以習於藝而通之。

孔子的弟子琴牢說：老師說：「他因不見用，所以能有充分的時間學習各種伎藝。」

子曰：「吾有知乎哉？無知也。有鄙夫來問於我，空空如也。叩其兩端而竭焉。」

《集解》知者，知意之知也，言知者，言未必盡也。今我誠盡也。孔安國曰：「有鄙夫來問於我，其意空空然。我則發終始之兩端以語之，竭盡所知，不為有愛也。」

《集注》孔子謙言己無知識，但其告人，雖於至愚，不敢不盡耳。叩、發動也。兩端猶言兩頭。言始終本來，上下精粗，無所不盡。程子曰：「聖人之教人，俯就之若此。猶恐眾人以為高遠而不親也。聖人之道，必降而自卑。不如此則人不親。賢人之言則引而自高，不如此則道不尊。觀於孔子孟子則可見矣。」尹氏曰：「聖人之言，上下兼盡。即其近，眾人皆可與知。極其至，則雖聖人亦無以加焉。是之謂兩端。如答樊遲之問仁知，兩端竭盡，無餘蘊矣。若夫語上而遺下，語理而遺物，則豈聖人之言哉！」

孔子說：「我實在所知不多。有一個沒有知識的野人來向我請教，我則把事情從頭至尾、原原本本的解說給他聽。如此而已。」

子見齊衰者、冕衣裳者與瞽者，見之雖少者必作，過之必趨。

注：齊衰、喪服名，為五服中之次於斬衰者。以熟麻布為之。齊、緝也。以其緝邊，故曰齊衰。

齊衰有數等：一、齊衰期，孫為祖父母，夫為妻，已嫁女為父母皆服之。二、齊衰五月，為曾祖父母服之，已嫁女同。三、齊衰三月，為高祖父母服之，已嫁女同。

《集解》苞氏曰：「冕者，冕冠也。大夫之服之。瞽者，盲者也。」又曰：「作、起也。趨、疾行也。此夫子哀有喪、尊在位、恤不成人也。」

孔子若見到服齊衰的人、大夫、或殘障者，雖然年紀比自己小，他還是要起立，經過這些人前，必定疾趨而行。

按：一個時代有一個時代的禮貌。譬如今日，入門要脫帽。在電梯中若有女賓，也必須脫帽。站立電梯內面均向門。等等種種，和往時不同了。現在應服齊衰的，基於種種原因，已不穿喪服了，以免不便。

> 顏淵喟然歎曰：「仰之彌高，鑽之彌堅，瞻之在前，忽焉在後。夫子循循然善誘人。博我以文，約我以禮，欲罷不能。既竭吾才，如有所立。卓爾雖欲從之，末由也已。」

《集解》喟然、歎聲也。循循、次序貌也。誘、進也。言夫子正以此道勸進人有次序也。孔安國曰：「言夫子既以文章開博我，又以禮節節約我，使我欲罷而不能已。竭我才矣，其有所立，則又卓然不可及。言己雖蒙夫子之善誘，猶不能及夫子之所立也。」

《集注》仰彌高不可及，鑽彌堅不可入，在前在後，恍惚不可為象，此顏淵深知夫子之道無窮盡、無方體、而歎之也。侯氏曰：「博我以文，致知格物也。約我以禮，克己復禮也。」卓、立貌。末、無也。此顏子自言其學之所至也。蓋悅之深，而力之盡。所見益親，而又無所用其力也。

這章書是顏淵稱讚孔子之詞。他說：夫子之道，把頭仰得高高的也看不見頂，鑽研越勤，還是堅的鑽不動。看看似在前面，忽然又在後面，神化不可測！但夫子教人，井井有序。他既以文章使我博學，又以禮則規範我，我的學習之心越來越強，想停都不能停下來。盡了我的才能來學習，似乎可以獨立了，可就是達不到夫子的程度。換句話說，還要向夫子再學多一些。

這表示，一、孔子之道，神化不可測。二、孔子之學，似泉源，取之不盡，怎麼學他的道理也學不完。三、孔子的人格，鑽之彌堅，無人可及。四、孔子的教學方法，按步就班，使弟子易於上路。五、孔子教的，都是作人作事的大道理。

子疾病，子路使門人為臣。病間，曰：「久矣哉，由之引作也。無臣而為有臣，吾誰欺，欺天乎？且予與其死於臣之手也，無寧死於二三者子之手乎？且予縱不得大葬，予死於道路乎？」

《集解》苞氏曰：「疾甚曰病。」孔安國曰：「病少差曰間也。言子路有是心，非唯今日也。」馬融曰：「無寧，寧也。二三子，門人也。就使我有臣而死其手，我寧死弟子之手乎。」「大葬，君臣禮葬也。」「就使我不得以君臣之禮葬，有二三子在，我寧當憂棄於道路乎？」

子貢曰：「有美玉於斯，韞櫝而藏諸，求善賈而沽諸。」子曰：「沽之哉，沽之哉，我待賈者也。」

《集解》馬融曰：「韞、藏也。櫝、匱也。藏諸匱中也，沽、賣也。得善賈寧賣之耶？」苞氏曰：「沽之哉，不衒賣之辭也。我居而待賈者。」

《集注》子貢以孔子有道不仕，故設此二端以問也。孔子言：「固當賣之。但當待賈而不當求之耳。」

子欲居九夷。或曰：「陋，如之何？」子曰：「君子居之，何陋之有？」

《集解》馬融曰：「東方之夷有九種。」又曰：「君子所居者，皆化也。」

《集注》東方之夷有九種。欲居之者，亦乘桴浮海之意。孔子想去和夷人居處。或有人告知他說：

「那些地方太簡陋，未開化！」孔子說：「君子所居之處，人民都會受到感化，有什麼簡陋未開化呢！」

子曰：「出則事公卿，入則事父兄，喪事不敢不勉，不為酒困，何有於我哉？」

孔子：「我在朝廷上，為國君與卿長服務，在家則侍奉父母兄長。逢見喪事，不敢不盡心盡意。不酗酒。此外，我還有什麼呢？」

《集解》謂「勉」是「勉強」。今日「勉強」有心不甘、情不願的意思。古時「勉強」是勤奮向上的意思。日文「勉強」是「用功」、「努力」之意。此二字是日本留學生在唐時帶回去的，沿用至今。意思還是古時的「勉強」，而非今日的「勉強」。又如我們說「天淵之別」，唐人多說「雲泥之差」。「雲泥之差」，在日本仍甚普遍，足證日文保留了我國文字古時的意思。

子在川上。曰：「逝者如斯夫，不舍晝夜。」

《集解》鄭玄曰：「逝，往也。言凡往者，如川之流也。」

《集注》天地之化，往者過，來者續，無一息之停。乃道體之本然也，然其可指而易見者，莫如川流。故於此發以示人，欲學者時時省察，而無毫髮之間斷也。

孔子在河上，看見水流不斷。說：「流水流去如斯之速，而且不分晝夜，不停的流。」似乎是孔子感嘆歲月不居，懷才未展。

這一章書，由道學之士看來，「此道體也，天運而不已，日往則月來。寒往則暑來，水流而不息。物生而不窮。皆與道為體。運乎晝夜，未嘗息也。是以君子法之，自強不息。」在詩人看來，未免是傷逝之詞也。

子曰：「譬如為山，未成一簣，止，吾止也。譬如平地，雖覆一簣，進，吾往也。」

《集解》苞氏曰：「簣、土籠也。此勸人進於道德也。為山者，其功雖已多，未成一簣而中道止者，我不以其前功多而害之也，其志不遂，故不與也。」馬融曰：「平地者將進加功，雖始覆一簣，我不以其見功少而薄之也。據其欲進而與之也。」

《集注》書曰：「為山九仞，功虧一簣。」夫子之言，蓋出於此。言山成而但少一簣，其止者吾自止耳。平地而方覆一簣，其進者吾自往耳。蓋學者自強不息，則積少成多。中道而止，則前功盡棄。其止、其往，皆在我而不在人也。

子曰：「語之而不惰者，其回也與。」

《集注》范氏曰：「顏子聞夫子之言，而心解力行，造次顛沛，未嘗違之。如萬物得時雨之潤，發榮滋長，何有于惰？此群弟子所不及。」

孔子說：「聽我的話永遠沒有怠惰之意的，只有顏回。」

子謂顏淵曰：「惜乎吾見其進也，未見其止也！」

《集解》馬融曰：「孔子謂顏淵進益未止，痛惜之甚也。」

孔子提起顏淵，說：「可惜，我只見到他天天在進步，卻因為他已去世，沒有看到他能進步到什麼程度才會停止。」

子曰：「苗而不秀者，有矣夫？秀而不實者，有與夫？」

《集注》穀之始生曰苗，吐華曰秀，成穀曰實。蓋學而不至於成，有如此者。是以君子貴自勉也。

孔子說：「有禾苗而不生花的嗎？有生花而不結實的嗎？」

子曰：「後生可畏，焉知來者之不如今也！四十五十而無聞焉，斯亦不足畏也已。」

《集注》孔子言後生年富而力強，足以積學而有待，其勢可畏，安知其將來不如我之今日乎，然或不能自勉，至於老而無聞，則不足畏矣。言此以警人，使及時勉學也。

孔子說：「年青人值得敬畏，安知他將來不比我們強？若到了四五十歲仍默默無聞，那就不值得敬畏了。」

子曰：「法語之言，能無從乎？改之為貴。巽與之言。能無說乎？繹之為貴。說而不繹，從而不改，吾末如之何也已矣。」

《集解》孔安國曰：「人有過以正道教之，口無所不順從之，能必自改，乃為貴也。」馬融曰：「巽、恭順也。謂恭順謹敬之言也。聞之無不悅者也，能尋繹行之，乃為貴耳。」

《集注》法語者，正言之也。巽言者，婉而導之也。繹，尋其緒也。法言人所敬憚，故必從。然不改，則面從而已，巽言無所乖忤，故必說。然不繹，則又不足以知其微意之所在也。

孔子說：「正面教誡的話，能不聽從嗎？但要依話改正自己的過錯才是。婉轉勸告的話能不喜悅嗎？仍以將勸告的話加以演繹研究，改正自己的行為，才是上策。若只當面聽教誡，或喜悅婉轉的話而不改正自己的行為，那我們也無可如之何！」

子曰：「三軍可奪帥也，匹夫不可奪志也。」

《集解》孔安國曰：「三軍雖眾，人心非一。則其將帥可奪之而取。匹夫雖微，苟守其志，不可得而奪也。」

《集注》侯氏曰：「三軍之勇在人，匹夫之志在己。故帥可奪而志不可奪。如可奪，則亦不足謂之志矣。」

孔子說：「三軍之帥可得而奪之，匹夫之志却不可奪。」

我們舉例說：忠臣寧死不降，信徒寧死殉教，烈女殉夫，戀人殉情，都是「其志不可奪也。」

子曰：「衣弊縕袍與衣狐貉者立而不恥者，其由也與。不忮不求，何用不臧？」子路終身誦之。子曰：「是道也，何足以臧？」

《集解》孔安國曰：「縕、枲著也。」馬融曰：「臧、善也。尚復有美于是者，何足以為善也？」

孔子說：「穿著舊麻絮的袍子和穿狐貉裘者站在一起而能不以為恥者，大概子路〈仲由〉可以辦得到。」《邶風》《雄雉》詩中有句云：「不忌刻害人，不奔營求人，豈不是無往而不自得嗎？」子路聽了，終身念這兩句話。孔子說：「這兩句話果然是好的，可以進於道的。但這是不夠的，還有許多更高境界的善事可以去做呢！」

孔子是怕子路僅止於此，所以這些話，要子路更上層樓。

子曰：「歲寒然後知松柏之後凋也。」

《集注》范氏曰：「小人之在治世，或與君子無異。惟臨利害，遇事變，然後君子之所守可見也。」謝氏曰：「士窮見節義，世亂識忠臣，欲學者必周于德。」

馬端臨《文獻通考》卷三十五〈吏道〉篇中說：

才試于事，情見于物，則賢不肖較然（清清楚楚之意）。故遭事不惑，則知其智。犯難不避，則知其節。臨財不苟則知其廉。應對不疑，則知其識。如此，則察與易，而賢公卿大夫出矣。

有才的人未必有德，有德的人未必有才。《文獻通考》中這番議論，非常正確。政府以考試進用官吏，再觀察他們的能力是否強、勤勉是否夠，而予以進退。平日難分出誰是君子，誰非君子。到了非常時期，也就是利害關頭，才能分出君子和小人來。

《漢書》卷八十二〈傅喜傳〉載：

傅喜字稚游，河內溫人也，哀帝祖母定陶傅太后從父弟。少好學問，有志行。哀帝立為太子，成帝選喜為太子庶子。哀帝初即位，以喜為衛尉，遷右將軍。是時，王莽為大司馬，乞骸骨，避帝外家。上既聽莽退，眾庶歸望於喜。喜執謙稱疾。傅太后始與政事，喜數諫之，由是傅太后不欲令喜輔政。上於是用左將軍師丹代王莽為大司馬，賜喜黃金百斤，上將軍印綬，以光祿大夫養病。

大司空何武、尚書令唐林皆上書言：「喜行義修絜，忠誠憂國，內輔之臣也，今以寢病，一旦遣歸，眾庶失望，皆曰傅氏賢子，以論議不合於定陶太后故退，百寮莫不為國恨之。忠臣，社稷之衛……上亦自重之。明年正月，乃徙師丹為大司空，而拜喜為大司馬，封高武侯。……傅太后欲求稱尊號，與成帝母齊尊，喜與丞相孔光、大司空師丹共執正議。傅太后大怒，上不得已，先免師丹以感動喜，喜終不順。後數月，遂策免喜……遣就國。

喜在國三年餘，哀帝崩，平帝就即位，王莽復用事。莽白太后下詔曰：「高武侯喜，姿性端愨，論議忠直。雖與故定陶太后有屬，終不順旨從邪。介然守節，以故斥逐就國。傳不云乎？『歲寒然後知松柏之後凋也。』其還喜長安，以故高安侯府第賜喜，位特進，奉朝請。」

史家讚美傅喜「守節不傾，忝蒙後凋之賞。」王莽的稱讚傅喜，並非虛言。

又：《後漢書》卷六十四，史家論盧植云：

「風霜以別草木之性，危亂而見忠亮之節。」

范曄的這兩句話，正可為本章書作註解。

子曰：「知者不惑，仁者不憂，勇者不懼。」

《集注》明足以燭理，故不惑。理足以勝私，故不憂。氣足以配道義，故不懼。此學之序也。述曰：「大學言明明德者，先之以格物致知，欲知德之明也，蓋明理如燭之照焉，此知之不惑也。樂天知命，故不憂。孟子言浩然之氣者，配氣與道，此勇之不懼也。」《中庸》云：「知、仁、勇三者，天下之達德也。學者始以明善之智，繼以修道之仁，終以篤行之勇。其序也。」

孔子說：「一個洞察事裡的知者，做任何判斷都沒有一點疑惑。一個樂天知命、己立立人的仁者，他是沒有憂慮的。既然有判斷事物的知，有樂天知命的仁，氣與道行，他自然成為一個勇敢直前的勇者，世間還有什麼事讓他懼怕的呢？」

子曰：「可與共學，未可與適道，可以適道，未可與立。可與立，未可以權。」

《集解》適、之也。雖學或得異端，未必能之道者也。雖然之道，未必能以有所成立者也。雖然有所立，未必能權量其輕重之極也。

《集注》可與者，言其可與共為此事也。程子曰：「可與共學，知所以求之也。可與適道，知所往也。可以立者，篤志固執而不變也。權、稱錘也。所以稱物而知輕重者也，可與權，謂能權輕重使合義也。」楊氏曰：「知為已，則可以共學矣。學足以明善，然後可以適道。信道篤，然後可以與立。知時措之宜，然後可以權。」洪氏曰：「權者，聖人之大用。未能立而言權，猶人未立而欲行，鮮不仆矣。」

今人陳大齊所著《論語臆解》解釋「可與立，未可與權。」說：「能相與以禮自守的人，未必能相與以義衡定可否。」

陳氏就《集解》與《集注》中諸家所說「立」的意義研究，包括日人竹添光鴻《論語會箋》所說的「權只是時中，然非精義者，不能權之而得中。」他說：「立字有釋為成立的，有釋為建立正事的，有釋為固執不變的。權字有釋為權量輕重的，有釋為反常合道的，有釋為時中的。」他因而綜合眾家解說，更引《孟子》〈離婁〉篇之「守熟為大？守身為大。」將文字解釋成「堅守做人的崗位。」把權字釋為「詳察事情的利害，審慎比較，以定取捨。亦即衡定可否之謂。」

這章書，我們的解釋是：「可與共學，未必能尋求同一個道理，見仁見智之不同故。能走同一條道路尋求大道理，未必能守禮而自立。能相與以禮自守而獨立的人，未必能相與以義來衡量事物之可否。」解得有點拖泥帶水，但我們已盡力了。

南懷瑾對這章書的解說似乎是：有些人可以同學，年輕作朋友漫好，但沒辦法和他同走一條道路，不一定能共事業……有些人可以共勉事業，但無法共同建立一個東西，無法創業。……有些人可以共同創業，但不能給他權力，無法和他共用權變。……權力、集中到他手中，他自己會害了自己，就壞了。

南氏的說法自出機杼和前人完全不同。

鄉黨第十

孔子于鄉黨，恂恂如也。似不能言者。其在宗廟朝廷，便便言，唯謹爾。朝，與下大夫言，侃侃如也。與上大夫言，誾誾如也。君在踧踖如也。與與如也。

《集注》恂恂、信實之貌，似不能言者。謙卑恭順，不以賢知先人也。鄉黨父兄宗族之所在，故孔子居之，其容貌辭氣如此。便便、辯也。宗廟禮法之所在。朝廷、政事之所出。言不可以不明辯。故必詳問而極言之。但謹而不放爾。侃侃、剛直也。誾誾，和悅而諍也。《王制》云：「大國三卿，所謂上大夫卿也。以昭四年《左傳》改之，季孫為司徒，叔孫為司馬，孟孫為司空。此所謂三官也。蓋魯三卿下。其下大夫五人，有司寇焉，君在，視朝也。踧踖、恭敬不寧之貌。與與、威儀中式之貌。」

按《鄉黨》一篇，全記載孔子平日一動一靜，蓋弟子們所記錄，以貽後學。其中甚多于今無關之記載，錄之無益，全數刪去。

本章書言：孔子在鄉黨會之時，因多父兄之輩，所以他的態度是信實謙遜的樣子，似乎不善言辭。在宗廟和朝庭中，便便而談，但謹慎而不放得太開。在國君尚未視朝之時，和下大夫們說話，態度剛直。與上大夫說話，態度和悅而委婉。君主臨朝，則現恭敬而小心的樣子。面向國君，不東張西望。

席不正不坐。鄉人飲酒，杖者出，斯出矣。

《集解》孔安國曰：「杖者、老人也。鄉人飲酒之禮主于老者，老者禮畢出，孔子從而後出也。（按古禮鄉黨序齒，即以年長者為尊，不論官位。）

《集解》范寧云：「正席所以恭敬也，或云：如禮言，諸侯之席三重，大夫再重。是各有其正者矣。」

古時席地而坐。席不正，可能是坐席未擺整齊，或三重再重的數目不對，孔子便不坐。鄉人飲酒，老者先出，孔子而後才離開。

現今宴會，主客未離席之前，陪客不宜先離去。道理相同。

廄焚，子退朝。曰：「傷人乎？」不問馬。

鄭玄曰：「重人賤畜也。」

孔子為司冦時，一日退朝回家。下人報說：「馬廄被燒掉了。」孔子問：「有沒有傷到人？」不問馬。

君命召，不俟駕行矣。

鄭玄曰：「急趨君命也，出行而車既駕隨之。」

孔子任魯司寇。魯君不時召孔子。孔子不等車子駕好，即徒步趨行。車子駕好了，在後跟隨。（這正充分表示了孔子的尊君思想。君命為大。）

色斯舉矣，翔而後集。曰：「山梁雌雉，時哉時哉！」子路共之，三嗅而作。

這又是一章爭論頗多的書。《集解》馬融註曰：「見顏色不善，則去之。」周生烈曰：「迴翔審觀，而後下止也。」孔子言山梁雌雉得其時，人不得時，故歎之。子路以其時物，故供具之，非其本意。不苟食，故三嗅而起也。

《集解》以為：孔子說「時哉時哉！」子路以為孔子認雌雉是時鮮，烹來給孔子吃。孔子聞了三下，沒有吃，便起身而去。

《集註》云：「鳥見人之顏色不善則飛去。回翔審視而後下止。人之見幾而作，審則所處，亦當如此。然此上下必有闕文矣。」

述曰：馬注云：「見顏色不善則去之。」邢疏云：「此言孔子審去就也。翔而後集，以飛鳥喻也。」

邢氏曰：「梁，橋也。時哉言飲啄之得其時。子路不達，以為時物而供具之。孔子不食，三嗅其氣而後起。晁氏曰：石經，嗅作戛，為雉鳴也。」劉聘君曰：「嗅當作臭，張兩翅也。」

我們讀《後漢書》卷三十下〈郎顗傳〉，郎顗對策文云……陛下諓詐以來，勤心庶政，而三九之位（謂三公九卿），未見其人。是以災害屢臻，四國未寧。臣考之國典，驗之聞見，莫不以得賢為功，失士為敗。且賢者出處，翔而後集，爵以德進，則其情不苟，然後使君子恥貧賤而樂富貴矣。

依郎顗的意思，「色斯舉矣，翔而後集」，乃是國君應該禮賢下士，佈好格局，而後賢人便會在「審視」之後，出來就任政府的職務，為朝廷效力。

孔子曾說：「君擇臣而任之，臣擇君而事之。」（《孔子家語》）郎說似乎合于孔子的意思。

至于說子路把雌雉捉來烹調，供孔子吃，恐怕解得不甚恰當。哈佛教授James Ware英譯的意思是：「子路想去抓它，它叫了三聲，飛走了。」

按「作」有「起」、「離去」的意思。我們的解釋是：

山橋的雌雉觀察環境，包括人的臉色是否友善，沖天飛去。迴翔審視之後，認為沒問題了，才棲止下來。孔夫子說：「山梁的雌雉都很識時勢呀！」子路想去抓雌雉，它叫了三聲振翼離去。

辜鴻鳴英譯《論語》（Discourses And Sayings of CONFUCIUS）中稱：「若干學者放棄解釋本章書，因為他們不知全章書的意思。Sir Chaloner ALABASTER曾有過非常好的解釋，可惜不能全記得了！」他依照自己對A氏的解說，就記憶所及，譯成英文。意思是說：當他們轉身察看之時，牠（指雌雉）立即飛開了，在空中迴翔了一下，再降落原地立定。有人說：「啊！雌雉立于山上，雌雉立于山上。你知道時機（times），你知道時機吧！」孔子的好勇的弟子子路把這些話思考了三遍，忽然了解了其中的意義，（他）歎息了一聲，起身離去。

我們不太同意辜氏的譯法，且將他的英譯再譯成白話，供讀者參考。

先進 第十一

子曰：「先進於禮樂，野人也。後進於禮樂，君子也。如用之，則吾從先進。」

《集解》先進後進，謂士先後輩也。禮樂因世損益，後進與禮樂，俱得時之中，斯君子矣。先進有古風，斯野人也。苞氏曰：「將移風易俗，歸之純素。先進猶近古風，故從之。」

《集注》程子曰：「先進於禮樂，文質得宜，今反謂之質朴，而以為野人。後進於禮樂，文過其質，今反謂之彬彬，而以為君子。蓋周末文勝，故時人之言如此，不自知其過於文也。」述曰：言先進後進者，包云：謂仕也。鄭云：為學也。夫仕進與進學，其先後皆宜此稱，則統稱可也。

這是一章難解釋的書。陳大齊的解釋為：

先進入禮樂精髓的人，是質勝文的。後進入禮樂精髓的人，是文勝質的。我倘若被任用（入仕），願遵行先進入禮樂的路線，以發揮禮樂的精髓。（《論語臆解》）

南懷瑾的解釋為：「孔子寧取其樸素，不取其機械。」（《論語別裁》）

程子說：「周末文勝，時人之言如此。」日人竹添光鴻《論語會箋》卻說：「先進四句，分明是子曰，如何得為時人之言？」

我們的意見和陳大齊差不多：先進於禮樂的先輩，是較為樸質的，後進於禮樂的，是較多文飾的。質勝文則野，文勝質則史。孔子說：假如他出仕，他寧願禮樂的質勝於文。頗有返樸歸真的意思。

子曰：「回也，非助我者也，於吾言無所不說。」

《集解》孔安國曰：「助，猶益也。言回聞言即解，無可發起增益於己也。」

《集注》助我，若子夏之起予，因疑問而有以相長也。

孔子說：「顏回聞一而知十，凡是我所說的話，默識心通，從無疑問。不像其他弟子有疑問，可以讓我教學相長，有所助益也。」

子曰：「孝哉閔子騫，人不間於其父母昆弟之言。」

據《韓詩外傳》載：閔子騫母死，父續娶。繼母生二子。冬日，子騫為父執御，父持其手，覺甚冷，兩弟則甚溫。原來子騫的寒衣裡面是蘆花，當然不暖。閔父一氣之下，要休妻。閔子騫說：「母在一子寒，母去三子單。」終於感動了後母。閔父也沒休妻。母慈子孝，一家和睦。所以孔子稱讚他：真是孝子呀，閔子騫這個人。上事父母，下順兄弟，故他人不得有任何非間其父母兄弟的話。

本章為孔子的話，故直稱閔子騫之名。

閔子侍側，誾誾如也。子路，行行如也。冉有、子貢，侃侃如也。子樂。曰：「若由也，不得其死然。」

《集解》鄭玄曰：「樂各盡其性也。行行、則強之貌也。」

《集注》述曰：「誾誾，和悅而諍也。侃侃，則直也。」

孔子閒坐，在旁邊侍候的，閔子騫，和顏悅色的樣子。子路剛強雄壯的樣子。冉有和子貢，正直嚴肅的樣子。孔子很高興，因為這些弟子都很不錯。但是他還有掛心的是：「可惜子路過於勇，將來難免會死於非命。」

魯人為長府。閔子騫曰：「仍舊貫，如之何？何必改作？」子曰：「夫人不言，言必有中。」

《集解》鄭玄曰：「長府，藏名也。藏財貨曰府。仍，因也。貫，事也。因舊事則可，何乃復更改作也？」

《集注》王氏曰：「改作勞民傷財，在於得己。則不如仍舊貫之善。」言不妄發，發必管理，惟有德者能之。

魯國要改作長府—藏財物之所。閔子騫說：「改作不免勞民傷財，仍用舊的，不是很好嗎？何必要改作？」孔子聽了很高興，他讚美閔子騫說：「一個人不說話則已，要說話，一定是有道理，一語中的。」

或謂「長府」為司理財物的長官。

子曰：「由之瑟，奚為於丘之門？」門人不敬子路。子曰：「由也升堂矣，未入室也。」

《集解》馬融曰：「言子路鼓瑟，不合雅，頌也。」又曰：「升我堂矣，未入室耳。門人不解，謂孔子言為賤子路，故復解之也。」

《集注》《家語》云：「子路鼓瑟，有北鄙殺伐之聲，蓋其氣質剛勇，而不足于中和，故其發於聲者如此。門人以夫子之言，遂不敬子路，故夫子釋之。升堂入室，喻入道之次第。言子路之學，已造乎正大高明之域，特未深入精微之奧耳。」

孔子說：「子路鼓瑟，還沒有摸清我的門檻。」眾弟子因而輕視子路。孔子乃進一步解釋說：「他鼓瑟的技術，已算是厲害了，相當精妙了。只是還未入室，還不能進入最深微的境界。」

子貢問曰：「師與商也孰賢乎？」子曰：「師也過，商也不及。」曰：「然則師愈與？」子曰：「過猶不及也。」

《集解》孔安國曰：「言俱不得中也。」注：愈、猶勝也。

《集注》子張才高意廣，好為苟難，故常過中。子貢篤勝謹守，而規模狹隘，故常不及。（卜商、字子夏。顓孫師，字子張。）

子貢問孔子：「顓孫師和卜商兩人誰比較好？」孔子說：「子張太過，子夏又不及。」「那麼是子張好囉？」子曰：「太過和不及是相同的。」換句話說是「都不及格。」

季氏富於周公。而求也為之聚斂而附益也。子曰：「非吾徒也。小子鳴鼓攻之可也。」

《集解》孔安國曰：「周公、天子之宰卿士也。」又曰：「冉求為季氏宰，為之急賦稅也。」鄭玄曰：「小子、門人也。鳴鼓、聲其罪以責也。」

《集注》周公以王室至親，有大功，位冢宰，其富宜矣。季氏以諸侯之卿而富過之，非攘奪其君，刻剝其民，何以至此？冉有為季氏宰，又為之急賦稅以益其富。

簡朝亮認為這一章書是冉求自己記載的，並認為：若非賢者，安能如此把自己的過錯寫出來。

魯國當權的季氏比周公家都有錢，冉求為他作事，還為他斂財益富，不管人民如何窮困，孔子知道了，很生氣，對門弟子說：「他不像我的學生，和我們不同類，你們可以聲討他的罪，指責他！」

柴也愚，參也魯，師也辟，由也喭。

《集解》弟子高柴也，字子羔。愚、愚直之愚也。孔安國曰：「魯、鈍也。曾子魯鈍也。」馬融曰：「子張才過人，失在邪僻文過也。」

《集注》高柴字子羔，愚者，知不足而厚有餘。《家語》記其足不履影，啟蟄不殺，方長不折，執親之喪，泣血三年，未嘗見齒，避難而行，不徑不竇。可以見其為人矣。尹氏曰：「曾子之才魯，故其學也確，所以能深造乎道也。」喭、粗俗也。

《史記》中有「子曰」二字。這些話都是孔子針對四人的缺點說的，希望他們能針對這些缺點改進。馬融將「辟」解釋為「邪僻」。似乎不太正確。子張把孔子的話「言忠信，行篤敬」寫在紳帶上提醒自己，終於成為君子。所以說他「辟」則可，說他「邪」未免過分了些。

孔夫子說：高柴愚直憨厚，曾參反應稍慢，顓孫師合群方面不如他生，仲由比較粗俗而不細緻。

子曰：「回也，其庶乎！屢空。賜不受命，而貨殖焉，億則屢中。」

《集解》朱注：「言回庶幾聖道，雖數空匱，而樂在其中矣。賜不受教命，唯財貨是殖，憶度是非，蓋美回所以勵賜也。」

《集注》屢空，數至空匱也。不以貧窶動心而求富。故屢至於空匱也。言其近道，又能安貧也。命謂天命。貨殖。貨財生殖也。億、意度也。言子貢不如顏子之安貧樂道，然其才識之明，亦能料事而多中也。

本書記孔子讚美顏子而激勵子貢。他說：「顏回能近道安貧。端木賜卻不服從我的命令，貨殖生財，也能料事如神，常賺大錢。」

子張問善人之道。子曰：「不踐迹，亦不入於室。」

《集解》孔安國曰：「踐、循也。言善人不但循追舊迹而已，亦多少能創業。然亦不能入於聖人之奧室也。」

《集注》善人、質美而未學者也。程子曰：「踐迹，如言循途守轍。善人雖不必踐舊迹，而自不為惡，然亦不能入聖人之室也。」

《論語臆解》不拘執前人所已言已行的舊迹，但亦尚未進入最高理想的境界。

南懷瑾的《論語別裁》中說：「子張問起，怎樣算真正的善人？我們人究竟要做到什麼樣子才算善人？……先照字面講，不踏一絲痕迹，也不進入旁門，走進屋內。……由此可知孔子這裡的『不踐迹』，就是說做一件好事，不必要看出來是善行。……『亦不入於室』，意思是不要為了做好人、做好事，用這種『善』的觀念把自己捆起來。所以中國人講究行善要積陰德。」

說了半天，我們仍然看不懂。陳澧《東塾讀書記》卷二中說：「有何注皇疏、邢疏、朱注皆非者，子張問善人之道章，謂『善人不能入室不然則何謂道乎？翟清江云：『善人生質雖美，不由實踐，則亦不能造乎深奧。』若以答辭作如是解，庶於道字貼合。陳章甫先生云：『此言善人之道當踐迹，乃能入聖人之室。如不踐迹，亦不能入室。言質未可持也。』澧謂此章必如此解乃通。」

這是一個雙否定句。例如我們說：沒有錢，不能進戲院看戲。有錢，不買票，也不能進戲院看戲。孔子這章書的意思是說：「雖然資質甚美，若不依聖人的腳跡勤學向上，也不能登聖人之門、入聖人之室。達到高妙的境界。」

子路問：「聞斯行諸？」子曰：「有父兄在，如之何其聞斯行之也！」冉有問：「聞斯行諸？」子曰：「聞斯行之。」公西華曰：「由也問聞斯行諸，子曰

『有父兄在。』求也問聞斯行諸，子曰：『聞斯行之。』赤也惑。敢問？」子曰：「求也退，故進之。由也兼人，故退之。」

《集解》苞氏曰：「賑窮救乏之事也。」孔安國曰：「當曰父兄，不可得自專也。」又曰：「惑其問同而答異也。」鄭玄曰：「言冉有性謙退，子路務在勝尚人，各因其人之失而正之。」

《集注》兼人，謂勝人也。張敬夫曰：「聞義固當勇為。然有父兄在，則有不可得而專者。若不重命而行，則反傷於義矣。子路有聞未之能行，惟恐有聞。則於其所當為，不患其不能為矣。特患為之之意或過，而於所當稟命者有闕耳。若冉求之資稟失之弱，不患其不稟命也，患其於所當為者，逡巡畏縮，而為之不勇耳。」

張敬夫對本章書已經解釋得很清楚了。

季子然問：「仲由冉求，可謂大臣與？」子曰：「吾以子為異之問，曾由與求之問。所謂大臣者，以道事君，不可則止。今由與求也，可謂具臣矣。」曰：「然則從之者與？」子曰：「殺父與君，亦不從也。」

《集解》季子然，季氏之子弟也。自多得臣此二子，故問之也。孔安國曰：「謂子問異事耳。則此二人之問，安足為大臣乎？」

《集注》以道事君者，不從君之欲。不可則止者，必行己之志。具數，謂備臣數而已。言二子雖不足於大臣之道，然君臣之義，則聞之熟矣，弒逆大故，必不從之。蓋深許二子以死難不可奪之節，陰折季氏不臣之心也。

簡朝亮引杜預《世族譜》云：「子然、平子意如之子。」由譜推之，蓋桓子斯之弟也。論家說云：「子然之問，非若康子問由求可使從政也。二子方為家臣，而問其可為大臣與？非所宜言也。豈知有君父者乎？」

本章書：季子然問孔子：「仲由和冉求可稱之為大臣嗎？」季氏專魯政，在他們門下作家臣的，豈能稱為大臣？所以孔子說：「我以為你有什麼非常的問題，原然只問由、求兩人之事。所謂大臣，乃是以道事天子者。不能行道便休止。今日仲由和冉求兩人只能算是充充數目的具臣。」「然則他們都很能聽話了？」孔子說：「弒父弒君之事，他們是不會順從聽話的。」意思是警告季子然：你們專權為魯國的國君行事，可不應當有弒君犯上的行為！

子路使子羔為費宰。子曰：「賊夫人之子！」子路曰：「有民人焉，有社稷焉。何必讀書然後為學？」子曰：「是故惡夫佞者！」

《集解》苞氏曰：「子羔學未熟習，而使為政，所以賊害人也。」孔安國曰：「（子路）言治民事神，於是而習，亦學也。」又曰：「（夫子）疾其以口給，應遂己非，而不知窮者也。」

《集注》子路為季氏宰而舉子羔。賊、害也。言子羔質美而未學，遂使治民，適以害之。

子路讓子羔作費地方的邑宰。孔夫子罵子路：「子羔孝子，質美而學尚未成，你讓他去作邑宰，豈非害了人家的兒子？」子路說：「那兒有人民，有社稷，一邊作邑宰一邊還可以學，何必讀書才算是學呢？」孔子又罵他：「我最恨口給飾非的人。」（佞者，口才也。）

子路、曾晳、冉有、公西華侍坐。子曰：「以吾一日長乎爾，吾無以也。居則曰：不吾知也。如或知爾，則何以哉？」子路率爾而對曰：「千乘之國，攝乎大國之間，加之以師旅，因之以饑饉，由也為之，比及三年，可使有勇且知方也。」夫子哂之。「求，爾何如？」對曰：「方六七十，如五六十，求也為之，比及三年，可使足民也。如其禮樂，以俟君子。」「赤，爾何如？」對曰：「非曰能之，願學焉。宗廟之事，如會同，端章甫，願為小相焉。」「點！爾何如？」鼓瑟希，鏗爾，舍瑟而作。對曰：「異乎三子者之撰。」子曰：「何傷乎？亦各言其志也。」曰：「暮春者，春服既成。得冠者五六人，童子六七人，浴乎沂，風乎舞雩，詠而歸。」夫子喟然歎曰：「吾與點也。」三子者，曾皙後。曾皙曰：「夫三子者之言何如？」子曰：「亦各言其志也已矣。」三子者出，曾皙後。曾皙曰：「夫三子者之言何如？」子曰：「亦各言其志也已矣。」「吾子何哂由也？」子曰：「為國以禮，其言不讓，是故哂之。唯求則非邦也與，安見方六七十，如五六十而非邦也者。唯赤則非邦也。與宗廟之事，如會同，非諸侯如之何？赤也為之小相，孰能為之大相？」

《集解》曾皙，曾參父也。名點也。孔安國曰：「（孔子）言我問汝，汝無以我長，故難對也。汝常居云，人不知己也。」卒爾，先三人對也。苞氏曰：「攝，攝迫於大國之間也。」知方，知義方。馬融曰：「哂，笑也。」鄭玄曰：「宗廟之事，謂祭祀也。諸侯時見曰會，殷見曰同。端、玄端也。衣玄端，冠章甫，諸侯日視朝服也。小相謂相君禮者。」周生烈曰：「（吾與點也）善點之獨知時也。」

《集注》二千五百人為師，五百人為旅。因、仍也。穀不熟曰饑。菜不熟曰饉。方、向也。謂向義方，民向義則能親其上，死其長矣。端、玄端服。章甫、禮冠。相、贊君之禮者。言小，亦謙辭。希、間歇也。作、起立也。撰、具也。沂、水名，在魯城南。地志以為有溫泉焉。風、乘涼也。舞雩、祭天祈雨之處也。詠、歌也。曾點之學，蓋有以見夫人欲盡處，天理流行，隨處充滿。無少欠闕，故其動靜之際，從容如此。而其言志，又不過居其所居之位，樂其日用之常。初無舍己為人之意，而其胸次悠然。直與天地萬物上下同流、各得其所之妙，隱然自見於言外。視三子之規於事為之末者，其氣象不俟矣。

子路、曾晳、冉有、公西華侍孔子坐。孔子說：「不要因為我比你們年長而難於作答。你們平居都說：人不己知。若是知道你們了，要用你們了，你們要如何個作法？」子路先三人而對曰：「千乘之國，夾在大國之間而受迫害，受軍事侵略，又逢饑饉之年。我子路若去當政，只要三年，可使人民奮勇抵抗，而且都知道義。」孔夫子笑笑對他，然後問冉有：「求，你呢？」對曰：「方圓六七十里，或者五六十里的小國，若由求當政，三年之後，可使人民豐足。至於禮樂，則須待君子為之。」孔子又問公西華：「赤，你又如何？」公西華對曰：「不敢說我能，但願學習，祭祀，如諸侯相會見，穿禮服、戴禮帽，願做一個小禮官。」孔子又問曾晳。曾晳原在鼓瑟，瑟音間歇，鏗然推瑟而起。對曰：「我和他們三人的說法不同。」孔子說：「有什麼關係，不過是各說各的志向而已。」曰：「暮春三月之時，天氣溫暖，春服已換上了。和青年五六人，少年六七人，一同遊玩。到沂水中沐浴，在祈天禱雨的台下吹吹風，然後一齊唱歌歸家。」夫子讚歎說：「我喜歡曾點所說的。」三子出，曾晳後。他問孔子：「他們三人說的如何？」孔子說：「還不是各人說各人的志向。」「夫子為何笑子路呢？」子曰：「當國者應該以禮為尚。子路不夠謙讓，所以笑他。求所說六七十里五六十里不也是國嗎？公西華所說的卻不是治國。談祭祀，像諸侯之定期集會，或在朝相見，豈不也是諸侯有關之事。若說只作一個小禮官，誰能作大禮官呢？」

顏淵　第十二

顏淵問仁。子曰：「尅己復禮為仁。一日尅己復禮，天下歸仁焉。為仁由己，而由人乎哉！」顏淵曰：「請問其目。」子曰：「非禮勿視，非禮勿聽，非禮勿言，非禮勿動。」顏淵曰：「回雖不敏，請事斯語矣。」

《集解》馬融曰：「尅己、約身也。」孔安國曰：「復、反也。身能反禮，則為仁矣。」鄭玄曰：「此四者，尅己復禮之目也。」

《集注》仁者本心之全德。克、勝也。己為身之私慾也。復、反也。禮者、天理之節文也。為仁者所以全其心之德也。蓋心之全德，莫非天理。而亦不能不懷於人欲。故為仁者，必有以勝私欲而復於禮。則事皆天理，而本心之德復全於我矣。歸、就與也。又言一日克己復禮，則天下之人皆與其仁。極言其效之甚速而至大也。又言為仁由己，而非他人所能預。又見其機之在我而無難也。日日克之，不以為難，則私欲盡淨，天理流行，而仁不可勝用矣。程子曰：「非禮處便是私意。既是私意，如何得仁？須是克盡己私，皆歸於禮，方始是仁。」又曰：「克己復禮，則事事皆仁，故曰天下歸仁。」

王陽明說：「去山中之賊易。去心中之賊難。」（《明儒學案》卷十六）剋己，就是要滅此心中之賊，所謂心中之賊，即個人之私慾。

《中說》卷六〈禮樂篇〉載：或謂：「君子仁而已矣，何用禮為？」（文中）子曰：「不可行也。」所以要「非禮勿視，非禮勿聽，非禮勿言，非禮勿動。」文中子的這個解說很是。

我們且看朱子的解釋：他說：「克是克去己私。己私既克，天理（即禮）自復。譬如塵垢既去，則鏡自明。瓦礫既掃，則室自清。」又說：「克己復禮，間不容髮。無私便是仁。」又說：「天理人欲，相為消長。克得人欲，乃能復禮。」（俱見錢穆著：《朱子新學案》）

我們這章書解說如下：

顏淵問仁。孔子說：「克制自己的私欲，一切由禮約束，這就是仁。一旦能克己復禮，人去私欲，則天下全歸於仁矣。為仁由己，非由別人。」顏淵曰：「請問有什麼條件？」孔子說：「不合於禮法的不可看，不合於禮法的不可聽，不合於禮法的話不可講，不合於禮法的事不可做。」顏淵回答說：「回雖然不夠聰敏，但當永遠履行這四句話。」

仲弓問仁。子曰：「出門如見大賓，使民如承大祭。己所不欲，勿施於人。在邦無怨，在家無怨。」仲弓曰：「雍雖不敏，請事斯語。」

《集解》孔安國曰：「為仁之道，莫尚乎敬也。」

《集注》敬以待己，恕以及物，則私意無所容，而心德全矣。內外無怨，亦以其效言之。使以自考也。

仲弓也問仁。孔子說：「出門好像是會見國賓一樣，恭敬謹慎。差使人民也要像參加國家的祭祀一樣恭敬小心。自己不喜歡的，不可以加諸別人身上。這樣一來，走到哪裡都沒人怨你。」仲弓說：「雍雖不夠聰敏，我要好好的把這幾句話記在心頭，終生奉行。」

司馬牛問仁。子曰：「仁者，其言也訒。」「其言也訒，斯謂之仁矣乎？」子曰：「為之難，言之得無訒乎？」

《集解》孔安國曰：「訒、難也。牛、宋人，弟子司馬犁也。」

《史記》《仲尼弟子列傳》司馬耕，字子牛。牛多言而躁。

《集注》訒、忍也。難也。仁者心存而不放，故其言若有所思而不易發。蓋其德之一端矣。夫子以牛多言而躁，故告之以此。使其於此而謹之，則所以為仁之方，不外是矣。

司馬牛向孔子討教「什麼是仁？」子曰：「仁者，不亂發話。」「不亂發話便是仁嗎？」子曰：「心常存仁，做事不苟且，其難可知。要說話，豈不是很難？當然不宜胡亂發話。」

讀這章書，又可看出孔子每針對弟子的缺點教書，使他們能深思，改正自己的錯誤。

司馬牛問君子。子曰：「君子不憂不懼。」曰：「不憂不懼可謂君子已乎？」子曰：「內省不疚，夫何憂何懼？」

《集解》孔安國曰：「牛兄桓魋將為亂，牛自宋來學，常憂懼。故孔子解之。」苞氏曰：「疚、病也。內省無罪惡，無所可憂懼也。」（按：孔子曾說：「知者不惑，仁者不憂，勇者不懼。」此處說孔子不憂不懼，可互相參考。）

《集注》晁氏曰：「不憂不懼，由乎德全而無疵，故無人而不自得，非實在憂忌，而強派遣之也。」（解說得很好。）

司馬牛問君子。孔子說：「君子不憂不懼。」「不憂不懼便可稱為君子嗎？」孔子說：「一個人反省自己，認為自己沒有做過任何感到內疚的事，那還有什麼憂慮、有什麼好害怕的呢？」

> 司馬牛憂曰：「人皆有兄弟，我獨亡。」子夏曰：「商聞之矣：『死生有命，富貴在天。』君子敬而無失，與人恭而有禮。四海之內皆兄弟也。君子何患乎無兄弟也。」

《集解》鄭玄曰：「牛兄桓魋行惡，死喪無日，我獨為無兄弟也。」

《集注》命稟於有生之初，非今所能移。天莫之為而為，非我所能必，但當順受而已。苟能持己以敬而不間斷，接人以恭而有節文，則天下之人皆愛敬之如兄弟也。

司馬牛因他的哥哥桓魋作亂，隨時有死亡的危險，因而歎曰：「人家都有兄弟，獨我沒有。」子夏說：「我聽說過：一個人的死、生都是命中注定的。能否做官發達或財產豐盈，也是由上天賦與的。一個人若能莊敬自強而無過失，待人恭而有禮，必定也能獲得人家的敬愛。則四海之內，誰都是兄弟。君子怎麼會為沒有兄弟而發愁呢！」

子張問明。子曰：「浸潤之譖，膚受之愬，不行焉，可謂明也矣。浸潤之譖，膚受之愬不行焉，可謂遠也已矣。」

《集解》鄭玄曰：「譖人之言，如水之浸潤以漸，成人之禍也。」馬融曰：「膚受之愬，皮膚外語，非其內實也。」又曰：「無此二者，非但為明，其德行高遠，人莫能及也。」

子張問如何才算明白。孔子說：「譖言好似水一般，漸漸浸潤。愬寬好似切膚的急迫，使你不能細細思考，結果都信以為真。假如這兩種事都不能影響的人，他可算是明白的人。在君便是明君，也可說其人道德高遠。」

《通鑑》《晉紀》范寧在豫章，遣十五議曹下屬城，採求風政。並吏假還，訊問官長得失。徐邈與寧書曰：「足下聽斷明允，庶事無滯。則吏慎其負，而人聽不惑矣。豈有善人君子而干非其事，多所告白者乎？自古以來，欲為左右耳目，無非小人。皆先因小忠而成其大不忠。先藉小信而成其大不信，遂使讒諂並進，善惡倒置，可不戒哉！」

說得真好。唐時派宦官為監軍使。閹宦小人，豈能付之重任？能給予財富的節度使，便都成了大忠臣。結果唐朝便被節度使所亡。徐邈的話真是真理！

在本章書中，孔子的意思是說：譖言一如水的浸潤。被水浸潤的東西，不免會浸壞、浸爛。積在身上的污垢，日積月累，不免使人的皮膚發臭，甚至發炎。一個人若能不受譖言的影響，才算是明白的人。

我們拿漢朝的王尊為例：南山盜賊阻山橫行，剽劫良民，殺官吏，道路不通。歷年征勦不成，盜勢益強。朝廷徵王尊為諫大夫，行京兆尹事。王尊盡心策劃，禮賢下士，斥退懦弱軍吏，培養軍民士氣。二十日之內，蠲除賊亂，民返農業。長安宿豪大猾，通邪結黨，扶養姦宄，上干王法，下亂吏治。二十年未能擒討。王尊把他們拘捕，一律正法。然後姦邪銷釋，吏民悅服。王尊也真除了京兆尹。若干曾受王尊影響的姦人便結黨控告他「傷害陰陽，為國家憂。」又說他「暴虐不改，外為大言，倨慢嫌上，威信日廢。」王尊因而被免了官！吏民多為惋惜。于是湖三老公乘（官名）興等聯名上奏。他們認王尊「浸潤受誣。」他們辯說：「白起為秦將，東破韓、魏，南拔郢都。應侯譖之，賜死杜郵。吳起為魏守西河，秦、韓不敢冒犯。讒人間焉，斥逐奔楚。秦聽浸潤以誅良將。魏信讒言以逐賢臣。此皆偏聽不聰，失人之患也。……浸潤之譖不行焉，可謂明矣。」皇帝看了奏書，復以尊為徐州刺史。

是見「浸潤之譖」之可怕。

晉代的謝安，破符堅百萬之眾，杜桓溫九五之想。史稱他「從容而杜姦謀，宴衎而清群寇。宸居獲泰山之固，惟揚去累卵之危。」他和王坦之兩人，盡心輔翼孝武帝，終能穩定大局，中興東晉。但到了孝武末年，謝安因為功高權重，好利險詖之徒，認為有機可趁，在皇帝前大進謠謗之言。正是「三人成虎」，「浸潤之譖」發生了作用，皇帝對謝安終于起了疑心。有一天，宮廷宴會，右軍將軍桓伊奉帝命彈箏而歌。歌曰：「為君既不易，為臣良復難。忠信事不顯，乃有見疑患。周旦佐文武，金縢功不刊。推心輔王政，二叔反流言。」聲節慷慨。謝安聽了，觸動心緒，淚下沾襟，越席而就桓伊。說：「使君于此不凡！」帝甚有愧色。（見《晉書》卷七十九〈謝安傳〉。）

王尊能除惡去姦宄，謝安更是一代名臣。以他們的才智，一旦為浸潤之譖所中傷，便再也不能得到國君的信任。每讀史書，發現處于這種艱辛情況的大臣正多。更可悲的是，他們很少能辨明心跡。重獲主君信任。更有因謠譖而被處死、而甚至夷三族、滅九族的悲哀！事後真相大白，主君覺悟了，可憐那些大臣們的屍骨已朽，墓木已拱。再恢復生前的官名、榮耀，于事何補？如何能遠避嫌疑、防範謠謗的浸潤之毒，實在是一個值得研究的課題。能不為浸潤之譖、膚受之愬所影響，也需要高度的智慧、銳利的觀察力！

子貢問政。子曰：「足食足兵，令民信之矣。」子貢曰：「必不得已而去，於斯三者何先？」曰：「去兵。」曰：「必不得已去斯二者。何先？」曰：「去食。自古皆有死，民無信不立。」

《集解》孔安國曰：「死者、古今常道也。人皆有之。治邦不可失信也。」

《集注》言食廩實而武備修，然後教化行。而民信於我不離叛也。（去兵後）食足而信焉，則無兵而守固矣。

民無食必死。死者人之所必不免。無信，則雖生而無以自立，不若死之為安。故寧死而不失信於民，使民亦寧死而不失信於我也。

子貢問如何執政。孔子說：「要人民有足夠的糧食，國家有足夠的武備。之後，以信教化人民，也得到人民的信賴。」子貢又問：「萬一在不得已的情況下，要在這三事之中去其一，先去哪一事？」孔子說：「去武備。」子貢再問：「若萬不已，必須在餘下的兩事之中再去其一，何者先去？」孔子說：「去糧食。人皆有死，免不了一死。若一個國家，政府不講求信，人民也不講求信，上下不團結，結果還是全國死亡！」

這也是學者頗有爭論的一章書。

吾師薩孟武先生在其所著儒家政論衍義中說：「吾意孔子此一段話是謂足食、兵足，則民有安全感。對於政府則有信心。即『信』乃說明足食足兵的結果。子貢誤以為三事：足食一也。足兵二也。民信之三也。子貢乍聽之後，不加思索，發生誤解。孔子依其誤解，進而說明信之必要（第一章十節（二））。」

孔子說「足食」、「足兵」，聽起來簡單，作起來卻不容易。先說「足食」。要足食，政府要積極作到：政治清明，社會安定，灌溉便利，流通無阻。消極方面是合理的徵稅，不違民時。這還不夠，還要老天爺慈悲，風調雨順，人民勤快，邊界平靜，才能確保五谷豐登。

至于足兵，乃是使國家免于被侵略。農民在農閒時予以操練，上面要有優良的帶兵官，再加上好的裝備、足夠的糧食草料。

我們的結論是：足食，如何達成人人有飯吃。足兵，如何訓練並組織優良的軍隊，以保衛國家。要足兵，必先足食，要足食，也需要足兵。足食足兵之後，人民才對政府有信心，全力支持政府。如此，才能成為一個強盛國家。

> 棘子城曰：「君子質而已矣，何以文為？」子貢曰：「惜乎！夫子之說君子也。駟不及舌。文猶質也，質猶文也。虎豹之鞹，猶犬羊之鞹也。」

《集注》棘子城、衛大夫。疾時人文勝，故為此言。皇疏云：「（子貢）言所說君子用質不用文為過甚。故云惜乎。駟不及舌，此所惜也。」鄧析子云：「一言而非，駟馬弗追。一言而急，駟馬弗及。」

棘子成覺得當時的士人，重文而不重質，說話作事，都是婉轉而不直接，因之歎息說：「君子應該樸質自然，不必過分文飾。」子貢說：「可惜啊，夫子明說君子之辭。話從舌頭上說出去了，一乘四馬的車子也追不回來。文就是質，質就是文。若把虎豹的皮去掉毛，和犬羊的皮去掉毛，虎豹和犬羊那有什麼不同？」

子貢善於言語，幾句話說得棘子成無言以對。然而，像《集注》所說：「若必盡去其文，而獨存其質，則君子小人無以辨矣。夫棘子成矯當時之弊，固失之過，而子貢矯子成之弊，又無本末輕重之差，胥失之矣。」評得是。南懷瑾《論語別裁》解釋說：「（棘子成）的理論，認為一個人只要天性好、有才能，何必要受教育、求知識、學習文化思想呢？」我們認為：「這恐怕不是棘子成所說「質而已矣，何以文為」的真意。

子張問崇德辨惑。子曰：「主忠信，徙義，崇德也。愛之欲其生也，惡之欲其死也。既欲其生也，又欲其死也。是惑也。誠不以富，亦祇以異。」

《集解》苞氏曰：「徙義、見義則徙，意徙之也。」又曰：「愛惡當有常。一欲生之，一欲死之，是心惑也。」

《詩經今註今釋》《我行其野》「成不以富。亦祇以異」馬持盈譯：「一個人的真正價值不在於他的財富，而在於他的德行卓異。」成即誠，誠然也。

《集注》主忠信則本立，徙義則日新。

「主忠信徙義，崇德也。」陳大齊《論語臆解》中解釋：「行事以盡忠守信為主要任務，且其所盡忠與所守的信，又莫不遷移以會於義。能如此，可謂充實德行了。」

子張問孔子如何修德，如何辨惑。孔子說：「人要以忠信為求。忠於君、忠於國、忠於職守。信以接物，信以待人。說到做到。而且以義為最高目標，時時改進自己的行為。這就是崇德。同是一個人，你若愛他愛得無微不至，恨他又恨不得其人萬劫不復，這便是惑。」

至於「誠不以富，亦衹以異。」是《詩經》《小雅》之《我行其野》中的兩句話。或謂是衍文。或謂此兩句詩已見諸《季氏篇》第十二章中。手民誤植。致使本章書前後難以串連。

我們現在舉一個例。

春秋時，衛靈公的一個幸臣彌子瑕。依照衛國的法律，竊駕國君的車子是要受刖刑的，即是砍斷雙足。子瑕的母親得急病，他竟駕國君的車子去探母病。衛靈公不但沒有處罰他，而且誇讚子瑕說：「這真是一個大賢之人，為了母親的病，連削足之罪都顧不得了。」有一天侍候衛君遊果園，彌子瑕摘了一個桃子吃，咬了一口，覺得很甜，竟把沒吃完的甜桃給衛君吃。衛君說：「這個人對我真是既忠又愛，因為桃子甜居然忘記是自己吃過的桃子給我吃！」彌子瑕色衰愛弛，有一次一點小故冒犯了衛君。衛君罵道：「這個傢夥便是曾竊駕我的車子、把吃剩的桃子給我吃的大混蛋。」因而把彌子瑕趕走了。

齊景公問政於孔子。孔子對曰：「君君，臣臣，父父，子子。」公曰：「善哉！信如君不君，臣不臣，父不父，子不子，雖有粟，吾得而食諸？」

《集解》孔安國曰：「當此時陳恆制齊，君不君、臣不臣、父不父、子不子。故以此對也。」

《集注》云：齊景公名杵臼。魯昭公末年，孔子適齊。是時，景公失政，而大夫陳氏厚施於國。景公又多內嬖而不立太子。其君臣父子之間皆失其道。故夫子告之以此。（哀十四年六月，陳恆弒其君壬於舒州，改稱田，是為田齊。）

孔子本章所說，有君之名，必須有君之實，更須守君之分。有臣之名，須有臣之實，也須守臣之分。《八佾》篇中孔子有說：「君使臣以禮，臣事君以忠。」說明了君臣的權利義務。武王伐紂。或問「臣弒其君可乎？」孟子說：「誅一夫紂矣，未聞弒其君也。」紂有君之名，無君之實，且不使臣以禮，便不能被稱為君。所以孟子稱他為「一夫」；「一個男人」而已。孟子而且說：「君之視臣如手足，則臣視君如腹心。君之視臣如犬馬，則臣視君而國人（即一夫）。君之視臣如土芥（如紂王），則臣視君如寇讎。」（《孟子》《離婁》上）景公聽了孔子的話，感慨的說：「善哉（好啊）！真如君不君、臣不臣，即使有粟米，我這個為君的也吃不著！」意思是天下大亂，人的生死未卜呢。

子曰：「片言可以折獄者，其由也。」子路無宿諾。

《集解》宿、猶豫也。子路篤信，恐臨時多故，故不豫諾也。

《集注》片言、半言。折、斷也。子路忠信明決，故言出而人信服之，不待其辭之畢也。《韓詩外傳》云：「子路治蒲三年。孔子過之。入境而善之曰：『由恭敬以信矣。』入邑，曰：『善哉！由忠信以寬矣。』至庭，曰：『善哉，由明察以斷矣。』」《孔子家語》言此者略同。

又：宿、留也。猶宿怨之宿。急於踐言，不留其諾也。

孔子讚美子路說：「由也，只要說半句話便可把一件刑案解決。」片言，不過形容子路已建立了「信」，人民都相信他，服從他。只要他一開口便能把一件刑案做成判決。半言只是形容快，誇大之辭。子路性急，重然諾。今天答應人的事，今天便做好，而不等明天。所以他聽了孔子的訓話，若是自己還沒能做到，他很怕再聽到老師又有新的訓示。

子曰：「聽訟吾猶人也，必也使無訟乎！」

《集解》王肅曰：「化之在前也。」

《集注》范氏曰：「聽訟者，治其末，塞其流也。正其本、清其源，則無訟矣。」

孔子說：「要聽訟斷獄，我和別人也沒兩樣。最好教化人民，使民知恥向善，那就沒有訴訟了。」訟和獄不同。所謂「獄訟不興」。獄，今日的刑事案件。訟，今日的民事案件。假如一個國家沒有刑事──犯罪的案子，人民也不爭訟財產，那這個國家可說是已達到大同的境界了。

商鞅說：「以刑去刑，國治。以刑致刑，國亂（《商君書》四篇去疆）。」乃是由《尚書》卷十八

〈君陳〉「王曰：『辟以止辟，乃辟。』」衍釋而來。所謂「刑期無刑。」禮和法的制訂，目的在定分止爭。要是人民都能依照禮和法中的規定行事，便不會有獄和訟的問題。所以孔夫子希望從根本上教導人民，使他們知禮達義，根絕罪惡。我們今天說：「預防重於治療。」意思和這個差不多。要看醫生治病，最好能防止生病，「病從口入」，若是我們不吃不潔的食物，疾病便可減少許多。打預防針，可以免除許多傳染病。醫生常說：「看病，醫生還不是照方抓藥，對症治療。最好不要生病。」也就是孔夫子這個說法同樣的邏輯。要打官司，法官都差不多，最好不要打官司。古來有名的所謂「包青天」，究竟不多。所以古來有「罪疑惟輕，功疑惟重。與其殺不辜，寧失不經。」的說法。賈誼在他的《新書》卷一〈益壤〉中說得更好。他說：「獄疑則從去，賞疑則從予。」西方人的說法：「除非你能證明我有罪，否則我是無罪的。」這就是獄疑從輕了。而當今我們國人都常持相反的說法：「除非你能證明你無罪，否則你是有罪的。」似乎是「獄疑從重，賞疑從輕」的推理，和我們的傳統是不相吻合的。

《後漢書》卷八十一《王烈》傳：王烈，字彥方，太原人也。少師陳寔，以義行稱。鄉里有盜牛者，主得之，盜請罪曰：「刑戮是甘，乞不使王彥方知也。」烈聞而使人謝之，遺布一端。或問其故，烈曰：「盜懼吾聞其過，是有恥惡之心。既懷恥惡，必能改善。故以此激之。」後有老父遺劍於路，行道一人見而守之。至暮，老父還，尋得劍，怪而問其姓名，以事告烈。烈使推求，乃先盜牛者也。諸有爭訟曲直，將質之於烈，或至塗而返。或望廬而還。其以德感人如此。

這正是孔子所說的，「必也無訟乎。」王烈德化里人，竟使人息爭訟！真是可敬可佩。

子張問政。子曰：「居之無倦，行之以忠。」

《集解》王肅曰：「言為政之道，居之於身，無得懈倦。行之於民，必以忠信也。」

《集注》居謂存諸心。無倦則始終如一。行謂發於事，以忠，則表裡如一。程子曰：「子張少仁，無誠心愛民，則必倦而不盡心。故告之以此。」

子張問如何為政。孔子說：「盡心為民，久而不倦。既忠於國家，忠於人民，而且要忠於自己的職守。」

以唐明皇為例，開元之治，治績幾達到唐太宗時。天寶年間，明皇沉緬酒色，把政事交給大奸臣李林甫。結果引起安史之亂。唐朝幾致滅亡。人民死傷無數。自己則倉皇逃入四川。他正犯了兩個毛病。第一，倦勤，導致奸臣弄權。第二，他未能忠於社稷，忠於人民，忠於職守。寵愛楊貴妃，讓楊家兄弟為相，姐妹裂土，天下怎能不亂？

子曰：「君子博學於文，約之以禮，亦可以不畔矣夫。」

《集解》鄭玄曰：「弗畔，不違於道也。」（註：此章見於《雍也》篇。）

子曰：「君子成人之美，不成人之惡。小人反是。」

《集注》成者、誘掖獎勵以成其事也。述曰：君子愛人，美者助之，惡者止之。是其存心厚也。小人反之則害人，惡者濟之，美者毀之，則其存心薄也。

君子「己欲立而立人。」所以希望每一個人都能自立，都能向善。人有美事，當然願意協助其成。惡人則希望大家都像他一樣做惡。好像上公車，若公車太擠，自己上不去，若是他能，他會把車門口的人擠下來。我上不去，你也別想上去！這章書當是孔子有感而發的話。

季康子問政於孔子。孔子對曰：「政者正也。子帥以正，孰敢不正？」

《集解》鄭玄曰：「季康子，魯上卿諸臣之帥也。」

《集注》范氏曰：「未有己不正而能正人者。」胡氏曰：「魯自中葉，政由大夫，家臣效尤，據邑背叛，不正甚矣！故孔子以是告之，欲康子以正自克，而改三家之故。惜乎康子之溺於利慾而不能也。」

春秋之時，諸侯統治的區域都不大。統治者的一言一行，舉國都能見到。劉安的《淮南子》卷九中說：「民之化也，不從其所言，而從其所行。」這是根據孔子「君子欲政之速行也，莫善乎於以身先之。」（《家語》第二十一篇。）故本章書孔子對魯國當權的季子康說：「政就是正。正己、正人。閣下若能端正自己的行為，天下誰敢做不正的事呢？」

季康子犯盜，問於孔子。孔子對曰：「苟子之不欲，雖賞之不竊。」

《集解》孔安國曰：「欲、多情欲也。言民化於上，不從所令，從其所好也。」

《集注》胡氏曰：「季氏竊柄，康子奪嫡，民之為盜，固其所也。盍亦反其本邪？孔子以『不欲』啟之，其旨深矣。」

前章書孔子對康子說：「閣下若能行端語正，誰還敢亂來呢？」季氏本魯大夫，而竊取魯君的權柄。古時父傳子，即父死子繼，但以立嫡立長為先。康子雖長而為庶出，所以他的權柄又是從嫡子竊奪而來。季康子一竊再竊，一盜再盜。自身不正，何以正人。故孔子針對他的缺點說：「假如一個領導者不貪欲，持身以正，人民當然才會效法自正。雖然勸賞，人民也不會為盜！」

季康子問政於孔子曰：「如殺無道以就有道，何如？」孔子對曰：「子為政，焉用殺？子欲善而民善矣。君子之德風，小人之德草也。草上之風必偃。」

《集解》孔安國曰：「亦欲令康子先自正也。偃、仆也。加草以風，無不仆者。猶民之化於上也。」

《集注》尹氏曰：「殺之為言，豈為人上之語哉？以身教者從，以言教者訟。而況於殺乎？」

康子自身不正，人民為盜者多，孔子勸他的話未接納。盜賊之風當然無法禁止。於是他又想以殺來遏止人民之犯罪。孔老夫子還是那句話：「子帥之以正，孰敢不正？」若閣下為善，人民也會為善，還用得著殺人嗎？君子之德行好譬是風，小人的德行好比是草。大風吹過，草無不彎腰仆下的。所以，閣下還是修德正身，不用殺，人民也就會學樣，不再偷雞摸狗做壞事了。根本不用殺人！

《後漢書》卷四十一〈第五倫傳〉第五倫任司宗，上疏宗疏中有語：「其身不正，雖令不從。以身教者從，以言教者訟。」《集注》尹氏曰乃採第五倫疏中所言。

子張問：「士如何斯可謂之達矣？」子曰：「何哉子所謂達者？」子張對曰：「在邦必聞，在家必聞。」子曰：「是聞也，非達也。夫達者，質直而好義，察言而觀色，慮以下人。在邦必達，在家必達。夫聞者色取仁，而行違，居之不疑。在邦必聞，在家必聞。」

《集解》鄭玄曰：「（聞者）言士之所在，皆能有名譽也。」馬融曰：「常有謙退之志，察言語、見顏色，知其所欲，其念慮常欲以下人也。」又曰：「謙真而光。卑而不可踰也。」又曰：「此言佞人也。佞人假仁者之色，行之則違，安居其偽而不自疑者也。」又曰：「佞人賞多也。（故在邦必聞。）」

《集注》達者、德學於人，而行無不得之謂。子張務外，夫子蓋已知其發問之意，故反詰之，將以發其病而藥之也。聞與達相似而不同，乃誠偽之所以分。內主忠信而所行合宜，審於接物而卑以自牧，皆自修於內，不求人知之事。然德修於己，而人行之，則所行自無窒礙矣。程子曰：「學者須是務實，不要近名。有意近名，大本已失。更學何事？為名而學，則是偽也。」尹氏曰：「子張之學，病在乎不務實。故孔子告之皆篤實之事，充乎內而發乎外者也。」

子張問：「士人要如何才可稱之為達士呢？」子曰：「你所謂的達內容是什麼？」子張說：「全國都知道他，鄉里也知道他。」孔子說：「這是聞人，而非達人。所謂達，其人必須忠信為心，言行合宜，能觀察別人所說而辨其性向，克己自謙，深得別人的信任。這等讀書人，在國家、在鄉里，均可稱之為達人。所謂聞人，善其顏色以取悅於人，言行卻與仁相違背，仍自以為是，肆無忌憚。雖然在國內、在鄉里稱譽於一時，終是欺人欺己，露出馬腳，為社會所唾棄。」

樊遲從遊於舞雩之下。曰：「敢聞崇德修慝辨惑。」子曰：「善哉問。先事後得，非崇德與？攻其惡，毋攻人之惡，非修慝與？一朝之忿，忘其身以及其親，非惑與？」

前面子張也問過「崇德辨惑」，孔子所答不同。蓋「樊遲麤鄙近利，故告之以此，三者皆所以救其失也。」

舞雩，古時祭天禱雨之處，其地有樹木、有祭壇，故可供遊人歇息。南懷瑾說「舞雩有如現代的交誼廳。」我們認為不十分恰當。

《集解》苞氏曰：「舞雩之處有壇墠樹木，故其下可游也。」孔安國曰：「慝、惡也。修、治也。治惡為善也。」又曰：「先勞於事，然後得報也。」

《集注》胡氏曰：「慝之字，從匿從心，蓋惡之匿於心者。修者，治而去之。」先事後得，猶言先難後獲也。為所當為而不計其功，則德日積而不自知矣。專於治己而不責人，則己之惡無所慝矣。知一朝之忿為甚微，而禍及其親為甚大，則有以辨惑而懲其忿矣。

本章書，孔子說：「自己努力，為所當為，這便是積德。專注於自己的不善，不攻訐別人的不善。見別人的不善而引以為戒，這便是修慝，修去存於心中之不善之念。莫因一時的忿怒，忘記自身的安危，忘記自己的行為將禍及父母兄弟，及時覺悟，才是不惑。」

按樊遲曾欲學稼、圃。孔子斥之曰：「小人哉，樊須也。豈不以如田野小民，麤鄙近利乎？」是以當他討教崇德修慝之時，孔子便有以上的言辭。

樊遲問仁。子曰：「愛人。」問知。子曰：「知人。」樊遲未達。子曰：「舉直錯諸枉，能使枉者直。」樊遲退，見子夏曰：「嚮也吾見於夫子而問智，子曰，『舉直錯諸枉能使枉者直』，何謂也？」子夏曰：「富哉是言乎！舜有天下選於眾，舉皋陶，不仁者遠矣。湯有天下選於眾，舉伊尹，不仁者遠矣。」

《集解》苞氏曰：「舉正直之人用之，廢置邪枉之人，則皆化為直也。」孔安國曰：「富、盛也。」（富哉！盛哉之意。）

《集注》愛人，仁之施。知人，知之務。曾氏曰：「（樊）遲之意，蓋以愛欲其周，而知有所擇，故疑二者之相悖爾。舉直錯諸枉者，知也。使枉者直，則仁矣。如此，則二者不惟不相悖，而反相為用矣。」

樊遲問仁。孔子說：「汎愛眾人。」問知。孔子說：「知人。」（孔子曾說過：「不患人之不己知，患不知人。」）也就是要瞭解他人。樊遲未能理解。孔子說：「進用正直的人，擱置邪枉的人，能使邪枉的人變化而成正直之人。」樊遲退下，見到子夏，便把孔子的話告知子夏，告訴他，自己還是沒有能太明瞭。子夏說：「夫子的話正是含義豐富深邃！舜有了天下，從眾人中選任皋陶來輔佐，不仁之人便都遠遠離開了。湯有天下，從眾人中選出伊尹來輔佐，不仁者也都遠遠離開了。」

子貢問友。子曰：「忠告而善道之，不可則止，無自辱焉。」（他本作「忠告而以善導之。」）

《集解》苞氏曰：「忠告、以是非告之也。以善導之，不見從則止。必言之，或見辱也。」

《集注》友所以輔仁，故盡其心以告之，善其說以道之。然以義合者也。故不可則止。若以數而見疏，則自辱矣。

子貢問交友之道。孔子說：「朋友有過錯，忠言相告，導其向善。若朋友不聽，便應停止。若再三告誡，朋友不免老羞成怒，惡言相向。自己豈不是自取其辱！」

曾子曰：「君子以文會友，以友輔仁。」

《集解》孔安國曰：「友以文德會也。友有相切磋之道，所以輔成己之仁也。」

《集注》講學以會友，則道益明。取善以輔仁，則德日進。

曾子說：「君子相交，以文相會，互相切磋。以德相尚，互相扶助，以成就仁德。」

子路　第十三

子路問政。子曰：「先之，勞之。」請益。曰：「無倦。」

《集解》孔安國曰：「先導之以德，使民信之，然後勞之。《易》曰：『說以使君，民忘其勞』也。」子路嫌其少，故請益。孔安國曰：「無倦者，行此上事，無倦則可也。」《集注》蘇氏曰：「凡民之行，以身先之。則不令而行。凡民之事，以身勞之，則雖勤不怨。」吳氏曰：「勇者喜於有為而不能持久，故以此告之。」

本章子路向孔子問為政。孔子說：「凡事先以身作則，為民樹立榜樣，而後才勞動人民，使喚人民。」子路再請孔子說一點。孔子說：「不可日久倦怠，要有恒。」《孔子家語》第二十一篇〈入官〉孔子說：「君子欲政之速行也，莫善乎以身先之。」就是「先之」的意思。

仲弓為季氏宰，問政。子曰：「先有司，赦小過，舉賢才。」曰：「焉知賢才而舉之？」曰：「舉爾所知。爾所不知，人其舍諸？」

本章說：仲弓在季孫家做家宰，向孔子討教如何為政。孔子說：「先任各部門主管，使各有所司，不要斤斤計較小的錯誤，起用賢而有才幹的人。」「怎麼能知道有賢才的人呢？」「先任用你所知道的。你不知道的，別人難道不會推薦他們所知道的？」

我們讀《漢書》〈平帝紀〉載：

帝年九歲，太皇太后臨朝，大司馬莽秉政，百官總己以聽於莽。詔曰：「夫赦令者，將與天下更始，誠欲令百姓改行絜己，全其性命也。往者有司多舉奏赦前事，累增罪過，誅陷亡辜，殆非重信慎刑，洒心自新之意也。及選舉者，其歷職更事有名之士，則以為難保，廢而弗舉，甚謬於赦小過舉賢材之義。對諸有臧及內惡未發而薦舉者，皆勿案驗。令士厲精鄉進，不以小疵妨大材。自今以來，有司無德陳赦前事置奏上。有不如詔書為虧恩，以不道論。定著令，布告天下，使明知之。」

王莽初當國，頗能奉先聖之語：赦小過舉賢材。這篇詔書，頗有道理。我們又讀《貞觀政要》卷二〈擇官〉條中說：

太宗為右僕射封德輿曰：「致安之本，惟在得人。比來命卿舉賢，未嘗有所推荐。」對曰：「臣愚，豈敢不盡情？但今未見有其才異能！」太宗曰：「前代明王，使人如器，皆取士於當時，不借才于異代。……且何代無賢？但患遺而不知乎！」

可見舉賢之不易。孔夫子自己都說：「始吾于人也，聽其言而信其行。今吾于人也，聽其言而觀其行。」我們再舉陸贄的（請許臺長官荐舉屬吏狀）為證：

夫理道之急，在於得人。而知人之難聖哲所病。聽其言則未保其行。求其行則或遺其才。勞考校則巧偽繁興。而貞方之人罕進。徇聲華則趨競彌長。而沈退之士莫升。自非素與交親。備詳本末。探其志行。閱其器能。然後守道藏用者，可得而知。沽名貌飾者，不容其偽。故孔子云：「視其所以。觀其所由。察其所安。人焉廋哉。」夫欲觀視而察之。固非一朝一夕之所能也。是以前代有鄉里舉選之法。長吏辟署之制。所以明歷試、廣旁求、敦行能、息馳騖也。（《陸宣公文集》卷一）

馬端臨《文獻通考》卷三十五〈吏道篇〉中說：

才試于事，情見于物，則賢不肖較然（清清楚楚的意思）。故遭事不惑，則知其智。犯難不避，則知其節。臨則不苟，則知其廉。應對不疑，則知其識。如此，則察舉易，而賢公卿大夫出矣。

這都是舉賢的法門。雖然，知易行難，實行起來，卻非易事。本章書孔夫子說：「舉賢，舉爾所知。爾所不知，人其舍諸。」薩孟武先生說：「孔子的話似乎太過樂觀了些。」筆者任公務員四十年整，深有同感。不經歲寒，如何知松柏之後凋？

子路曰：「衛公待子而為政。子將奚先？」子曰：「必也正名乎！」子路曰：「有是哉？子之迂也。奚其正？」子曰：「野哉。由也。君子於其所不知蓋闕如也。名不正則言不順，言不順則事不成。事不成則禮樂不興。禮樂不興，則刑罰不中。刑罰不中則民無所措手足。故君子名之，必可言也。言之，必可行也。君子於其言，無所苟而已矣。」

《集解》〈正名〉馬融曰：「正百事之名也。」苞氏曰：「迂、遠也。（子路）言孔子之言疏遠也。」孔安國曰：「野猶不達也。」苞氏曰：「君子於其所不知，當闕而勿據。今由不知正名之義，而謂之迂遠也。」

《儒家政論衍義》中說：「何謂正名，其含義有二。一是名實一致，即循民求實。有君之名須有君之實。有臣之名，須有臣之實。父子亦然。二是名分相符。即依名守分。有君之名，須守君之分。有臣之名，須守臣之分。父子亦然。……春秋之世，諸侯僭於天子，大夫僭於諸侯。到了後來，家臣又僭於大夫。上失其勢，不能堅守其分，下便趁亂，而敢侵犯其上之分。」

謂循名求實，例如：做總統的，一方面是執行憲法所給予他的權利，一方面也要盡憲法所交給他的義務。所謂名分相符，即依名守分。國防部長不能干涉考選部的事，這便是依職權，守本分。

蕭公權說：「正名者，按盛周封建天下的制度，而調整君臣上下之權利義務之謂。」（《中國政治思想史》一篇二章三節。）說得很正確。

原來孔子的時代，乃是以周天子稱王的封建時代。論禮、論分，只有天子才能稱王，而「楚子亦稱王」。天子八佾，而魯之季氏不過是諸侯的卿，也舞八佾於庭。總之，諸侯僭於天子，大夫僭於諸侯。家臣又僭於大夫。上失其勢，不能堅守其分。下便趁亂而敢侵犯其上之分。像左傳中「周鄭交質」中所述，鄭伯居然發兵攻打周王，而且把周王給打敗了。他甚至強割周的稻子和麥子，行同土匪！名既不正，分又不定。是以春秋之際，臣弒其君者有之，子弒其父者有之。甚至父以媳為妻，兄妹相姦，君臣共一女人，子蒸其庶母，諸侯互相攻伐，甚至「趙穿帥師侵柳」、「晉人圍郊」。（據公羊傳：柳、郊，皆天子之邑。）這些問題，都來自「名不正」之故。所以孔子大聲疾呼正名。名既正了，所說的話才有道理。而後大家各安本分，事事都能順利完成，也就是蕭公權所說：「政逮大夫者，返於公室。國軍征伐者，聽於天子。（則）春秋之衰亂可以復歸於成康之太平」（同書一篇二章三節。）可見正名是多麼重要。

又如現代人結婚，男女結為夫妻，名分已定。若同性戀結婚，是否名不正？他（她）們當然也不可能生兒育女！又如泰國的人妖。若要上洗手間，這些人妖應去男廁所？還是女廁所？在文法使用性別的語言中，這些人應稱之為「他」，還是「她」？因為名不正，所以，一切都發生困難了。

古重禮樂。禮所以定分止爭，安上治民。樂則移風易俗。上不正名守分，何以治民？樂不興，何以移風易俗？然後刑罰不中，民無所適從。

《集注》衛君謂出公，名輒。是時為魯哀公十年，孔子自楚反於衛。……出公不父其父而禰其祖，名實紊矣。故孔子以正名為先。范氏曰：「事得其序之謂禮，物得其和之謂樂。事不成則無序而不和，故禮樂不興。禮樂不興，則施之正事皆失其道。」

據《史記》〈衛康叔世家〉，衛世子蒯聵，恥其庶母南子之淫亂，欲殺之不果而出奔。靈公欲立公子郢。郢辭。（靈）公卒，夫人立之，又辭。乃立蒯聵之子輒。以拒蒯聵。蒯聵欲殺母，得罪於父。輒據國以拒父。皆無父之人也。

最後孔子做結論說：「所以君子正名，有了名，就有一套說法。有了說法，便可遵照行事。君子對於自己所說的，要堂堂正正，不可苟且。」《尹文子》〈大道篇〉說：

名以正形，今萬物具在，不以名正之則亂。萬名其列，不以形之則乖。故形名者，不可不正也。……名定則物不競，分明則私不行。物不競，非無心，由名定。故無所措其心。私不行，非無欲，由分明，故無所措其慾。……「雉兔在野，眾人逐之。分未定也。雞豕滿市，莫有志者，分定故也。」

以衛君輒來說，他的父親蒯聵應為君的，卻被放逐在外。名已經不正了，分也定不了，然後殺伐繼之，全國大亂。子路也死在衛國。這便是名不正、言不順、事不成的結果。

子曰：「其身正，不令而行。其身不正，雖令不從。」

《集解》范甯曰：「上能正己以率物，則下不令而自從也。」「曲表而求直影，影終不直也。」范甯曰：「上行理僻而制下使正，猶立邪表責直影。」

按春秋之世，諸侯甚多，每一國君所統治的地方，都不很大。君主的一舉一動，百姓都看得清清楚楚。是以做君主的，必須自己行端止正，百姓才會跟著走，規規矩矩。所以說：君主如風，小民如草，風一吹過，草自然低頭相從。不令而行。若是君主為非作歹，小民必定更變本加厲，群起效尤。全國那能不處於混亂。

子適衛，冉子僕。子曰：「庶矣哉！」冉有曰：「既庶矣，又何加焉？」曰：「富之。」曰：「既富矣，又何加焉？」曰：「教之。」

《集解》冉子僕，冉有為駕車。孔安國曰：「庶，眾也。言衛民眾多也。」范甯曰：「衣食足當教義方也。」

《集注》僕、御車也。庶、眾也。庶而不富，則民求不遂。故制田里、薄賦斂以富之。富而不教，則近於禽獸，故立學校明禮義以教之。

按春秋時，諸侯眾多。人民越多，國家能用之人力多，自是大國。人民少，國家能用之人力少，便成小國。小國受制於大國，必然之事。故強國要人民眾多。孔子到了衛國，看到熙來攘往的人民，不禁脫口讚歎：「好多人啊！」

不要說春秋之時，若漢朝末年，連年兵禍。大亂之後，戶口銳減。當時魏、蜀、吳成鼎足之勢，他們不但要打仗爭地，還要搶奪百姓。《管子》〈法法〉篇說：「大國之君尊，小國之君卑。大國之君所以尊者何也，曰為之用者眾也。小國之君所以卑者何也？曰為之用者寡也。…人主安能不欲民之眾為己用也。」

我們讀《孟子》〈梁惠王〉，梁惠王想盡辦法，希望自己國家的人民能增多，所以他對孟子歎息說：「鄰國之民不加少，寡人之民不加多，何也？」

一個國家既然有了較多的人民，國君便當讓他們富足起來。孔子這裡所說「富之」，「富」是動詞，有「使富」的意思。《孔子家語》〈賢君〉篇中孔子也說過：「政之急者，莫大於使民富。」《管子》〈治國〉篇說：「凡治國之道，必先富民。」因為，《史記》〈管晏列傳〉引管子的話說：「倉廩實而知禮節，衣食足而知榮辱。」管子還說：「民富則易治也，民貧則難治也……民富則安鄉重家，安鄉重家，則敬上畏罪。敬上畏罪，則易治也。民貧則危鄉輕家，危鄉輕家則敢陵上犯禁。陵上犯禁則難治也。故治國常富，亂國常貧。是以善為國者必先富民，然後治也。」（〈治國篇〉）反過來說：富國常治，貧國常亂。所以，孔子說，有了眾多的百姓，便應使他們富起來。

孔子前面說過：「富而無驕，不如富而好禮。」如何使富人好禮，這就是孔子說的「教之」。孔子一向十分重視教育的。寫到這裡，我們想起南懷瑾說孔子從不談政治哲學，不談政治思想，這不是政治思想是什麼？

薩孟武先生說：「富與教乃為政之本。」（《儒家政論衍義》第一章〈孔子〉）我們讀〈淮南子〉，其中說：「夫使天下畏刑而不敢盜，豈若能使無有盜心哉？」（〈精神訓〉）這也是孔子所說的：「導之以德，齊之以禮，有恥且格。」（〈為政〉）。〈淮南子〉〈泰族訓〉篇又說：「法能殺不孝者，而不能使人為孔、曾之行。法能刑竊盜者，而不能使人為伯夷之廉。」為什麼？這就要靠教育來教導人民了。

子曰：「苟有用我者，朞月而已可也，三年有成。」

《集解》孔安國曰：「誠有事我於政事者，朞月而可以行其政教。只要三年，乃有成功也。」《集注》期月，謂周一歲之月也。尹氏曰：「孔子歎當時莫能用己也，故云然。」予按《史記》蓋為衛靈公不能用而發。

這章書孔子自歎不見用。他說：「假如有（國君）用我，只要一個月便能見效，三年便能成功。」

孔子又說：「善人為邦百年，亦可以勝殘去殺矣。誠哉是言也。」

這一章書，孔子說：「人言『善人為邦，百年相繼，是會有好結果的。』是不會錯的。」

漢興，自高帝、惠帝至文帝，近百年來，可說是善人為邦。是以「海內殷富，興於禮義。」而繼之為「文景之治。」由漢初治績來看，孔子這章書是十分正確的。

再以唐朝為例：

貞觀七年，太宗與秘書監魏徵從容論自古理政得失。因曰：「當今大亂之後，造次不可致理。」徵曰：「不然，凡人在危困則憂死亡，憂死亡則思理，思理則易教。然則亂後易教，猶飢人易食也。」太宗曰：「善人為邦百年，然後勝殘去殺。大亂之後，將求致理，寧可造次而望乎？」徵曰：「此據常人，不在聖哲。若聖哲施化，上下同心，人應如響，不疾而速，朞月而可，信不為難，三年成功，猶謂其晚。」太宗以為然。……數年間，海內安寧，突厥破滅。（《貞觀政要》卷一）

聖人說：「三年有成。」可然還是自謙之詞。造次，匆促的意思。魏徵的話，便是根據《論語》的說法。

子曰：「善人為邦百年，亦可以勝殘去殺矣。誠哉是言也。」

《集解》王肅曰：「勝殘者，勝殘暴之人。使不為惡也。」孔安國曰：「古有此言，故孔子信也。」

《集注》尹氏曰：「勝殘去殺，不為惡而已。善人之功如是。若夫聖人，則不待百年，其他亦不止此。」皇本汪注云：「勝殘者，勝殘暴之人。使不為惡也。去殺者，不用刑殺也。」（即無犯死罪之人。）

《集注》又說：漢高祖寬仁愛人，孝惠帝內修親親，外禮宰相，可謂寬仁之主。孝文帝即位二十三年，宮室苑囿，車騎服飾，無所增益，有不便，輒弛以利民。嘗欲做露臺，召匠計之，直百金。上曰：「百金中人十家之產也，吾奉先帝宮室，常恐羞之，何以臺焉？」身衣弋綈，所幸慎夫人衣不曳地。帷帳無文綉，以示敦朴，為天下先。群臣袁盎等，諫說雖切，常假借納用焉。是以海內殷富，興於禮義。斷獄數百，幾致刑措。烏呼，仁哉。

這一章書，孔子說：「人言『善人為邦，百年相繼，是會有好結果的。』是不會錯的。」漢興，自高帝、惠帝至文帝，近百年來，可說是善人為邦。是以「海內殷富，興於禮義。」而繼之為「文景之治。」由漢初治績來看，孔子這章書是十分正確的。

定公問：「一言而可以興邦，有諸？」孔子對曰：「言不可以若是其幾也。人之言曰：『為君難，為臣不易。』知為君難也，不幾乎一言而興邦乎？」曰：「一言而可以喪邦，有諸？」孔子對曰：「言不可以若是其幾也。人之言曰：『予無樂乎為君，唯其言而樂莫予違也。』如其善，而莫之違也，不亦善乎？如不善，而莫之違也，不幾乎一言而喪邦乎？」

《集解》王肅曰：「以其大要，一言不能正興國也，幾近也。有近一言可興國也。」孔安國曰：「事不可以一言而成也。知如此則可近也。」又曰：「言無樂於為君，所樂者唯樂其言而不見違也。」（也就是說，他的話，誰都得遵守，不可違背。）

《集注》尸子云：「子曰：『商，汝知君之為君乎。』子夏曰：『魚失水則死。水失魚，猶為水也。明乎為君難也。』因此言而知為君之難，則必戰戰兢兢，臨深履薄，而無一事之敢失，然則此言也，豈不可以必期於興邦乎？」

這一章書，魯定公問孔子：「一言可以興邦，有這種話嗎？」孔子對曰：「話不可以如是之說，有人說：為君難，為臣不易，若能洞悉為君之難，幾乎這一句話就可以興邦了。因為知道為君難，則為君的定必臨深履薄，一絲不苟，全力治國，為民謀福，那樣，國家一定興盛起來。」定公又問：「一言可以喪邦，可能嗎？」孔子對曰：「有某君主說：『我不樂於為君，但樂於人人都不敢違背我的話。』若君主的話是對的，大家遵守，豈不是好。若君主說的完全是不好的話，人民又不敢違，這一句話就可能讓國家滅亡了。」

〈通鑑〉〈隋志〉隋煬帝說：「最不喜歡聽人的諫諍之言。」他只愛聽阿諛之言。就是這句「不喜聽人諫諍的話，導致隋的滅亡。」可說是「一言喪國」。

葉公問政。子曰：「近者悅，遠者來。」

《集注》述曰：案春秋之書，楚師迭見，日謀諸夏。其先則與晉爭，其後則有吳患。皆苦於兵。蓋近者不悅，而遠者不來矣。葉公，楚之望也。孔子以籌近者及遠者告之其人，則楚安而諸夏安也。聖人之言，大矣哉。

葉公是楚國有名望的人，他問政於孔子。孔子說：「要讓國內的人高興樂業，要使遠方的人來投奔。」

政府初遷台之時，人人想去移民美國。後來台灣繁榮，需才恐急，許多原拿了美國護照的前留學生又都匆匆返台就業。這正是：近者悅，遠者來了。最近幾年，情形又在改變，人民或移往大陸，或移民加拿大，想想孔子近悅遠來的話，正是執政者要好好研究對策的。

《孫子兵法》中說：「不戰而屈人之兵，善之善者也。」（〈謀攻篇〉）為政也有點像用兵，能使近者悅、遠者來，遠較「齊之以刑」為尚。晉滅蜀之後，與吳對峙。晉若要用武力征服吳，常言道：「殺敵一千，己死八百」。雖勝而無利。若能使近者悅，遠者來。豈不是上上之策。我們讀《晉書》卷三十四〈羊祜傳〉。

羊祜字叔子，世吏二千石，至祜九世，並以清德聞。早歲喪父母，孝聞鄉里。以道素自居，恂恂若儒者。由中樞侍郎、給事中、黃門郎，至拜相國從事中郎，與荀勖共掌機密。武帝受禪，欲將羊祜自鉅平子晉封為郡公，固讓不受，乃改進本爵為侯。帝有滅吳之計，以祜為都督荊州諸軍事，假節。祜率營兵出鎮南夏，開設庠序，綏懷遠近。甚得江漢人心。與吳人開布大信。降者欲去，悉聽之。

祜以孟獻營武牢而鄭人懼，晏弱城東陽而萊子服，乃進據險要，開建五城，收膏腴之地，奪吳人之資，石城以西，盡為晉有。自是前後降者不絕，乃增修德信，以懷柔初附，慨然有吞併之心。每與吳人交兵，剋日方戰，不為掩襲之計。將帥有欲進譎詐之策者，輒飲以醇酒，使不得言。人有略吳二兒為俘者，祜遣送還其家。後吳將夏詳、邵顗等來降，二兒之父亦率其屬與俱。吳將陳尚、潘景來寇，祜追斬之，美其死節而厚加殯斂。景、尚子弟迎喪，祜以禮遣還。吳將鄧香掠夏口，祜追斬之，美其死節而厚加殯斂。景、尚子弟迎喪，祜以禮遣還。吳將鄧香掠夏口，祜募生縛香，既至，宥之。香感其恩甚，率部曲而降。祜出軍行吳境。刈穀為糧，皆計所侵，送絹償之。每會眾江沔遊獵，常止晉地。若禽獸先為吳人所傷而為晉兵所得者，皆封還之。於是吳人翕然悅服，稱為羊公，不之名也。

羊祜和東吳的陸抗相對，使命交通，抗稱祜之德量，雖樂毅、諸葛孔明不能過也。抗每告其戍曰：「彼專為德，我專為暴，是不戰而自服也。各保分界而已，無求細利。」吳王孫皓聞二境交和，以詰抗。抗曰：「一邑一鄉，不可以無信義，況大國乎！臣不如此，正是彰其德，於祜無傷也。」

這正是文德服人，不戰而屈人之兵，遂致近悅遠來。

祜貞愨無私，疾惡邪佞。每被登進，常守沖退。立身清儉，被服率素。祿奉所資，皆以贍給九族，賞賜軍士，卒時家無遺財。過世後郡人為立碑，號曰墮淚碑。凡讀碑之人，仰往羊公之德行，無不感動淚落。唐人有詩云「羊公碑尚在，讀罷淚沾巾。」令人景仰如此。

子夏為莒父宰，問政。子曰：「無欲速，毋見小利。欲速則不達，見小利則大事不成。」

《集解》鄭玄曰：「莒父，魯下邑也。」又曰：「事不可以速成，而欲其速，則不達矣。見小利妨大事，則大事不成也。」

《集注》欲事之速成，則急遽無序而反不達。見小者之為利，則所就者小而所失者大。程子曰：「子張問政，子曰：『居之無倦。行之以忠。』子夏問政，子曰：『無欲速，無見小利。』子張常過高而未仁。子夏之病，常在近小。故（孔子）各以切己之事告之。」

《孟子》中有一個揠苗助長的故事。農人嫌他種的稻子長得不夠快，他把稻苗每一枝拔高一些，看起來是長高了，長快了。結果，第二天，苗全死了。這便是欲速則不達。

唐朝名相劉晏，善於理財，眼光遠大，京師米貴，因通運河漕糧供應，輸關東谷入長安。〈通鑑〉載：晏置十場造船，每艘給錢千緡。或言五百緡即夠，虛費太多。劉晏曰：「不然，論大計者，不惜小利。凡事必為永久之慮。今始置船場，執事者多。當先使之利用無窘，則官物堅牢矣。若遽與之屑屑較錙銖，安能久行乎？異日必有患吾所給多而減之者，減半以下猶可，過此則不能運矣。」咸通中，有司計費給之，船體脆薄易壞，漕運遂廢。

這就是見小利而壞大事的例證。「欲速則不達」，宋代王安石變法便是一個例證。

王安石自己便說過「緩而圖之，則為大利。急而成之，則為大害。」（〈上五事箚子〉見〈王臨川文集〉卷之十一。）《宋史》卷三百十之〈范純仁傳〉，純仁曾對神宗皇帝說過：「道遠者理當馴致。事大者不可速成。人材不可急求。積弊不可頓革。儻於事功亟就，必為險佞所乘。」

而王安石卻違反自己的說法，急功圖效，新政名目既多，一利未興，思再興一利。一害未除，又思再除一害。如梁燾所說：「…青苗之錢未及一償，而責以免役。免役之錢未暇入，而重以淤田，淤田方下，而復有力田。力田未息，而迫以保甲。是徒擾百姓，使不得少休於聖澤。」（《宋史》卷三四一本傳。）

王安石的變法果然失敗。失敗的原因：欲速則不達。

葉公語孔子曰：「吾黨有直躬者，其父攘羊，而子證之。」子曰：「吾黨之直者異於是。父為子隱，子為父隱，直在其中矣。」

《集解》孔安國曰：「直躬，直身而行也。」（似乎有理直氣壯的樣子。）周生烈曰：「有因而盜曰攘。」

《集注》云：父子相隱，天理人情之至也。故不求為直，而在其中。瞽叟殺人，舜竊負而逃，遵海濱而處。當是時，愛親之心勝。其於直不直，何暇計哉！

我們常說：「天理、國法、人情。」別人的羊跑到自己家，父親可能因為與羊主人不和，乃攘其羊。即把羊藏起來。兒子竟去告官！葉公認為這孩子正直，了不起。孔夫子說：「我們的直，和你所說的不同。我們是父親為兒子掩飾，兒子為父親隱瞞。這裡邊便有直的道理在。」

《漢書》卷八〈宣帝紀〉載：

地節四年夏五月，詔曰：「父子之親，夫婦之道，天性也。雖有患禍，猶蒙死而存之。誠愛結於心，仁厚之至也，豈能違之哉！自今子首匿父母，妻匿夫，孫匿大父母，皆勿坐。其父母匿子，夫匿妻，大父母匿孫，罪殊死。皆上請廷尉以聞。」

或有人說：「大義滅親。」這要看情形。〈左傳〉石碏告其子厚於陳而殺之矣，何以不隱乎？曰：「石碏之子，其罪弒君，無所逃於天地之間。故君子稱之曰：『大義滅親』。」《韓詩外傳》中有一個故事：楚昭王有士曰石奢。其為人也，公而好直。公使為理。於是道有殺人者，石奢追之，則父也。縱之。還反於廷曰：「殺人者臣之父也。以父成政，非孝也。不行君法非忠也。弛罪廢法而伏其辜，此臣之所守也。」遂伏斧鑕。

在古，臣弒其君，罪大惡極，故石碏不能不大義滅親，石奢不能不孝於父，又不能忠於職守，因此只有伏斧鑕一途了！

樊遲問仁。子曰：「居處恭，執事敬，與人忠。雖之夷狄，不可棄也。」

《集注》恭主容，敬主事。恭見於外，敬主乎中。程子曰：「此是徹上徹下語。聖人初無二語也，充之則睟面盎背，推而達之，則篤恭而天下平矣。」

樊遲向孔子請教「仁」。孔子說：「平常總以恭遜為本，執行職事要謹慎規矩，和人相處要忠誠。雖去到夷狄之邦，也不可稍有遺漏。」

居處恭，便是謙遜有禮。執事敬，便是敬業守分。

子貢問曰：「如何斯可謂之士矣？」子曰：「行己有恥，使於四方，不辱君命，可謂士矣。」曰：「敢問其次。」曰：「宗族稱孝焉，鄉黨稱悌焉。」曰：「敢問其次。」曰：「言必信，行必果，硜硜然小人哉。抑亦可以為次矣。」曰：「今之從政者何如？」子曰：「噫，斗筲之人，何足算也。」

《集解》孔安國曰：「有恥，有所不為也。」鄭玄曰：「行必果所欲，行必敢為之。硜硜者，小人之貌也。抑亦其次，言可以為次也。」筲，竹器，可容斗二升者也。（「何足算也」，以現在的話來說：「算不了什麼！」）

《集注》子貢能言，故以使事告之。有恥，有所不為也。（《論語》孔子說：「邦有道，貧且賤焉，恥也。邦無道，富且貴焉，恥也。」）

這章書，子貢問：「怎麼樣才可以稱為士。」孔子說：「士要有所作為，有所不為。若為國家出使他國，能不辱君命，完成使命。」子貢又問：「其次呢？」孔子說：「在宗族之中，能得到孝子的美名。在鄉黨之中，能獲得兄弟友愛的美名。」孔子前者似乎是說出任政府官員的士，後者是尚未入仕的士。子貢再問下此一等之士。子曰：「說了話就要有信守。做了事就要有結果。小頭小臉的，勉強算是士吧。」子貢又問：「當今在位的官員是如何？」孔子說：「噫！（鄭注：心不平聲。）鄙細之人（稱魯三家之屬。），那能算什麼？」（《後漢書》郭林宗云：「大丈夫焉能處斗筲之役乎？」即是引用孔子這句話。）

子曰：「不得中行而與之，必也狂狷乎？狂者進取。狷者有所不為也。」

《集注》云：行，道也。狂者志極高而行不掩。狷者知未及而守有餘。蓋聖人本欲得中道之人而教之，然既不可得，而徒得謹厚之人，則未必能自振拔而有為也。故不若得此狂狷之人，猶可因其志節而激厲裁抑之以進於道。非與其終於此而已也。

《集解》苞氏曰：「中行，行能得其中者也。言不得中行，則欲得狂狷者也。狂者進取於善道，狷者守節無為。得此二人者，以時多進退，取其恆一者也。」

這章書，孔子自歎找不到能行中道之學生而教之，只有找狂狷之士了。因為，狂者能進取善道，狷者潔身自愛，有所不為。

何謂狂涓之士？茲舉後漢二人為例：

董宣字少平。初為司徒侯霸所辟（任用），舉高第，累遷北海相。到任之初，大姓公孫丹為五官掾。新造居宅，卜工以為當有死者。丹乃令其子殺道行人，置屍舍內，以塞其咎。董宣得知後，即令捕孫丹父子，予以撲殺。丹族三十餘人操兵器詣府叫號。宣以丹曾附王莽，慮交通海賊，悉收繫劇縣縣獄，使門書佐水丘岑將一干人等盡予誅殺。（水丘為複姓）青州以宣濫殺，徵詣廷尉。董宣在廷尉獄中，早晚讀書，毫無憂色。將行刑之日，獄官具酒食送之。董宣曰：「宣生平未食人之食，況死乎！」時同刑九人，次應及宣，光武帝原之，令還獄。遣使者詰宣多殺無辜。宣言：「水丘岑乃是聽臣的命令行事，罪不在他。願殺臣活岑。」詔左轉（即降調）宣懷令。後官至司隸校尉。復為洛陽令。時湖陽公主蒼頭白日殺人，因匿主家，吏不能補。及主出行，以奴驂乘。宣候于道路。駐軍扣馬，以刀畫地，大言數主之失。叱奴下車，因格殺之。主還宮訴帝，帝大怒。召宣，欲箠殺之。宣叩頭曰：「願乞一言而死。」帝曰：「欲何言？」宣曰：「陛下聖德中興，而縱奴殺良人，將何以理天下乎？臣不須箠，請得自殺。」即以頭擊楹，流血被面。帝令小黃門持之，使宣叩頭謝主，宣不從，強使頓之，宣兩手據地，終不肯俯。主曰：「文叔（光武皇帝字文叔）為白衣時，藏王匿死，吏不敢至門。今為天子，威不能行一令乎？」帝笑曰：「天子不與白衣同。」因勑強項令出。賜錢三十萬。宣悉以錢班諸吏。由是搏擊豪強，莫不震慄。京師號為「臥虎」。後卒於官，年七十四。詔遣使者臨視。唯見布被覆屍，妻子對哭。有大麥數斛，敝車一乘。帝傷之曰：「董宣廉潔，死乃知之！」以宣嘗為二千石，賜艾綬，葬以大夫禮。拜董宣之子董平為郎中。（見《後漢書》卷七十七本傳）

范氏字巨卿。任荊州刺史時，友人南陽孔嵩字仲山，家貧親老，變名姓，受僱為新野縣阿里街卒。范式巡視到新野，縣選孔嵩為導騎迎式。式見而識之。呼嵩。把臂謂曰：「子非孔仲山邪？」對之歎息。語及平生，曰：「昔年與子同遊息太學，吾蒙國恩，致位牧伯。而子懷道隱身，處于卒，不亦惜乎！」嵩曰：「侯嬴長守賤業，晨門肆至于抱關，孔子欲居九夷，不患其陋。貧者士之宜，豈為鄙哉？」式勑縣待嵩，嵩以為先傭未竟，不肯去。（《後漢書》卷八十一本傳）

董宣進取，孔嵩有所不為。他們應可算是狂、狷之士。

子曰：「君子和而不同，小人同而不和。」

《集解》註：「君子心和，然其所見各異，故曰不同。小人所嗜好者同，然各爭其利，故曰不和也。」疏：「和謂心不爭也。不同，謂立志各異也。小人為惡如一，故云同也。好鬥爭，故云不和也。」

《集注》和者無乖戾之心。同者有阿比之意。尹氏曰：「君子尚義，故有不同。小人尚利，安得而和。」

《集注》以〈宋史〉為例。君子和而不同，若韓魏公琦與范文正公之議西事也，小人同而不和，若王安石與呂惠卿之行新法也。

《宋史》卷三百一十九〈歐陽修傳〉：

范仲淹以言事貶，在廷多論救，司諫高若訥獨以為當黜，修貽書責之，謂其不復知人間有羞恥事。若訥上其書，坐貶夷陵令。仲淹使陝西，辟掌書記。修笑而辭曰：「昔者之舉，豈以為己利哉？同其退不同其進可也。」

這也是君子的和而不同。

後漢有一位劉曼山，東平寧陽人，少孤貧，在市中賣書自給。他著有「辯和同之論」。其辭曰：

夫事有違而得道，有順而失義，有愛而為害，有惡而為美。其故何乎？蓋明智之所得，闇偽之所失也。是以君子之於事也，無適無莫，必考之以義焉。

劉曼山的話，請參閱里仁篇「無適無莫」章的解釋。

子貢問曰：「鄉人皆好之，何如？」子曰：「未可也。」「鄉人皆惡之，何如？」子曰：「未可也。不如鄉人之善者好之，其不善者惡之。」（好讀去聲，音浩，動詞。惡讀去聲，音務，也是動詞。）

《集注》一鄉之人，宜有公論矣。然其間亦各以類，自為好惡也。故善者好之，惡者不惡，則必其有苟合之行。而善者不好，必有其無可好之實。

《集注》已說得很明白了。若有一人，全鄉人都說他好，那他可能是鄉原。全鄉人說他不好，那就更糟。一鄉之人，善人說他好，惡人說他不好，那他一定是正直無私的好人。

學者對於這一條有意見的很多。像王充。王充在他所著《論衡》第八十篇〈定賢〉中就大事批評過。他認為：稱之者是善人，抑惡人？難以判斷。原來我國先聖、先哲，只有從賢的觀念。沒有信從眾的觀念。這也就是我國古代只有民本思想、而沒有民主意識的緣故。（參閱薩孟武先生儒家政論衍義一

章二節民本）

子曰：「君子易事而難說也。說之不以道，不說也。及其使人也，器之。小人難事而易說也。說之雖不以道，說也。及其使人也，求備焉。」

《集解》孔安國曰：「不責備於一人故易事也。」（器之）孔安國曰：「度才而任官也。」疏曰：「君子忠恕，故易事也。照見物理，不可欺詐，故難悅也。小人不識道理，故難事也。因不識道理，雖不以道之事悅之，亦既悅也。不測度他人器量，而過分責人，故難事也。」

《集注》器之謂隨其才器而使之也。君子之心公而恕，小人之心私而刻。天理人欲之間，每相反而已矣。

《資治通鑑》〈唐紀〉太宗令封德彝舉賢，久無所舉。上詰之。對曰：「非不盡心，但至今未有奇才耳。」上曰：「君子用人如器，各取所長。古之致治者，豈借才於異代乎？正患己不能知，安可誣一世之人？」蓋太宗知求備者非也。

我們常說：「又要馬兒好，又要馬兒不吃草。」這正是小人欲求備於一人的譬喻。

孔子這章書說，君子仁恕，故易事。但屬下不能以不合乎正道的事來取悅他。他卻能量才而用。小人則否。小人之難事，因為他希望他的屬下樣樣皆能，所謂求備於一身。但易取悅。年節送個小禮，用不道的方法討好他，他都能接受、高興，故易悅。

子曰：「君子泰而不驕。小人驕而不泰。」

《集注》君子循理，故安舒而不矜肆。小人逞欲，故反是。論家說云：「泰者，其天理之自得者歟。驕者其人欲之自縱者歟。」

《集解》皇疏云：「君子坦蕩蕩，心貌怡平是泰而不為驕慢也。小人性好輕凌而心恆戚戚，是驕而不泰也。」

陳大齊云：「皇疏釋『泰』為『怡平』，朱注釋『泰』為『安舒』，誠亦有所本。」

本章說：君子心平氣正，泰然自安，從不輕視他人。小人自以為是，看不起他人，卻難處於安泰的心態。

子曰：「剛毅木訥近仁。」

《集解》王肅曰：「剛、無欲也。毅、果敢也。木、質樸也。訥、遲鈍也。有此四者，近乎仁也。」

《集注》程子曰：「木者質樸，訥者遲鈍。四者質之近乎仁也。」楊氏曰：「剛毅則不屈於物慾。木訥則不致於外馳，故近仁。」

《漢書》卷四十〈周勃傳〉：「勃為人木強敦厚，高帝以為可屬大事。」勃果從高組東征西討，封絳侯，官太尉。呂氏為亂，周勃與丞相平、朱虛侯章共誅諸呂，使漢室轉危為安。「木強敦厚」，和「剛（強）毅木訥」有幾分相近。

訥、解釋為遲鈍，我們略有意見。我們認為，仁人很自愛，所以絕不會「大言不慚」、「花言巧語」、「信口雌黃」、「口若懸河」，他只不過是謹慎謙虛，少說話。因為很少說話，便習慣成自然，說起話來，不怎麼流暢而已。並非智力不足，腦力不佳！

這句話的意思是，孔子說：「一個人無欲則剛，果敢有為，純樸自然，口不繁言，他幾乎便是仁人了。」

我們且看後漢的吳漢：

吳漢、南陽宛人，家貧，給事縣為亭長。其後得緣追隨光武帝劉秀，屢建奇功。史稱：漢為人質厚少文，造次不能以辭自達。鄧禹與諸將多知之，數相荐舉。及得召見，遂見親信，常居門下。

觀其北州說歸彭寵，幽州計斬苗曾，鄴城智服陳康，久為眾將欽服。光武擊賊，吳漢常以五千突騎為前鋒。光武即位，拜為大司馬。其後又迭建軍功。漢性強力。每逢征伐，帝未安，恆側足而立。諸將見戰陣不利，或多惶懼失常，漢意氣自若，整厲器械，激揚士吏。故能戰無不勝，攻無不克。每當出師，朝奉詔，夕即上道。緻不作置裝或安家的舉動。《後漢書》著者稱讚他說：

論曰：吳漢自建武世，常居上公之位，終始倚愛之親，諒由質簡而疆力也。子曰「剛毅木訥近仁」，斯豈漢之方乎！昔陳平智有餘以見疑，周勃資朴忠而見信。夫仁義不足以相懷，則智者以有餘為疑，而朴者以不足取信矣。（《後漢書》卷十八〈吳漢傳〉）

洪邁《容齋隨筆》卷中說：

剛毅者，必不能令色。木訥者必不為巧言。此近仁鮮仁之辨也。

解說得也合理。

子路問曰：「何如斯可謂士矣？」子曰：「切切偲偲，怡怡如也。可謂士矣。朋友切切偲偲，兄弟怡怡如也。」

《集解》馬融云：「切切偲偲，相切責之貌。怡怡、和順之貌也。」

《集注》胡氏曰：「切切、懇到也。偲偲、詳勉也。怡怡、和悅也。皆子路所不足，故告之。又恐其混於所施，則兄弟有賊恩之禍，朋友有善柔之損。故又別而言之。」

本章係孔子針對子路而說的話。子路問：「如何才可稱為士？」孔子說：「和朋友相處，要切磋互勉。對兄弟要和順親愛。」

《檀弓》云：「子路有姊之喪，可以除之矣，而弗除也。」孔子曰：「何弗除也？」子路曰：「吾寡兄弟而不忍也。」孔子曰：「先王制禮，行道之人皆弗忍也。」子路聞之，遂除之。

子曰：「善人教民七年，亦可以即戎矣。不教民戰，是謂棄之。」

《集注》教民者，教之以孝悌忠信之行，務農講武之法。即，就也。戎，兵也。民知親其上，死其長，故可以即戎。（即當兵作戰。）程子曰：「七年者，聖人度其時可矣。」迹曰：「善人者，以仁政為邦者也。」

《集解》苞氏曰：「即戎就兵，可以攻戰也。」馬融曰：「用不習民（未經訓練的百姓），使之攻戰，必破敗。是謂棄之也。」

本章孔子的意思是說：施仁政於人者的善人，壯者以暇日修其孝悌忠信，三時務農，一時講武。七年之後，則可當兵作戰。若不教民講武，而驅之上戰場作戰，那有不敗不被殺的道理，所以不教民而使民作戰，等於拋棄人民！

憲問　第十四

憲問恥。子曰：「邦有道穀。邦無道穀，恥也。」「克、伐、怨、欲、不行焉，可以為仁矣？」子曰：「可以為難矣，仁則吾不知也。」

原憲字子思。《家語》云：「宋人，少孔子三十六歲。」

《集解》穀，祿也。孔安國曰：「邦有道，當食其祿也。」馬融曰：「克、好勝人也。伐、自伐其功也。怨、忌小怨也。欲、貪欲也。」苞氏曰：「此四者，行之難也。未足以為仁也。」

《集注》有兩解。其一，為朱注云：「邦有道不能有為，邦無道不能獨善，但知食祿，皆可恥也。」其二和上孔安國所注同。

我們讀《新唐書》卷一百二十六〈盧懷慎傳〉載：懷慎與姚崇同為宰相，自知才不及崇，故事皆推而不專，因而一時被譏為「伴食宰相。」其實懷慎清儉自持，雖貴妻子猶寒饑，居不蔽風雨，及亡，家無留儲，也可算是清廉宰相。「伴食」之譏，似乎過分了些。

《集注》克、好勝。伐、自矜。怨、憤恨。欲、貪欲。

程子曰：「人而能無克、伐、怨、欲，惟仁者能之。有之而能制其情使不行，斯亦難能也。此聖人開示之深，惜乎憲之不能再問也。」

程子進一步解說：「憲有此四者而能克制，係病根猶在。聖人則四者全無。」是以孔子只說：「已經很難得了。但還不能稱得上是仁。」

子曰：「士而懷居，不足以為士矣。」

《史記》卷二十一〈廉頗列傳〉載：「（趙括為將），其母上書言於（趙）王曰：『……今括一旦為將，東向而朝，軍吏無敢仰視之者，王所賜金帛，歸藏於家，而日視田宅可買者買之。……願王勿遣。』」這就是後來漢末劉備罵許氾「求田問舍，言無可采。」的根據。趙括自以為熟讀兵書，才過其父。結果率卒四十萬攻秦，自己被殺，四十萬卒降秦，盡為秦軍活埋。所以劉備借趙括的「問舍求田」，暗示許氾為「懷居」之人，實不足為士。

孔子在〈學而〉篇中已說過：「君子食無求飽，居無求安。」和這一章書是同意義的。

子曰：「邦有道，危言危行；邦無道，危行言遜。」

《集解》苞氏曰：「危，厲也。邦有道，可以厲言行也。」註：遜、順也。厲行不隨俗，順言以遠害也。

《集注》危、高峻也。遜、卑順也。尹氏曰：「君子之持身，不可變也。至於言，則有時而不敢盡，以避禍也。然則為國者，使士言孫，豈不殆哉？」

《集注》舉後漢郭林宗為例。《後漢書》卷六十七〈黨錮列傳〉序云：「逮桓（帝）、靈（帝）之閒，主荒政繆，國命委於閹寺，士子羞與為伍，故匹夫抗憤，處士橫議，遂乃激揚名聲，互相題拂，品覈公卿，裁量執政，婞直之風，於斯行矣。」這正是邦無道而危言危行，結果死徙廢禁者，六七百人。惟郭林宗「雖善人倫，而不為危言覈論。故宦官擅政而不能傷也。及黨事起，知名之士多被其害，唯林宗及汝南袁閎得免焉。遂閉門教授，弟子以千數。」（《後漢書》卷六十〈本傳〉）

孔子說：「一個國家若是上了正道，可以危言危行。否則，雖可危言，卻要遜行。不如此，徒招災禍。」

我們看漢朝的京房：

昏庸的漢元帝在位，寵用中書令石顯。石顯夥同尚書令五鹿（姓）充宗，結黨營私，權傾天下。政治日亂，盜賊滿山。京房于朝見元帝時，述說周厲王周幽王寵用小人，以致生民塗炭。他問皇帝：「幽王和厲王為什麼要任用不肖之臣呢？」元帝說：「臨亂之君各賢其臣。」于是京房說：「現在天下極亂，希望陛下找出不肖之臣。」元帝問：「是誰？」京房說：「明主宜自知之。當然是圖事帷幄之中，進退天下之士者。」意指石顯和五鹿充宗。又說：「要不然，臣恐後之視今，猶如今之視夕。」意思是說：我們今天病恨幽王、厲王任用不肖，他日人會笑今日元帝任用石顯、五鹿充宗。

京房當亂世，不能危行言遜，結果：石顯等誣告他「與張博通謀，非謗政治，歸惡天子，詿誤諸侯王。」房、張兩人都被殺了頭。（見《漢書》卷七十五〈京房傳〉）

再看後漢時的郭林宗。汝南范滂論及郭林宗的人品時說：「林宗隱不違親，貞不絕俗，天子不得臣，諸侯不得友。」林宗雖善人倫，卻從不危言覈論。是故當時宦官擅政而不能傷害到他。黨錮事起，

知名之士多被害，祇有郭林宗和汝南袁閎得免于禍。——這是言遜的結果。（見《後漢書》卷六十八〈郭林宗〉本傳）

子曰：「有德者必有言，有言者不必有德。仁者必有勇，勇者不必有仁。」

《集注》尹氏曰：「有德者必有言，徒能言者未必有德也。仁者志必勇，獨能勇者未必有仁也。」有德者，和順積中，英華發外。能言者或便佞口給而已。仁者心無私累，見義必為。勇者或血氣之強而已。

唐詩有云：「九齡已老韓休死，明朝無復諫書來。」《新唐書》卷一百二十六〈韓休傳〉云：「休……既為相，天下翕然宜之。萬年尉李美玉有罪，帝將放嶺南。休曰：『尉小官，犯非大惡。今朝廷有大姦，請得先治。金吾大將軍程伯獻恃恩而貪，室宅輿馬僭法度，臣請先伯獻，後美玉。』帝不許。休固爭曰：『罪細且不容，巨猾乃置不問，陛下不出伯獻，臣不敢奉詔。』帝不能奪。……初、（蕭）嵩以休柔易，故荐之。休臨事或折正嵩。嵩不能平。宋璟聞之曰：『不意休能爾。仁者之勇也。』……左右曰：『自韓休入朝，陛下無一日歡，何自戚戚，不逐去之？』帝曰：『吾雖瘠，天下肥矣。且蕭嵩每啟事，必順旨，我退而思天下，不安寢。韓休敷陳治道，多訐直，我退而思天下，寢必安。吾用休，社稷計耳。』」

這正是有德者必有言，仁者必有勇的寫照。常言說：「伴君如伴虎。」韓休能訐直，玄宗又是聰明絕頂的皇帝，君臣相得，也可做孔子「邦有道危言危行」的例證。

子曰：「君子而不仁者，有矣夫！未有小人而仁者也。」

《集注》謝氏曰：「君子志於仁矣。然毫忽之間，心不在焉，則未免為不仁也。」一述曰：謹案，此為觀人用人者而告之。於君子宜知其過焉。於小人毋售其偽焉。孔子於雍也、由也、求也、赤也皆謂不知其仁。故曰：君子而不仁者有矣夫。

《集解》袁氏曰：「小人性不及仁道，故能及人事者也。」

孔子這章是說：「君子有時有不仁的行為，但小人卻不可能會有仁的行為。」

子曰：「貧而無怨難，富而無驕易。」

《集解》處貧難，處富易，人之常情。然人當勉其難，而不可忽其易也。江熙曰：「顏淵無怨，不可及也。子貢無驕，猶可能也。」

《禮》《坊記》云：小人貧斯約，富斯驕，約斯盜，驕斯亂。禮者因人之情而為之節文，以為民坊者也。故聖人之制富貴也，使民富不足以驕，貧不至於約。……《坊記》、坊民之貧富。《論語》、馭臣之貧富，斯不同也。（坊，古同防。）

孔夫子認貧而不怨天尤人的，很難。富而能夠不驕的，卻較容易。

子曰：「愛之。能勿勞乎？忠焉，能勿誨乎？」

按「忠」，原指忠于國、忠于民。《左傳》桓公六年：上思利民，忠也。

教人以善謂之忠。

《孟子》〈滕文公〉上：

依據上面兩段解說，我們認為古時的「忠」是說：凡居職任事者，當盡心竭力，求利于人。曾子說：「為人謀而不忠乎？」意思是說：「為人策劃、為人辦事，是不是確確實實、誠心誠意的去作了呢？」這個「人」當然不是指「國君」，而是指任何自然人。我們要先把「忠」的意思弄清楚了，才好解釋本章書。

孔子說：「愛一個人——如父母之愛子女——必須讓他知道勤勞。愛子女而不要他們勞心勞力，讓他們好吃懶做，那是溺愛。愛之適足以害之！忠于一個人，必須對他時加教誨。提醒他作人做事之道。若放任你所忠的人隨心所欲，胡作非為，那是愚忠。這樣的忠反而害了他，所以說：愛一個人，能不使他勞心勞力以自立於世間嗎？忠于一個人，能不教誨他使他無法生存于社會中嗎？

子路問成人。子曰：「若臧武仲之智，公綽之不欲，卞莊子之勇，冉求之藝，文之以禮樂，亦可以為成人矣。」

《集解》馬融曰：「魯大夫臧孫紇也。」「魯大夫孟公綽也。」（卞莊子）周生列曰：「卞邑大夫也。」

《集注》成人，猶言全人。孔子言：「兼此四子之長，則知足以窮理，廉足以養心，勇足以力行，藝足以泛應，而又節之以禮，和之以樂，使德成於內，而見乎外，則材全德備，渾然不見一善成名之迹。中正和樂，粹然無復偏倚駁雜之蔽。而其為人也，亦成矣。然「亦」之為言，非其至者，蓋就子路之所可及而言之也。若論其至，則非聖人盡人道，不足以語此。」

一個人能有臧武仲的智慧、孟公綽的無慾、卞莊子的勇力、冉求的技藝，節之以禮、和之以樂，也可算是全人了。

曰：「今之成人者，何必然？見利思義，見危授命，久要不忘平生之言，亦可以為成人矣。」

曰，孔子又說：「能夠見利思義，非義不取，能夠見危而犧牲性命，完成任務。能夠篤守平生的諾言，歷久不變，這樣，在今日，也可以算是『成人』。」

這章書和上章是連在一起的。有的學者認為本章是子路「曰」。有的認為是孔子補充前章的話而再「曰」。〈皇疏〉〈邢疏〉認為前章是說「古之成人」，而這章是說「今之成人」。

《韓詩外傳》云：卞莊子好勇，母無恙時，三戰而三北。交遊非之，國君辱之。及母死三年，魯興師伐齊，莊子請從。赴敵而鬥，獲甲首而獻之，曰：「請以此塞一北。」又獲甲首而獻之。曰：「請以此塞再北。」將軍止之曰：「足，請為兄弟。」卞莊子曰：「三北以養母也。今母沒矣，吾責塞矣。吾聞之，節士不以辱生。」遂奔亂。殺七十人而死。

子問公叔文子於公明賈曰：「信乎夫子不言不笑不取乎？」公明賈對曰：「以告者過也。夫子時然後言，人不厭其言也。樂然後笑，人不厭其笑也。義然後取，人不厭其取也。」子曰：「其然，豈其然乎？」

《集解》孔安國曰：「公叔文子，衛大夫公孫拔也。文，諡也。」（襄二十九年《左傳》云：吳公子札適衛，說公孫發（即拔）蓋札稱為衛君子焉。）

《集注》公明，姓。賈，名。亦衛人。

孔子問公明賈：「公叔文子不笑、不言、不取嗎？」公明賈對曰：「說話的人太誇張了。夫子（指文子）非時不語，語必中肯，是以聽的人不覺得厭倦。必快樂才笑，不假裝笑，所以看他笑的人也不覺得厭煩。

夫子見得思義，合乎義的，他才拿。所以別人也不怪他取。」孔子說：「是如此的嗎？真是如此的嗎？」

子路曰：「桓公殺公子糾，召忽死之，管仲不死，曰未仁乎？」子曰：「桓公九合諸侯，不以兵車，管仲之力也。如其仁，如其仁！」

《集解》孔安國曰：「齊襄公立無常。鮑叔牙曰：『君使民慢，亂將作矣。』奉公子小白出奔莒。襄公從弟無知殺襄公，管夷吾召忽奉公子糾出奔魯。齊人殺無知，魯伐齊，納子糾。小白自莒先入。是為桓公。乃殺子糾，召忽死也。」

《春秋傳》管仲請囚。鮑叔牙言於桓公以為相。

子路疑管仲忘君事仇，忍心害理。但孔子說：「齊桓公九合諸侯，一匡天下，非以武力，這都是管仲的功勞。」所以孔子說：「如斯其仁，如斯其人。」

朱子注云：「蓋管仲雖未得為仁人，而其利澤及人，則有仁之功矣。」

子曰：「孟公綽，為趙、魏老則優，不可以為滕、薛大夫。」

《集註》公綽、魯大夫。趙、魏，晉卿之家。老、家臣之長。大家勢重，而無諸侯之事。家老望重，而無官守之責。優，有餘也。滕、薛，二國名。滕、薛國小事繁。大夫位高責高。然則公綽蓋廉靜寡慾而短于才者也。

《集解》的註釋差不多。

這章書的主旨，在于知人善任。也有「無求備于一身。」的意思。會音樂的不見得善于繪畫。能作文章的不一定能治國。

我們且舉前漢丞相薛宣知人善任的例子：

頻陽縣北當上郡、西河，為數郡輻湊之處。多盜賊。其縣令薛恭，平陵縣人，乃本縣有名的孝子。因功遷升至縣令。他從未負過治民之責，對於多盜賊的頻陽，職不能勝任。粟邑縣小，僻處群山之中，人民謹樸易治。縣令為鉅鹿人尹賞。其人久歷郡事，為樓煩長，舉茂才，升遷至粟邑縣令。薛宣奏請成帝將兩縣令對調。結果：數月之後，兩縣皆大治。薛宣寫信慰勉兩人說：

昔孟公綽優于趙、魏而不宜滕、薛，故或以德顯，或以功舉。「君子之道，焉可憮也。」屬縣各有賢君，馮翊垂拱蒙成，願勉所職，卒功業。（《漢書》卷八十三〈薛宣傳〉）

「君子之道，焉可憮也。」是《論語》中子夏的話。意思是說：「行業不同，所守各異，惟聖人為能體備之。」這也是孔子所說「不求備于一人」的意思。

又如晉朝的王渾，有盛名于當世。

王渾于晉武帝受魏禪之後，任徐州刺史。時年荒歲饑。渾開倉振贍，百姓賴之。之後，遷中郎將，監淮北諸軍事，數陳損益，多見納用。轉征虜將軍，領豫州刺史，與東吳接境。渾宣布威信，前後降附甚多。吳將薛瑩、魯淑率眾號十萬人，擬于晉軍放休息之時偷襲，結果，王渾僅一旅之師，浮淮潛渡，大破吳軍。遷安東將軍，都督揚州諸軍事，鎮壽春。吳人軍皖城，圖為邊害，渾遣揚州刺史應綽督淮南諸軍攻破之，并破諸別屯。焚吳積谷八十餘萬斛，稻苗四千餘頃，船六百餘艘。及大舉伐吳，渾率師出橫江，大破吳軍。孫皓司徒何植、建威將軍孫宴送印節詣渾降。轉征東大將軍，復鎮壽陽。渾不尚刑名，處斷明允。時吳人新附，頗懷畏懼。渾撫循羈旅，虛懷綏納，座無空席，門不停賓。于是江東之士莫不悅附。

徵拜尚書左僕射，加散騎常侍。太熙初，遷司徒。惠帝即位，加侍中。

史家論稱：渾所歷之職，前後著稱。及居台輔，聲重日減。這正是所謂：為魏老則優，不可為滕、薛大夫。（《晉書》卷四十〈王渾傳〉）

> 子貢曰：「管仲非仁者與。桓公殺公子糾，不能死，又相之。」子曰：「管仲相桓公，霸諸侯，一匡天下，民到於今受其賜。微管仲，吾其被髮左衽矣。豈若匹夫匹婦之為諒也。自經於溝瀆，而不知也。」

案：周初政出天子，其後諸侯各自為政，不聽命於周王。再後政出大夫，甚至有政出大夫之家臣者。周室自平王東遷後，天子名存實亡。天下大亂。孔子一生以尊王攘夷為事。本章說管仲能助桓公

「一匡天下」，即尊周。又說若無管仲「攘夷」之功，我們都要披下頭髮，穿起夷人的服裝了！

管仲原追隨公子糾，桓公殺了子糾，管仲不但未死主人之難，反而相桓公—做桓公的宰相，所以子貢說他「非仁者。」

《集解》馬融曰：「匡、正也。天子微弱，桓公率諸侯以尊周室，一正天下也。」（此即孔子所主張的尊王。）註：民受其惠者，謂不被髮左衽之惠也。王肅曰：「經、經死於溝瀆之中也。管仲、召忽之於公子糾，君臣之義未正成，故死之未足，深嘉不死，未足多非。死事既難，亦在於過厚。故仲尼但美管仲之功，亦不言召忽不當死也。」

《集注》諒、小信也。經、縊也。述曰：「君子『貞而不諒。』蓋貞者、信之正而固也。則諒為小信矣。」

程子曰：「桓公，兄也。子糾弟也。仲私於所事。輔之以爭國，非義也。桓公殺之雖過，而糾之死實當。仲始與之同謀，遂與之同死，可也。知輔之爭為不義，將自免以圖後功，亦可也。故聖人不責其死而稱其功。若使桓弟而糾兄，管仲所輔者正，桓奪其國而殺之，則管仲之與桓，不可同世之讎也。若計其後功而與其事桓，聖人之言，無乃害義之甚，啟萬世反覆不忠之亂乎？如唐之王珪、魏徵不死建成之難而從太宗，可謂害於義矣。後雖有功，何足贖哉！愚謂管仲有功而無罪。故聖人獨稱其功。王、魏先有罪而後有功，則不可以相掩可也。」

《史記》〈管晏列傳〉載：管仲曰：「公子糾敗，召忽死之。吾幽囚受辱。鮑叔不以我為無恥，知我不羞小節而恥功名不顯於天下也。」

然桓公與公子糾，孰為兄，孰為弟，頗多爭論。唯二人均係庶出，則為學者所接受。管仲自云：「不羞小節，恥功名不顯於天下。」當係管子所持之正理。

孔子尊王攘夷，一方面美管子尊王之功，一方面也說：「若非管仲，（微，無也）我們都將變成夷人了。我們豈能要求管仲如匹夫匹婦自縊於溝瀆之中，以守小信，還不知死得值不值呢！」

據史傳載：管仲相桓公，曾伐戎救燕（左莊三十年），伐狄救邢（左閔元年），伐狄救衛（左僖二年），伐楚，責其苞茅不入貢於周（左僖四年）。這都是攘夷。攘、除、退卻。

我們看晉朝的張華，出身庶（晉時士庶之分甚嚴）族，儒雅而有籌略。當權的賈謐和他的姑母（實是姨母）賈后共謀，認為張華進無逼上之嫌，退為眾望所依歸，乃倚以朝綱，訪以政事。張華也盡忠匡輔，彌縫補闕。雖當昏主虐后之朝，竟內使海內宴然。不久，賈后廢太子，張華諫亦無功。華又得罪了趙王（司馬）倫和姦臣孫秀，竟為倫、秀等所害。張林害張華時說：「你身為宰相，任天下事，太子之廢，卻不能死節！」華曰：「臣諫事具存，非不諫也。」林曰：「諫若不從，何不去位？」張華不能答。遂夷三族。

後倫、秀伏誅，齊王冏輔政，摯虞致箋於冏曰：「間於張華沒後入中書省，得華先帝時答詔本草。先帝問華可以輔政持重付以後事者，華答：『明德至親，莫如先王，宜留以為社稷之鎮。』其忠良之謀，款誠之言，信於幽冥，沒而後彰，與苟且隨時者不可同世而論也。議者有責華以愍懷太子之事不抗節廷爭。當此之時，諫者必得違命之死。先聖之教，死而無益者，不以責人。故晏嬰，齊之正卿，不死崔杼之難；季札，吳之宗臣，不爭逆順之理。理盡而無所施者，固聖教之所不責也。」《晉書》卷

三十六〈張華傳〉）

摯虞所持的理由，正是根據本章書中孔夫子的話。

子曰：「衛靈公之無道久也！」康子曰：「夫如是，奚而不喪？」孔子曰：「仲叔圉治賓客，祝鮀治宗廟，王孫賈治軍旅。夫如是，奚其喪？」

《集解》皇疏云：「奚、何也。喪、亡也。」邢疏云：「何謂而國不亡乎？」朱子以喪為失位。春秋時諸侯無道，不亡國而失位者眾也。

仲叔圉即孔文子。三人皆衛臣，雖未必賢，而其才可用。

本章孔子說：「衛靈公無道很久了。」康子說：「若如是，為什麼還沒失去國君之位？」孔子說：「他用仲叔圉主持外交，祝鮀管理宗廟祭祀，王孫賈帶領軍隊，像這樣（有能人為他治理國事），怎麼會失去國君之位呢？」

子曰：「其言之不怍，則為之也難。」

《集注》大言不慚，則無必為之志。而不自度其能否矣。欲踐其言，豈不難哉？

〈里仁〉篇有說：「古者言之不出，恥躬之不逮也。」

《集解》馬融曰：「怍、慚也。內有其實，則言之不慚，積其實者，為之難也。」王弼曰：「情動於中而外形於言。情正實而後言之不怍。」

孔子說：「一個人若大言不慚，他要實行自己的話必定是困難的。」

子路問事君。子曰：「勿欺也。而犯之。」

《集注》犯謂犯顏諫也。范氏曰：「犯非子路之所難也。而以不欺為難。故夫子告以先勿欺，而後犯也。」

《集解》孔安國曰：「事君之道，義不可欺。當能犯顏色諫爭也。」

子路問事君之道。孔子說：「不能欺騙，而要能犯顏直諫。」

子曰：「君子上達，小人下達。」

《集解》註：本為上，末為下也。上達者，達於仁義也。下達者，達於財利也。

《集注》君子循天理，故日進乎高明。小人殉人欲，故日究乎卑汙。（論家說云：天理高明而上者也。人欲卑汙而下者也。）

子曰：「古之學者為己，今之學者為人。」

《集解》孔安國曰：「為己，履道而行之也。為人，徒能言之也。」

《集注》程子曰：「為己，欲得之於己也。為人，欲見知於人也。古之學者為己，其終至於成物。今之學者為人，其終至於喪己。」

《中庸》云：誠者非自成己而已也。所以成物也。成己、仁也。成物、知也。性之德也，合外內之道也。古之學者然矣。孟子云：窮不失義，故士得己焉。今之學者窮而求遠於人，能無喪己邪？此孟子所謂喪其身也。

這章書，孔子說，古來的學者，充實自己，磨練自己，達到仁的境界。今之學者為人，只會吹噓，唯圖名、利而已。

但南懷瑾《論語別裁》中說：「一般說，為己就是自私。為人就是為大家。也可強調說是為公。」他的結論是：（學者）不只為自己求學，同時也為人求學。這個「人擴而充之，為國家、為社會、為整個人類文化。」他的解釋，正好與古人相反。

我們看後漢時的桓氏，自桓榮、桓郁，桓馬、焉之孫桓典，代作帝師。受其業者，皆至卿相，顯乎當世。《後漢書》卷三十七〈桓榮傳〉後，史家范曄評論說：（孔子說：「古之學者為己，今之學者為人。」）為人者，馮譽以顯物。為己者，因心以會道。桓榮之累世見宗，皆其為己乎。范氏之言，似乎是對本章書的正確的解說。

蘧伯玉使人於孔子，孔子與之坐而問焉。曰：「夫子何為？」對曰：「夫子欲寡其過而未能也。」使者出。子曰：「使乎，使乎。」

《集解》孔安國曰：「伯玉，衛大夫蘧瑗也。」陳群曰：「再言『使乎』，善之也。言使得其人也。」

《集注》伯玉，衛大夫。孔子居衛，嘗主於其家。既而返魯，伯玉使人來也。……使者之言，愈自卑約，而其主之賢益彰。可謂深知君子之心而善於辭令者矣。

本章云：衛大夫蘧伯玉派使到魯國見孔子。孔子和他落坐之後，問「夫子還好嗎？」使者說：「夫子常常想少做錯事而未能達成願望。」（意思是一心向善。）使者出門之後，孔子讚美說：「好一位使者，好一位使者！」

子曰：「不在其位，不謀其政。」曾子曰：「君子思不出其位。」

《集注》范氏曰：「物各止其所，而天下之理得矣。故君子所思，不出其位，而君臣上下大小各得其職也。」

按曾子的話是承「子曰：『不在其位，不謀其政。』」而來。

《集解》孔安國曰：「不越其職也。」

我們常說：「在商言商。」「不可越俎代庖。」都是由曾子「思不出其位」這句話而來。孔安國說「不越其職」，解釋得最清楚了。

子曰：「君子恥其言之過其行也。」

《集注》邢疏云：「君子言行相關，若言過其行，君子所恥也。」〈禮〉〈表記〉云：君子恥有其辭而無其德。恥有其德而無其行。

本章意思是：不敢說大話，做不到，而誇口，君子恥之。

子曰：「君子道者三，我無能焉：仁者不憂，智者不惑，勇者不懼。」子貢曰：「夫子自道也。」

《集解》疏：言孔子所行之道有三，夫子自謙「我不能行其一也。」仁者樂天知命，內省不疚是無憂。智者以昭了為用，是無疑惑。勇者既有才力，是以悍難衛侮，是無懼敵也。孔子曰無而實有也。故子貢曰：「孔子自道說也。」

《集注》云：仁、統德之全。故君子成德則先之。知、導學之始。故學者進學則先之。而勇則配乎仁、知之間也。

這章書是孔子自謙之詞。孔子說：君子之道有三，一是懷仁德之心，故無憂。二是有超人的智慧，凡事了然，故無困惑。三是有勇氣，無所畏懼。但孔子自謙說他一樣也不行。子貢卻深知夫子自責以勉人，聖人三者皆具也。

子貢方人。子曰：「賜也，賢乎哉！夫我則不暇。」

《集注》方、比也。乎哉、疑辭。比方人物而較其短長，雖亦窮理之事。然專務為此，則心馳於外，而所以自治者疏矣。故褒之而疑其辭，復自貶以深抑之。

子貢好比較人之賢劣。孔子說：「很賢嗎？我卻沒有功夫做這些比較。」

子曰：「不患人之不己知，患己無能也。」

《集解》王肅曰：「徒患己之無能也。」

《集注》作「患其不能也。」

孔子這類話說了好幾次，字句大同小異。甚至「古之學者為己，今之學者為人。」意思和本章都很接近。孔子告誡門人：「不要擔心別人不知道你，一個人要擔心自己一無所能。」

子曰：「不逆詐、不億、不信，抑亦先覺者，是賢乎。」

《集注》逆、未至而逆之也。億、未見而意之也。詐、謂人欺己。不信、謂人疑己。抑、反語辭。言雖不逆、不疑，而於人之情偽自然先覺，乃為賢也。

這章意思是：別人來騙你，你分明知道，卻不予以揭穿。不要有先入為主的觀念，未審先判。別人的花言巧語、甜言蜜語，不輕信，若能先知先覺，也可以說是聰明人吧！

微生畝謂孔子曰：「丘何為栖栖者矣，無乃佞乎？」孔子曰：「非敢佞也，疾固也。」

《集注》微生、姓。畝、名也。呼夫子而辭甚倨，蓋有齒德而隱者。栖栖、依依也。為佞，言其務為口給以悅人也。（〈辭海〉栖栖、不安之貌。）……年齡可尊者曰齒，道行可尊者曰德。邢疏謂：栖栖，皇皇也。疾、惡也。固、執一而不通也。述曰：「孟子云：『固哉高叟之為詩也。』言其執、而不通也。」（前述「君子不重則不威，學則不固。」和此處「疾固」，兩個字意義不相同。）

《集解》苞氏云：「疾世固陋，欲行道以化人也。」

微生畝是一位年高德邵之人，他直呼孔子之名說：「孔丘，你為什麼成天栖栖皇皇的忙於說話，是不是要討人歡心呢？」孔子說：「不敢討人歡喜，恨世人固陋，想教化他們。」

子曰：「驥不稱其力，稱其德也。」

《集注》尹氏曰：「驥雖有力，其稱在德。人有才而無德，則亦奚足尚哉？」

孔子說這話的意思，是重德輕力。古人說：「聚妻聚德。」重德而不重色。

《晉語》云：智宣子要立瑤為太子。智果說：「瑤不如宵。瑤比人強的有五點，卻有一項大缺點。

美鬚長大、射藝足力、伎藝畢給、巧文辯惠、彊毅果敢，這是五賢。但他很不仁，常以此五賢陵人，而以不仁行之，誰受得了。若立瑤，智宗必滅！」宣子不聽。瑤即智伯。智伯立後果為韓、趙、衛三家所滅。

或曰：「以德報怨，何如？」子曰：「何以報德？以直報怨，以德報德。」

《集解》德、恩惠之德也。

我們看《新唐書》卷一百之十五〈竇參傳〉載：初，陸贄與參不平。吳通玄兄弟皆在翰林，與贄軒輊不得。申（參之族子）舅嗣虢王則之與通微等善，遂共譖贄。帝得其姦，逐申為道州司馬。不浹日，貶參郴州別駕。宣武（節度使）劉士寧餉參絹五千。湖南觀察使李巽故與參隙，以狀聞，又中人（太監）為之驗佐。帝大怒，以為（參）外交戎臣，欲殺參。贄雖怨，然亦以殺之太重，乃貶驩州司馬。……帝又欲殺申、則之及屬人榮，贄固爭：「法有首從，首原則從減。榮與參雖善，然初無邪僻，數激憤有直言，晚頗疏忌，請貶榮遠官，申、則之除名流嶺南。」詔可。

陸贄不以怨報怨，而以直道報怨，正是孔子的「以德報德，以直報怨」的實行者。贄為一代名相，其所作《陸宣公文集》至今流傳，忠君愛民之情，隨處可見。讀之令人敬佩。

孔子這章書是勸人「以直報怨，以德報德。」不可「以牙還牙」。

至于以直報怨，我們以《漢書》卷七十一所載傅介子的事蹟為例。

傅介子與士卒俱齎金幣，揚言以賜外國為名。至樓蘭，樓蘭王意不親介子，介子陽引去，至其西界，使譯謂曰：「漢使者持黃金錦繡行賜諸國，王不來受，我去之悉國矣。」即出金幣以示譯。譯還報王，王貪漢物，來見使者。介子與坐飲，陳物示之。飲酒皆醉，介子謂王曰：「天子使我私報王。」王起隨介子入帳中，屏語，壯士二人從後刺之。刃交胸，立死。其貴人左右皆散走。介子告諭以「王負漢罪，天子遣我來誅王，當更立前太子質在漢者。漢兵方至，毋敢動，動，滅國矣！」遂執王首還詣闕，公卿將軍議者咸嘉其功。上乃下詔曰：「樓蘭王安歸嘗為匈奴間，候遮漢使者，發兵殺略衛司馬安樂、光祿大夫忠、期門郎遂成等三輩，及安息、大宛使，盜取節印獻物，甚逆天理。平樂監傅介子持節使誅斬樓蘭王安歸首，縣之北闕，以直報怨，不煩師眾。其封介子為義陽侯，食邑七百戶。士刺王者皆補侍郎。」

至于，以德報怨，實非易行。然歷史中也不乏其例証：

五代漢乾祐中（九四九）鄭元昭任安邑、解縣兩池榷鹽使，升任解州刺史。魏仁浦的岳父李溫玉奉派為榷鹽使管兩池，元昭不得專其利。其實仁浦在樞密院任主事。李守貞以河中造反，溫玉的兒子在河中，元昭便逮捕了李溫玉大大的告了一狀。時周祖總樞務，洞曉個中情形，置而不聞。周世宗顯德二年（九五五），仁浦為樞密使，元德心甚不定。卸任回朝，繞道至洛都見仁浦的弟弟仁滌。仁滌說：「你只管回京。我老哥一向寬仁有度，不會計較的，即使是公事他都盡可能不傷人，何況私隙！」仁浦果然不介意，並奏請周祖派元昭為慶州刺史。又漢隱帝時寵作坊使賈延徽，延徽和仁浦住屋相鄰，他幾度向隱帝進譖，想把仁浦整死，便可併吞仁浦的居屋。仁浦幾遭不測。周祖入汴，有人綁了賈延徽交仁浦處置。仁浦說：「因兵戈以報怨，不忍為也。」力為保全。當時人都稱讚仁浦為長者。（見《宋史》二百四十九本傳）

孔子這章書的宗旨是勸人「以德報德，以直報怨。但不可以牙還牙。」

子曰：「莫我知也夫！」子貢曰：「何為其莫知子也？」子曰：「不怨天，不尤人，下學而上達。知我者，其天乎？」

《集解》馬融曰：「孔子不見用於世，而不怨天尤人。」孔安國曰：「下學人事，上知天命也。」

《集注》述曰：莫我知，猶莫知我。程子曰：「不怨天，不尤人，在理當如此。」又曰：「凡下學人事，便是上達天理。然習而不察，則亦不能以上達矣。」

此章書孔子自歎無人能瞭解他。他對子貢說，因為孔門諸弟子中，子貢智力極高。孔子說：「不怨恨天，也不怨恨人，自己下學人事，上達天理。能瞭解我的，只有天吧！」

子曰：「賢者避世，其次避地，其次避色，其次避言。作者七人矣。」

《集解》孔安國：「世主莫得而匡之也。」馬融曰：「去亂國，適治邦也。」孔安國曰：「色，斯舉也。有惡言，乃去也。」

《集注》「（避世）天下無道而隱，若伯夷、太公是也。」（避地）邢疏謂擇地而處也。述曰：孟子云：「禮貌衰則去之。」言君子所去者有此焉。避言，有違言而後去也。程子曰：「四者雖以大小次第言之，然非有優劣也。所遇不同耳。」

作者七人矣。《集解》苞氏注曰：「作、為也。為之者凡七人：謂長沮、桀溺、丈人、石門、荷蕢、儀封人、楚狂接輿也。」

孔夫子說：「賢者隱世，其次離開亂國，往治國。其次避開別人的臉色，其次避開別人不遜的言詞。已經有七個人如此做了。」

子路宿於石門。石門晨門曰：「奚自？」子路曰：「自孔氏。」曰：「是知其不可而為之者與！」

《集解》苞氏曰：「言孔子知世不可為而強為之也。」注：晨門者，閽人也。（看門的門子。）

《集注》石門晨門，石門、地名。晨門、掌晨啟門，蓋賢人隱於抱關者也。奚、何處。自、從。

子路止宿於石門。掌門的門子問他：「從那兒來？」子路說：「由孔氏而來。」門子說：「是那位明知不可為而為的人呀！」

子擊磬於衛。有荷蕢而過孔氏之門者，曰：「有心哉，擊磬乎？」既而曰：「鄙哉，硜硜乎！斯已而已矣，深則厲，淺則揭。」子曰：「果哉，末之難矣。」

《集解》蕢、草器也。此硜硜獨信己而已，言亦無益也。苞氏曰：「以衣涉水為厲。揭、揭衣，言隨世以行己。若遇水，必以濟。知其不可，則當不為也。」注：未知己志而便譏己所以為果也。末、無也。無難者，以其不能解己道也。

《集注》磬、樂器也。荷、擔也。蕢、草器也。聖人之心，未嘗忘天下。荷蕢者聞其磬聲而知之，則亦非常人矣。硜硜、石聲，亦專確之意。以衣涉水曰厲。攝衣涉水曰揭。此兩句〈衛風〉〈匏有苦葉〉之詩也。譏孔子人不知已而不止，不能適淺深之宜。

註：〈匏有苦葉〉為〈詩經〉〈國風〉中之〈邶風〉。其辭云：

匏有苦葉，濟自深涉。深則厲，淺則揭。

意思是說：匏瓜味苦不能吃，水有深淺，不可隨便過。過深水，不脫衣服。過淺水，便提起衣服。（把衣服往上拉起來的意思。）

孔子在衛，打磬。有一位挑著草器的經過孔家門外，說：「有澄清天下之心的人，打磬呢。」隨即又說：「硜硜的聲音，也沒什麼。已經是如此了，就此作罷。過深水要不脫衣服，過淺水卻要拉高衣服！」孔子聽了，說：「太果斷了。到頭來如何，難以預知呢！」

挑擔子的人引用「匏有苦葉」詩句，是提醒孔子：苦的匏瓜不要隨便嚐。有些事不可隨便做。水深的地方該如何過，水淺的地方該如何過，不要錯了步伐！大概就是這個意思。

子曰：「上好禮，則民易使也。」

《集解》民莫不敬，故好使。

《集注》謝氏曰：「禮達而分定，故民易使。」

禮和法都是規範人行為的。上好禮，則下守法。人民守法，當然易使了。

子路問君子。子曰：「修己以敬。」曰：「如斯而已乎？」曰：「修己以安人。」曰：「如斯而已乎？」曰：「修己以安百姓，堯舜其猶病諸。」

《集注》〈書〉（洪範）云：「敬用五事：一曰貌，二曰言，三曰視，四曰聽，五曰思。貌曰恭，言曰從，視曰明，聽曰聰，思曰睿。五事皆己事也，敬用之，皆修己也。」

孔門之學，最重修（身）、齊（家）、治（國）、平（天下）。子路問要如何成為一個君子。孔子說：「要規規矩矩的修身。」（「敬」在此和「敬業樂群」的「敬」字意思差不多。）子路說：「就如此而已嗎？」孔子說：「修身之外，推己及人，使你周圍的人都獲得安和。」子路還認為不足，再問：「就是這麼多？」孔子說：「先從修身做起，然後要讓全天下的人民安和樂利。但這一點連堯、舜聖人都覺困難！」（病諸，引以為難之意。）

原壤夷俟。子曰：「幼而不遜悌，長而無述焉，老而不死，是為賊也。」以杖扣其脛。

《集解》馬融曰：「原壤，魯人也，孔子故舊也。夷、踞也。俟、待也。踞待孔子也。」賊、謂賊害也。孔安國曰：「扣、擊也。脛、腳脛也（從膝到腳跟的部份）。」

《集注》原壤，孔子之故人。母死而歌，自放於禮法之外者。

原壤蹲踞等待孔子來。孔子到了，說他：「年小時不知謙恭、不知孝悌，長大了又一無可取，現在老了還是不規不矩，敗常亂俗，賊害不淺。」說著，一面用手杖輕擊原壤的小腿。

衛靈公　第十五

衛靈公問陳於孔子。孔子對曰：「俎豆之事則嘗聞之矣。軍旅之事，未之學也。」明日遂行。

《集解》孔安國曰：「陳、軍陣行列之法也。俎豆、禮器也。」鄭玄曰：「萬二千五百人為軍，五百人為旅也。軍旅末事，本未立則不可教以末事也。」

《集注》尹氏曰：「衛靈公無道之君也，復有志於戰伐之事，故答以未學而去之。」

據《史記》〈衛康叔世家〉載：孔子於衛靈公三十八年到衛國。靈公寵愛淫蕩的夫人南子，太子蒯聵頗以南子為恥，想殺南子未果，三十九年出犇宋，轉赴晉國，依趙氏。我們認為，靈公可能預測到趙氏可能以武力護送蒯聵返衛，為做防備，故問孔子以軍陣之事。孔子也料到。為免介入父子之爭，是以拒答。靈公四十二年春卒，蒯聵之子輒立。是為出公。六月乙丑，趙簡子欲入蒯聵，衛人發兵擊蒯聵，蒯聵不得入。

出公八年，孔子復來衛國。十二年，出公奔魯，蒯聵入為莊公。二年，孔子過世。

孔子真不知兵嗎？《史記》卷四十七〈孔子世家〉載：冉有為季氏將師與齊戰於郎，克之。季康子曰：「子之於軍旅，學之乎？性之乎？」冉有曰：「學之於孔子。」

可見孔子並非不知軍旅。據說宋朝的大將狄青，出身行伍。但他的行陣作戰，卻暗與兵法相合。這便是天生而來的（性之）本能。孔子聖人，對兵旅之事，可能有「學之」，也可能有「性之」。聖人之道，一以貫之。一通百通，所謂一生二，二生三，三生萬物。兵旅之事，性之也。

在陳絕糧。從者病，莫能興。子路慍。見曰：「君子亦有窮乎？」子曰：「君子固窮，小人窮斯濫矣。」

《集解》孔安國曰：「從者、弟子。興、起也。孔子去衛如曹，曹不容，又之宋，遭匡人之難。又之陳。會吳伐陳，陳亂，故乏食也。」注：濫、溢也。言君子固亦有窮時，但不如小人窮則濫溢為非也。

《集注》程氏曰：「固窮者，固守其窮。」

孔子在陳國，沒有糧食可吃。隨從的弟子都病饑，餓得爬不起來。子路埋怨說：「君子也會有窮困的時候呀！」孔子說：「君子固然有窮時，但不似小人，一窮便要為非作歹了。」

子曰：「賜也，汝以予為多學而識之者與？」對曰：「然。」曰：「非也。予一以貫之。」

《集解》注：善有元，事有會。天下殊塗而同歸。百慮而一致。知其元，而眾善舉矣。故不待多學，一以知之也。

《集注》說見第四篇〈里仁〉。然彼以行言，而此以知言也。謝氏曰：「聖人之道大矣，人不能偏觀而盡識。宜其以為多學而識之也。然聖人豈務博者哉？如天之於眾形，匪物物刻而雕之也。故曰：

『予一以貫之。』德輶如毛，毛猶有倫。上天之載，無聲無臭。至矣。」

關於孔子的「一以貫之」，各家解釋甚多。南懷瑾謂「孔子講的學問不是知識，再三強調學問是做人做事。文學、科學、哲學等才是知識。」（《論語別裁》頁七一七）。孔子曾教弟子讀《詩經》，詩經是不是文學？是不是知識？孔子說：讀詩經能「多識於鳥獸草木之名」，這不是知識是什麼？

一以貫之，我們在本篇第一章中已提過。其實，在〈里仁〉篇中便解說過了。若以佛祖拈花微笑的典故來解說，等於沒有解說。

我們以為：孔子之說「一」，便是「仁」。其他的學問都從仁出發，在朝為官要忠，在家奉親要孝，在鄉里要悌，交友要信，都是仁的一部份。仁是本，這些都是枝。

> 子張問行。子曰：「言忠信，行篤敬，雖蠻貊之邦，行矣。言不忠信，行不篤敬，雖州里，行乎哉？立則見其參然於前也。在輿，則見其倚於衡也。夫然後行也。」子張書諸紳。

關於「行」，我們對《集解》和《集注》的說法都不太滿意。孔子常把言、行說在一起。如：「君子欲訥於言而敏於行。」（〈里仁篇〉）「君子恥其言而過其行。」（〈憲問〉）「始吾於人也，聽其言而信其行。今吾於人也，聽其言而觀其行。」（〈公冶〉）

子張問行，應該是問「行為」。所以孔子還是把「言」說在一起。孔子說：「說話要忠誠信實。行為要篤厚恭敬。如此，雖進入蠻夷之邦，也行得通。說話要是不誠實，行為要是不穩重，雖然在鄉里之中，也難立足。這兩句話，要時時牢記心頭。站著時，忠信篤敬便在我身邊。坐車時，忠信篤敬好似靠在車軛上。要如此，則無往而不可行。」子張把這兩句話寫在衣帶上。

《後漢書》卷二十七〈杜林傳〉末，著者范曄論曰：

夫威強以自禦，力損則身危。飾詐以圖己，詐窮則道屈。而忠信篤敬，蠻貊行焉者，誠以德之感物厚矣。

范氏之言，可為本章書作的註。

子曰：「直哉史魚！邦有道如矢。邦無道如矢。」「君子哉蘧伯玉，邦有道則仕，邦無道則可卷而懷之。」

《集解》史魚、孔安國曰：「衛大夫史鰌也。有道無道，行直如矢也。」苞氏曰：「卷而懷，謂不與時政柔順，不忤於人也。」

《集注》史、官名。魚、衛大夫名鰌。如矢、言其直也。史魚自以不能進賢退不肖，既死猶以尸諫。楊氏曰：「史魚之直，未盡君子之道。若蘧伯玉然後可免於亂世。若史魚之如矢，則雖欲卷而懷之，有不可得也。」

孔夫子稱讚衛國的史官名鰌的。他說：「好一個史官鰌，無任國家有沒有上軌道，他都是直道而行。好一個君子蘧伯玉，國家上了軌道，他便出來任官。國家離開正軌了（也就是亂了），他也能離開官位，深藏所學，避世而無忤於人。」

子曰：「可與言而不與言，失人。不可與言而與之言，失言。智者不失人，亦不失言。」

《集注》述曰：明斷則可與言，闒懦則不可與言。既寤則可與言，未寤則不可與言。謙卑則可與言，盈滿則不可與言。無挾而問則可與言，有挾而問則不可與言。

子曰：「志士仁人，無求生以害人。有殺身以成仁。」

有志於道之士，仁心為懷之人，他們絕不致因為要救自己的命而害他人。他們卻會為了完成仁德而不惜犧牲自己的性命。

宋文天祥作正氣歌，從容就義。他有幾句名言：「孔曰成仁，孟曰取義。而今而後，庶幾無愧。」

《左傳》載：晉靈宮不君，趙盾驟諫之，靈公患焉。使鉏麑賊（謀殺）之。晨往，寢門闢矣。（趙盾）盛服將朝，尚早，坐而假寐。麑退而言（自言自語）曰：「不忘恭敬，民之主也。賊（暗殺）民之主不忠。棄君之命不信。有一于此，不如死也。」觸柱而死。趙盾遂得全。

這正是一個殺身成仁的好例子。但最佳的例子還要數東漢的李固：

漢沖帝駕崩，李固時為太尉，和梁冀參錄尚書事。李固認為清河王劉蒜年長有德，要立他為帝。大將軍梁冀不聽，立樂安王的兒子劉纘，時年才八歲。是為質帝。正因帝年幼，梁冀和梁太后便能專權用事。誰知質帝非常聰慧，梁冀害怕，因命左右下毒藥，毒所質帝。李固扶屍痛哭。並仍建議立劉蒜。梁冀怕劉蒜嚴明，自己將受災禍，乃立其妹夫蠡吾侯劉志，是為桓帝。然後夥同黨羽，誣賴李固陰謀立劉蒜，因將李固誅殺。（節譯自《後漢書》卷六十三〈李固傳〉）

《後漢書》的著者范曄在〈李固傳〉後論曰：

> 夫稱仁人者，其道弘矣！立言踐行，豈徒徇名安己而已哉，將以定去就之槩，正天下之風，使生以理全，死與義合也。夫專為義則傷生，專為生則騫義，專為物則害智，專為己則損仁。若義重於生，舍生可也；生重於義，全生可也。上以殘闇失君道，下以篤固盡臣節。臣節盡而死之，則

為殺身以成仁，去之不為求生以害仁也。順桓之閒，國統三絕，太后稱制，賊臣虎視。李固據位持重，以爭大義，確乎而不可奪。豈不知守節之觸禍，恥夫覆折之傷任也。

祖覽不求生以害仁。李固則殺身以成仁。讀了這些故事，令人肅然起敬。

子貢問為仁。子曰：「工欲善其事，必先利其器。居是邦也，事其大夫之賢者，友其士之仁者也。」

《集解》孔安國曰：「言工以利器為用，人以賢友為助也。」

《集注》賢以事言，仁以德言。夫子嘗謂子貢悅不若己者。故以是告之，欲其有所嚴憚切磋以成其德也。

這章書，子貢問「為仁」，不是問「什麼是仁？」孔子告訴他：「一個工人要做好他的工作，必須要有好的工器。要修成仁德，在一國之中，為賢德的大夫辦事，和有仁德的士人相交。他們會像工人的鋒利的工器，工器能幫助工人完成好的工作，取善輔仁，賢人大夫和仁人士子能幫助你修成仁德。」

子曰：「人而無遠慮，必有近憂。」

《集解》王肅曰：「君子當思慮而預防也。」

當我們擬定一個計劃時，不能只看到眼前，而要將未來可能發生的變化考慮在內，才不會禍起蕭牆，立即受害。

漢高祖臨崩之時，只交代：「蕭相國（何）死，曹參可繼任。曹參若死，王陵可繼任，以陳平輔之。周勃重厚少文，安劉者必勃，可任太尉。」然而，卻沒料到呂后竟封諸呂為王，幾移劉氏天下。呂后封兄弟子姪為王，要榮耀他們，也沒想到長久之計，結果諸呂又為周勃劉章所滅。充分證明「人無遠慮，必有近憂。」兩句話的正確性。

子曰：「臧文仲其竊位者與。知柳下惠之賢，而不與立也！」

《集解》孔安國曰：「柳下惠、展禽也。知其賢而不舉，是竊位也。」（展獲、字禽。食邑柳下，諡曰惠。故稱柳下惠。）

《集注》竊位，言不稱其位而有愧於心。如盜得而陰據之也。范氏曰：「臧文仲為政於魯，若不知賢，是不明也。知而不舉，是蔽賢也。不明之罪小，蔽賢之罪大。」

孔子說：「臧文仲真個是竊位的小人，知道柳下惠是個正人君子，卻不舉用他！」

子曰：「群居終日，言不及義，好行小惠，難矣哉！」

《集解》鄭玄曰：「小惠，小小才智也。難矣哉，言終無成功也。」

《集注》言不及義，則放辟邪侈之心滋。好行小慧，則行險僥倖之機熟。難矣哉者，言其無以入德而將有患害也。

和人在一起，說些不合義理的話，專事小聰明，這種人，難得成事！

子曰：「君子義以為質，禮以行之，遜以出之，信以成之。君子哉！」

子曰：「君子要心存仁義，依禮而行，言語謙遜，最後言行一致而成事。這才真正是君子呀！」

子曰：「君子病能焉，不病人之不己知也。」

子曰：「君子患無才能，不患別人不瞭解自己。」

子曰：「君子疾沒世而名不稱焉。」

子曰：「君子力行善事，唯恐死後沒有聲名留下來。」

《集解》江氏曰：「匠終年運斤不能成器，匠者病之。君子終年為善不能成名，亦君子病之也。」

子曰：「君子求諸己，小人求諸人。」

《集解》君子責己，小人責人。

子曰：「君子嚴格要求自己，小人則嚴格要求別人。」

子曰：「君子矜而不爭，群而不黨。」

《集解》苞氏曰：「矜，矜莊也。」

《集注》莊以持己曰矜。然無乖戾之心，故不爭。和以處眾曰群。然無阿比之意，故不黨。子曰：「君子持己莊重，但不與人爭競。君子和眾人都合得來，但不偏袒任何人。」「黨」，我們認為有「護短」的意思。

子曰：「君子不以言舉人，不以言廢人。」

《集解》苞氏曰：「有言者不必有德，故不可以言舉人也。」

孔子曾說過：「聽其言而觀其行。」說話說得天花亂墜的人，未必真有德行。故不可因為一個人的幾句話便舉荐他。也不可因為其人地位不高而忽略他的話。

子貢問曰：「有一言而可終身行者乎？」子曰：「其恕乎！己所不欲，勿施於人。」

〈公治篇〉子貢已經說過：「我不欲人之加諸我也，吾亦欲不加諸人。」孔子卻說他「辦不到。」

本章書，孔子教子貢「己所勿欲，勿施於人。」和子貢自己說的完全相同。本章子貢問「一言」，古一言為一字。如五言律詩，七言絕句，即五個字和七個字。是以孔子提出一個「恕」字。曾子解釋孔子「吾道一以貫之」為「忠恕而已矣」。忠是律己的，恕卻是及人的。西人常說：「做錯事的是人。能饒恕的是上帝。」足見「恕」人實在不是易事。宋史中有一個好例證：

> 中書（有如今日之行政院）有事送（樞）密院（如今之參謀本部），違詔格。（寇）準在密院，以事上聞（告知皇上）。旦被責，第（但）拜謝。堂吏皆見罰。不踰月，密院有事送中書，亦違詔格。堂吏欣然呈旦，旦令送還密院。準大慚。見旦曰：「同年，甚得許大度量。」（《宋史》卷二百八十二〈王旦傳〉）

據《宋賢事蹟》載：書吏將樞密院公文呈給王旦時，都說：「請相爺也向陛下奏明，讓寇某人也受責。」王旦說：「你們認為寇準的做法是對還是錯。」大家都說：「當然是錯的。」王旦說：「你們好大膽，居然要宰相也做錯誤的事！」眾書吏聽了，沒人敢回嘴。都感到慚愧。王旦乃命書吏將公文封還寇準。像王旦這樣能「恕」人，真是了不起。這也是孔子所說的：「躬自厚而薄責於人，則遠怨矣。」

本章書孔子教子貢一個終身可以奉行的字：「恕」。

子曰：「巧言亂德，小不忍則亂大謀。」

《集解》孔安國曰：「巧言利口，則亂德義。」

《集注》巧言變亂是非，聽之使人喪其所守。小不忍如婦人之仁，匹夫之勇皆是。

婦人不忍其愛焉。匹夫不忍其忿焉！漢元帝后王氏，為王莽之姑母。王莽之興，由孝元皇后始，孝元后歷漢四世，為天下母，饗國六十餘年。群弟世權，更持國柄五將十侯，終移漢祚。王莽篡位之日，元皇后猶卷卷緊握玉璽，不欲授莽。婦人之仁，終致亡國。

漢武帝欲立弗陵為太子，而將太子之母趙倢伃處死。武帝洞曉母壯子少，宮廷定必多故。因而欲立太子，先殺其母。這正是唯恐小不忍而亂大謀，武帝之明，由此可見。武帝之忍，也由此可見。

孔子說：「巧言令色，鮮矣仁。」前面已解說過。小不忍則亂大謀，武帝劉徹立其子而殺其母的故事已解說得很清楚。

子曰：「眾惡之，必察焉。眾好之，必察焉。」

《集解》王肅曰：「或眾阿黨比周，或其人特立不群。故好惡不可不察也。」

孔子曾經說過：「惟仁者能好人，能惡人。」是以眾人惡之，眾人好之，若好之或惡之者並非仁人，而係出於個人之好惡，故必須仔細觀察。

子曰：「人能弘道，非道弘人也。」

《集解》材大者，道隨大。材小者，道隨小。故人能弘道，道不能弘人也。

《集注》人外無道，道外無人。然人心有覺，而道體無為。故人能大其道，道不能大其人也。

我們認為：《集解》和《集註》的解說都不夠清楚。而且都有一點道家的氣息。漢代的董仲舒有一篇對策，解說得甚為中肯。他說：（我們把全文譯成白話，便于讀者了解。）

道乃是經由它來治理國家的最高理念。它的工具，包括仁、義、禮、樂。是故聖王雖然去世了，他的子孫仍可享受幾百年的安寧。這乃是禮、樂教化之功。王者功成作樂。樂是用來敦厚民風、改善民俗的工具。因為，用樂來變化人民的氣質較為容易。改善風俗習慣也比較明顯。……人君誰不想安樂生存、厭惡危險和滅亡？而政治混亂、國家危亡的情形仍多見。究其原因，乃是所任的是小人。他們不以道來治國，當然政治便日見危殆了。周道壞在幽王和厲王的手上。不是道不存在，而是幽王厲王不用道來治國的緣故。到了周宣王，他懷念文王、武王的道。把應該作的、而未實行的，一一實行。把一切的弊害，全部除去。于是周道粲然復興。所以說：「人能弘道，非道弘人。」故治、亂、廢、興，全靠自己的是實行道，還是不實行道。不是上天降命，不能反抗的。

孔夫子在本章書中所說的話，無非要人自強。道是死的，人是活的。道必須經過人的發揚才能致果，能使天下太平，人民安居樂業，「人能弘道」，也就是人能將道用之于治理國家，和樂人民，發揚光大之謂。

我們把《漢書》卷五十六〈董仲舒傳〉，中所引的董仲舒對策原文附於後，供讀者參考。

道者，所繇適於治之路也，仁義禮樂皆其具也。故聖王以沒，而子孫長久安寧數百歲，此皆禮樂教化之功也。王者未作樂之時，乃用先王之樂宜於世者，而以深入教化於民。教化之情不得，雅頌之樂不成，故王者功成作樂，樂其德也。樂者，所以變民風，化民俗也；其變民也易，其化人也著。故聲發於和而本於情，接於肌膚，臧於骨髓。故王道雖微缺，而筦絃之聲未衰也。夫虞氏之不為政久矣，然而樂頌遺風猶有存者，是以孔子在齊而聞韶也。夫人君莫不欲安存而惡危亡，然而政亂國危者甚眾，所任者非其人，而所繇者非其道，是以政日以仆滅也。夫周道衰於幽厲，非道亡也，幽厲不繇也。至於宣王，思昔先王之德，興滯補弊，明文武之功業，周道粲然復興，詩人美之而作，上天祐之，為生賢佐，後世稱頌，至今不絕。此夙夜不解行善之所致也。孔子曰「人能弘道，非道弘人」也。故治亂廢興在於己，非天降命不可得反。

子曰：「過而不改，是謂過矣。」

《集注》過而能改，則復於無過。唯不改，則其過遂成。而將不及改矣。

過而能改，善莫大焉。這和佛家「放下屠刀，立地成佛」有相同之處。

亞聖顏回「不二過」。也就是他也會犯過錯，。只是他一旦發現自己錯了，便立即改正，並且再也不犯同樣的過錯。

蘧伯玉是一位賢人。他派使者向孔子請安。孔子問起時，使者說：「夫子（指蘧伯玉）欲寡其過未能也。」意思是說：蘧伯玉一直在努力改正自己的過錯。

漢成帝時，將作大匠（工程部長之流）解萬年為了要討好皇帝興造「昌陵」（古帝王埋骨之所），說三年可造成。結果造了五年還沒造好。勞民傷財，天下震動。成帝為穩定人心，于永始元年下詔自責：

朕執德不固（不能擇善固執），謀不盡下。過聽將作大匠萬年，言昌陵三年可成。作治五年，中陵、司馬殿門尚未加功。天下虛耗，百姓罷（疲）勞，客土疏惡，終不可成。朕惟其難，怛然傷心。夫「過而不改，是謂過矣」。其罷昌陵。

這一個詔書，便是根據本章書而作的。

更好的照例証是《後漢書》卷六十八〈郭林宗傳〉所載：

（譯成白話）陳留人左原，本是郡學的學生。因為犯法而被開除。有一天，郭林宗和他在路上相遇。林宗請他吃飯。安慰他。郭林宗說：「顏涿聚原是梁甫地方的大盜，段干木本是晉國的大流氓。但他們都能改過自新，立志向上。結果：顏涿聚成了齊國的大忠臣，段干木成了晉國的大賢人。蘧伯玉派人見孔子，使者對孔子說：「夫子欲寡（減少）其過而不能。」顏回是孔子最愛的弟子，他也犯錯，只是他有過必改，不再重蹈覆轍。這些人都是賢人，他們都犯過錯。所以，你不要心懷恚恨，只要反躬自責自省，知過必改，將來前途無量。」左原聽了郭林宗的勸告後感繳。高高興興的走了。

郭林宗把本章書詮釋得很好。而這一段話也可作為我們的座右銘。

子曰：「智及之，仁不能守之，雖得之，必失之。智及之，仁能守之，不莊以蒞之，則民不敬。智及之，仁能守之，莊以蒞之，動之不以禮，未善也。」

諸侯為邦，雖有治邦的智慧，但不能施仁政，太過自私，雖得了國，終必失國。治邦有智慧，有仁政，但本身不能莊重對人民，便不能得到人民的尊敬。即使智慧、仁政、莊重都有了，還要行動合禮，才算是盡善盡美。

《集解》苞氏曰：「智能及治其官，而仁不能守，雖得之，必失之也。」

《集注》云：智足以知此理，而私慾間之，則無以有之于身矣。

《後漢書》卷四十〈班彪傳〉，史官論曰：班彪和他的兒子班固都譏笑司馬遷。認為太史公「頗謬于聖人。」因為司馬遷「崇黃、老而薄六經，輕仁義、賤守節。他的議論。常排死節，否定正直，不敘說殺身成仁之美。他雖然博物洽聞，卻不能用他的智慧免去腐刑。是以，他的作為便是孔子所說的：

「智及之而仁不能守之。」可嘆哉，古人所以致論于目睫也。（智慧像眼睛，見毫毛而不能看見自己的眼睫毛。）

子曰：「君子不可小知，而可大受也。小人不可大受，而可小知也。」

《集注》此言觀人之法。知、我知之也。受、彼所受也。蓋君子於細事未必可觀，而材德足以任重。小人雖器量淺狹，而未必無一長可取。

孔子說：「君子在細微小事上可能表現得不怎麼樣，但他的材德可擔當大任。小人材德不足以擔當大任，但也可能在細微小事上有所成就。」

子曰：「民之於仁也，甚於水火。水火，吾見蹈而死者矣，未見蹈仁而死者也。」

子曰：「仁民需要統治者施以仁政，比他們需要水火還急迫。但我們見到有人被火燒水溺，卻沒見到會因仁而死的。」

子曰：「當仁不讓於師。」

《集解》孔安國曰：「當行仁之事，不復讓於師。行仁急也。」

《集注》當仁，以仁為己任也。雖師亦無所遜。言當勇往而必為也。蓋仁者，人所自有而自為之，非有爭也，何遜之有？

孔子說：「通常弟子對於師長都存謙讓。但在修仁德上，卻要奮力向前，不落人後。超過老師也可以。」

子曰：「君子貞而不諒。」

《論語別裁》中說：「不諒不是不原諒，是說一個君子，要真正的誠敬而不能馬虎，不能隨便的違反了正義。」

我們認為這個解釋不很清楚。

按《集解》孔安國曰：「貞、正也。諒、信也。君子之人正其道耳。言不必有信也。」

這才是正解。《集注》因之。我們讀《漢書》卷七十二〈王貢兩龔鮑傳〉坿〈薛方傳〉：

薛方嘗為郡掾祭酒，嘗徵不至。及（王）莽以安車迎方，方因使者辭謝曰：「堯、舜在上，下有巢、由。今明主（稱王莽）方隆唐、虞之德，小臣欲守箕山之節也。」

薛方不欲出任新朝王莽的官，稱王莽為堯、舜一樣的聖君。但堯、舜之世尚有許由、巢父等不仕的隱士，是以薛方也願意在王莽「隆唐、虞之德」的朝代做一個隱士。他的「假設」，乃在存自己的貞固。所以班固稱讚他「貞而不諒。」顏師古注云：《論語》稱：「孔子曰：『君子貞而不諒』，謂君子之人正其道耳，言不必信也。薛方志避亂朝，詭引巢、許為喻，近此義也。」這才是「貞而不諒」的真正意義。

子曰：「事君，敬其事而後其食。」

《集解》孔安國曰：「先盡力，然後食祿也。」

《集注》君子之仕也，有官守者脩其職，有言責者盡其忠。皆以敬吾之事而已，不可先有求祿之心也。

孔子說：「事君以忠，敬事盡職，不以食祿之多寡為前題。」

子曰：「有教無類。」

《集注》人性皆善，而其類有善惡之殊者，氣習之染也。故君子有教，則人皆可復於善，而不當復其類之惡矣。

孔子的意思是說：不管是善人惡人，上知與平凡人，富家子弟與貧窮子弟，都應加以教育。使善者更善，惡者向善。

子曰：「道不同，不相為謀。」

《集注》不同、如善惡歪正之類。

我們讀《史記》卷六十三〈老子韓非列傳〉中，太史公說：「世之學老子者則絀儒學。儒學亦絀老子。『道不同不相為謀。』豈謂是邪？」

太史公又說：「『道不同不相為謀』，亦各從其志也。」（《史記》卷六十一《伯夷列傳》）

太史公的外孫楊惲在〈報孫會宗書〉中說：

董生（仲舒）不云乎：「明明求仁義常恐不能化民者，卿大夫意也。明明求財利常恐困乏者，庶人之事也。故云，道不同，不相為謀。」今子安得以卿大夫之制而責僕哉？

楊惲辯得頗有道理。

子曰：「辭達而已矣。」

《集解》孔安國曰：「凡事莫過於實足也。辭達則足矣，不煩文豔之辭也。」

《集注》辭取達意而止，不以富麗為工。

說話說得清楚明白就好了，孔子便討厭「巧言」。寫文章詞能達意就好了，不必太過文飾。我們認為，孔子本章書的意思便在此。

季氏　第十六

季氏將伐顓臾，冉有、季路見於孔子曰：「季氏將有事於顓臾。」孔子曰：「求無乃爾是過與？夫顓臾，昔者先王以為東蒙主，且在邦域之中矣。是社稷之臣也，何以為伐為？」冉有曰：「夫子欲之，吾二臣者皆不欲也。」孔子曰：「求，周任有言曰：『陳力就列，不能者止。』危而不持，顛而不扶，則將焉用彼相矣？且爾言過矣！虎兕出柙，龜玉毀櫝中，是誰之過矣？」冉有曰：「今夫顓臾，固而近於費。今不取，後世必為子孫憂。」孔子曰：「君子疾夫。舍曰欲之，而必為之辭。丘也聞有國有家者，不患寡而患不均，不患貧而患不安。蓋均無貧，和無寡，安無傾。故遠人不服，則修文德以來之。既來之，則安之。今由與求也，相夫子，遠人不服，而不能來也。邦分崩離析而不能守也。而謀動干戈於邦內。吾恐季孫之憂，不在顓臾，而在蕭墻之內也。」

《集解》孔安國曰：「顓臾、宓犧之後，風姓之國。本魯之坿庸，當時臣屬魯。季氏貪其地，欲滅而有之。冉有與季路為季氏臣，來告孔子。」又曰：「冉求為季氏宰，相其室為之聚斂。故孔子獨疑求教也。」為東蒙主，使主祭蒙山也。馬融曰：「周任，古之良吏也。言當陳其才力，度己所任，以就其位。不能則當止也。」苞氏曰：「言輔相人者，當能持危扶顛。若不能，何用相為也？」馬融曰：「柙，檻也。櫝，櫃也。失毀，非典守者之過耶？」鄭玄曰：「蕭之言肅也。蕭墻謂屏也。君臣相見之禮，至屏而加肅敬焉。是以謂之蕭墻。後季氏之家臣陽虎果囚季桓子也。」

季氏將攻打顓臾，冉有和季路為季氏之臣，乃專程就教於孔子。冉求相季氏，曾有為季氏聚斂之事。孔子乃罵他：「冉求你太過分了吧！顓臾是先王命令為東蒙主，主祭蒙山的。而且在魯國國境之內，是社稷之臣，為何要伐滅它呢？」冉有曰：「這都是季氏的願望，我和季路都不想如此！」孔子說：「求，古來的良吏周任曾經說過：『先估計自己的才能而後出任適合的職位。不能勝任便應停止。』一個為人家做家相的，應該有能力持危扶顛。否則，用家宰做什麼？而且你推諉責任的話也太過分了。虎兕等猛獸從檻中跑了出來，龜玉在櫃中損毀了，是誰的過錯呢？」冉有說：「顓臾城郭完整，兵堅甲利，又靠近季氏所轄的費城。現在不佔取顓臾，子孫後代必會擔驚害怕顓臾。」孔子罵道：「求，不說季氏貪欲，而必用其他的話來搪塞，君子疾恨你這種說法。我聽說有國有家者，不患人民之寡少，而患政治之不公平。不患國家窮，而患國家不安定。要是政治公平便沒窮人。一團和氣便不怕地少人稀，安定便不會傾滅。要如此，若遠人不服，便修文德以招來遠人。既招來了遠人，便安頓他們。現在你們兩個為季氏宰輔，遠人不服而又無法招來。國家分崩離析又守不住。竟然想在境內起戰爭，動刀兵，我恐怕季氏要擔憂的不是顓臾，而是災禍將起於蕭墻之內！」

我們現在拿幾個歷史故事來說明本章書。

葛亮前出師表中所說他和劉備所痛恨的「親小人，遠賢臣。」使漢室衰微的桓帝。

桓帝既立，梁冀當然要除去李固。乃藉故將李固關入牢中，判死刑。行刑之前，李固致書胡廣和趙介。書中說：「公等受主厚祿，顛而不扶，傾覆大事！後之良吏，豈有所私？固身已矣。于義得矣。兼復何言？」（參閱《後漢書》卷六十三〈李固傳〉。）

李固所言，即根據孔子所說的：「危而不持，顛而不扶，焉用彼相矣！」

《貞觀政要》中，唐宰相杜如晦說：「昔晉惠帝賈后將廢愍懷太子，司空張華竟不能苦爭，阿意苟免。及趙王倫舉兵廢后，遣使收華。華曰：「將廢太子日，非是無言，當不被納用」。其使曰：「公為三公，太子無罪被廢，言既不從，何不引身而退？」華無辭以答。遂斬之。夷其三族。古人有云：「危而不持，顛而不扶，則將焉用彼相？」故君子臨大節而不可奪也。張華既抗直不能成節，遜言不足全身，王臣之節，固已墜矣。

又如後漢太尉楊震，號稱關西夫子。在朝抗直無私，力抗群小。最後被收太尉印綬，遣歸本郡。在回鄉路上，他對諸子及門人說「死者、士之常分。我蒙恩居太尉之職，疾姦臣狡猾而不能誅，惡嬖女傾亂而不能禁，何面目復見日月？」因飲酖卒。《後漢書》著者范曄論曰：「孔子稱：『危而不持，顛而不扶，則將焉用彼相與？』（楊震）誠以負荷之寄，不可以虛冒。崇高之位，憂重責深也。延光之間，震為上相，抗直方以臨權枉，先公道而後身名，可謂懷王臣之節，識所任之體矣。」（《後漢書》卷五十四〈楊震傳〉。）

本章書中，孔子說冉有和季路不能諫正季氏，明白指正他們：要擔任某一職位，要先估量自己的能力行不行（陳力就列）。若擔任一個官職卻不能作到自己該作的事，只有離職。危不能持，顛不能扶，要官員作什麼？

至于「修文德以來遠人。」可參考〈子路〉第十三，「近者悅、遠者來」條所引「羊祜」的故事，「謀動干戈于邦內，吾恐季孫之憂，不在顓臾，而在蕭墻之內也。」這一節，後漢魏相有一篇奏章，可作註解：

元康中，匈奴遣兵擊漢屯田車師者，不能下。上與後將軍趙充國等議，欲因匈奴衰弱，出兵擊其右地，使不敢復擾西域。相上書諫曰：「臣聞之，救亂誅暴，謂之義兵，兵義者王；敵加於己，不得已而起者，謂之應兵，兵應者勝；爭恨小故，不忍憤怒者，謂之忿兵，兵忿者敗；利人土地貨寶者，謂之貪兵，兵貪者破；恃國家之大，矜民人之眾，欲建威於敵者，謂之驕兵，兵驕者滅：此五者，非但人事，乃天道也。間者匈奴嘗有善意，所得漢民輒奉歸之，未有犯於邊境，雖爭屯田車師，不足致意中。今聞諸將軍欲興兵入其地，臣愚不知此兵何名者也。今邊郡困乏，父子共犬羊之裘，食草萊之實，常恐不能自存，難於動兵。『軍旅之後，必有凶年』，言民以其愁苦之氣，傷陰陽之和也。出兵雖勝，猶有後憂，恐災害之變因此以生。今郡國守相多不實選，風俗尤薄，水旱不時。案今年計，子弟殺父兄、妻殺夫者，凡二百二十二人，臣愚以為此非小變也。今左右不憂此，乃欲發兵報纖介之忿於遠夷，殆孔子所謂『吾恐季孫之憂不在顓臾而在蕭墻之內』也。願陛下與平昌侯、樂昌侯及有識者詳議乃可。」

上從（其）（相）言而止。

（見《漢書》卷七十四〈魏相傳〉）

孔子曰：「祿之去公室五世矣。政逮於大夫四世矣。故夫三桓之子孫微矣。」

《集解》鄭玄曰：「言此之時，魯定公之初也。魯自東門襄仲殺文公之子赤而立宣公，於是政在大夫。爵祿不從君出，至定公為五世矣。」孔安國曰：「三桓者，謂仲孫、叔孫、季孫。三卿皆出桓公，故曰三桓也。仲孫氏改其氏稱孟氏，至哀公皆衰也。」

孔子說：「在魯國歷經宣公、成公、襄公、昭公、定公共五世，爵祿都不從國君出。政歸於大夫也四世了。大夫陵其上，何以令其下，故三桓的子孫也就衰微了。」

孔子曰：「益者三友，損者三友。友直、友諒、友多聞，益矣。友便辟、友善柔、友便佞，損矣。」

《集解》馬融曰：「便辟，巧避人所忌以求容媚者也。善柔，面柔者也。」鄭玄曰：「便、辯也。謂佞而辯也。」

《集注》友直則聞其過。諒則進於誠。友多聞則進於明。便，習熟也。便辟，謂習於威儀而不直。善柔，謂工於媚說而不諒。便佞，謂習於口語而無聞見之實。三者損益正相反也。述曰：「謹案，諒、古通亮，信也。蓋諒有文同義異者。皆經文自著其義焉。〈憲問篇〉朱注云：『諒、小信也。』以其文自匹夫匹婦言也。〈衞靈公篇〉云：『君子貞而不諒』，此諒與貞對文，其為小信明矣。今此經文以益者言友諒，其不為小信亦明矣。」

孔子說：「朋友有益友和損友。三種益友，包括正直之人，信實的人和多見聞的人。這三種人對於你走上正途都有幫助。三種損友，包括巧於哄騙討好而不正直的人，工於媚悅而不信實的人和信口開河而無見聞的人。他們有損於你的修德進學。」

孔子曰：「益者三樂，損者三樂。樂節禮樂、樂道人之善、樂多賢友，益矣。樂驕樂、樂佚遊、樂宴樂，損矣。」

《集注》節，謂辨其制度聲容之節。驕樂則侈肆而不知節。

孔子說：「有三種快樂是有益的。樂於有節奏有節制的禮樂，樂於稱道他人的善事，樂於有眾多有賢德的朋友。有三種快樂是有害的：樂於侈肆而無節制的樂，樂於不節制的遊玩，樂於流連忘返的宴樂。」

孔子曰：「侍於君子有三愆：言未及之而言謂之躁，言及之不言謂之隱，未見顏色而言謂之瞽。」

《集解》孔安國曰：「愆、過也。」鄭玄曰：「躁、不安靜也。隱、隱匿不盡情實也。」周生烈曰：「未見君子顏色所趣向而便逆先意語者，猶瞽者也。」

《集注》尹氏曰：「時然後言，則無三者之過矣。」

孔子說：「侍奉有德位的君子，容易犯三種錯誤。還沒輪到你說話的時候而搶著說，這是過於急躁。該你說話的時候你卻怕負責任，不敢說，這叫隱匿。沒有弄清楚對方的表情、心境，而逆度對方的心意，自以為是的說話，那簡直是瞎子。」

子曰：「君子有三戒：少之時，血氣未定，戒之在色。及其壯也，血氣方剛，戒之在鬥。及其老也，血氣方衰，戒之在得。」

《集注》范氏曰：「聖人同於人者血氣也。異於人者志氣也。血氣有時而衰，志氣則無時而衰也。少未定、壯而剛、老而衰者，血氣也。戒於色、戒於鬥、戒於得者，志氣也。君子養其志氣，故不為血氣所動。是以年彌高而德彌邵也。」述曰：皇疏云：「君子自戒，其事有三。少謂三十以前也。壯謂三十以上也。老謂五十以上也。」邢疏義同。

孔子說：「君子應有三戒：年青的時候，生理發展還未完全，要戒女色。壯年的時候，身強力壯，發育完全，最易動氣好鬥，應以為戒。年老體弱之後，不免起貪得之心，更當自我節制，深以為戒。」

孔子曰：「君子有三畏：畏天命、畏大人、畏聖人之言。小人不知天命而不畏也。狎大人，侮聖人之言。」

本章書，孔子又談天命。故《子罕》章「子罕言利與命與仁」應點句為：「子罕言利。與命與仁。」子不言利，但對命和仁卻是經常要說到的。與是贊成的意思。

《集解》註：順吉逆凶，天之命也。大人，即聖人。與天地合其德者也。深遠不可易，則聖人之言也。天命恢疏，故不知畏也。（聖人）直而不肆，故狎之也。（聖人之言）不可小知，故侮之也。

《集注》畏者，嚴憚之意也。天命者，天所賦之正理也。知其可畏，則其戒謹恐懼，自有不能已者。侮、戲玩也。不知天命，故不識義理。而無所忌憚。尹氏曰：「三畏者，修己之誠當然也。小人不務修身誠己，則何畏之有？」

儒家所說的命，和佛家的因果關係似乎有相通之處。以我們今日來看，天命有點像自然法則，是以人人都要遵守。所以孔子說：「君子畏天命，而聖人之言，合天之德，既畏天命，當然也就畏聖人之言，畏聖人之威。小人不知天高地厚，惟私利之是圖，放縱慾心，那知道畏天命，對聖人之言也不予尊重遵守，甚至於對聖人本人予以戲侮！」

孔子曰：「生而知之者，上也。學而知之者，次也。困而學之，又其次也。困而不學，民斯為下矣！」

《集解》孔安國曰：「困，謂有所不通也。」

《集注》本章言人之氣質不同，大約有此四等。

這幾句話的最大意義是：孔子重視教育。孔子主張：性相近也，習相遠也。人性相似，但若不予以好好的教育，習於善者為君子為善人。習於惡者為小人、惡人。

此處的「之」字，我們以為是代表「仁」字。孔夫子是最講求仁的。仁，包括做人的一切道理。當然也包括了格物—明瞭物和事的道理。

《小戴禮記》第十八學記中說：「玉不琢，不成器。人不學，不知『道』。是故曰古之王者，建國君民，教學為先。」「道」是什麼？在孔子來說，似乎便是「仁」的同義字。而道所包涵的，比仁還要廣些。

（或將上引禮記中的話以不同的見解斷句為：「是故古之王者建國，君民教學為先。」拙見以為，在這裡，「建」和「君」都是動詞。建國，建立一個政權的意思。君民，統治人民的意思。）生而知之者，乃是聖人。實在少之又少。生而知之，是「自誠明」。學而知之者，是「自明誠」。人不學，怎麼能知「道」呢？聖人生而知仁，由仁而明瞭事物的大道。自然是最上。其次，由學而明瞭事物的道理，達到仁的境界，也還是不錯的。遇到各種困難、挫折而終於通達了，當然又次一等，若是經過困難和挫折而不肯好好的學，那就太差勁了。

孔子論「知」，在《論語》〈雍也〉、〈陽貨〉兩篇中都說到過。但他相當看重結果。《中庸》第二十章中說：「哀公問政，子曰：『……或生而知之，或學而知之，或困而知之。及其知之，一也。或安而行之，或利而行之，或勉強而行之，及其成功，一也。』」

聖人生而知之，普通人豈能生而知之？但普通人能力學，甚至乎在重重困難之中體會到，一旦我們知「道」了，和聖人、仁人的「知」並沒有分別，孔夫子常說：「仁者安仁，知者利人。」也就是上一段所說的「安而行之，利而行之」。一般人能勉強而行之，和聖人、仁人的成功也是一樣的。

假如一般人，連飯也吃不飽，那裡還有意願去學？這使我們想起《春秋繁露》二十九篇〈仁義法〉中孔子教訓冉有的話。孔子說：「治民者，先富之，而後加教。」為什麼要先富後教？荀子在他的《荀子》一書第二十七篇〈大略〉中說：「不富無以養民情，不教無以理民性。故家五畝宅，百畝田，務其實而不失其時，所以富之也。設庠序，脩六禮，明七教，所以道之也。詩曰：『飲之食之，教之誨之，王事具矣。』」

荀子認為人性本惡，若讓人性自由發展，每個人都必然成為惡人。所以要「道之」使成「仁人」。道，導也。孟子認為人性本善，要把這些善根予以培養、發揚，也要「謹庠序之教，申之以孝悌之義。」他們看重「教」，卻是一致的。

我們以為：聖人提倡教育的目的是使人知「道」。而後來讀書的人，他們所以受教的目的是「干祿」。所謂學而優則仕。明葉適先生在他的《水心集》卷三〈法度總論〉中說：「古者，化天下之人而為士，使之知義。今者，化天下之人而為士，盡以入官。」且看我們當前的教育，似乎是「化天下之人為專家。」他們可以憑一己之長，或做文官，或為武將，或從事各種行業，以干祿謀生為第一，至於他們知不知「義」，卻似乎被教育當局所忽視了。是以今日之社會道德不振，治安不好，實在是教育不能「道民知義」的過錯。

孔子曰：「君子有九思：視思明、聽思聰、色思溫、貌思恭、言思忠、事思敬、疑思問、忿思難、見得思義。」

《集注》視無所蔽則明無不見。聽無所壅則聰無不聞。色見於面者，貌舉身而言。思問則疑不蓄。思難則忿必懲。思義則得不苟。邢疏云：「若一朝之忿忘其身以及其親，是不思難者也。」皇疏云：江熙曰：「義然後取也。」述曰：「君子與人相見者，先接之以視聽，次接之以色貌，次接之以言，次接之以事。既有事矣，斯或有疑，斯或有忿，斯或有得，此九思之序也。」

孔子說：「君子要想到九件事。看東西想到明亮的視力、聽要想到好的耳力，臉色要溫和——（〈述而〉篇中說孔子：「溫而厲、威而不猛、恭而安。」）——形貌要恭謹。說話要忠實，做事要敬業，有疑問要弄清楚——（孔子入太廟每事問。）忿怒要想到自身和親人，不可逞一時之氣，有收獲要想到是否合乎義。」

我們現在舉一個「忿思難」的歷史例証：

我們看《後漢書》卷六十四〈吳祐傳〉載：安丘地方一個叫毋丘長的男子，某日，和母親同行市中。道愚醉客辱其母。安丘長氣憤難忍，一刀把醉客刺死，逃亡到膠東，結果仍被逮到。吳祐當時是膠東侯相（膠東侯的秘書長）。

他對毋丘長說：「子見母辱，人情所恥。但是一個孝子，憤怒之時要顧到後來的困難結果，動不累親。你背親逞怒，白日殺人，要赦免你，不合乎義。要將你予以逮捕，加以刑罰，又于心不忍，要如何是好呢？」毋丘長說：「長官雖哀矜罪民，但也恩無可施！」吳祐又問他：「有妻嗎？」對曰：「有妻，尚未有子。」于是吳祐下令把毋丘長的老婆抓來，和毋丘長關在一起。至冬盡行刑之時，毋丘妻已懷孕。毋丘長跪對其母說：「孩兒不孝，殺人抵死，如何可報答吳長官呢？」他啃下自己一根手指，和血吃下肚。向母親說：「妻若生子，便名之為『吳生』。告訴他我臨死呑指為誓，囑咐孩子要報吳君的大恩大德。」之後，上吊身亡。

毋丘長因人辱其母而殺人，若非吳祐，他不但使母親遭失子之痛，也使自己絕了後。是以孔子說：「忿思難。」又說：「一朝之忿，忘其身以及其親，非惑與？」（〈顏淵篇〉）

> 孔子曰：「見善如不及，見不善如探湯。吾見其人矣，吾聞其語矣。隱居以求其志，行義以達其道，吾聞其語矣，未見其人也。」

《集解》孔安國曰：「探湯、去惡疾也。」

《集注》述曰：皇疏云：「如不及者，見有善恐己不能相及也。」邢疏云：「如探湯者，探試熱湯，去之必速也。」

孔子說：「若有人看見善事唯恐自己做不到，看見惡事便好像手伸在熱湯裡，趕緊縮開。如此，我也見到了他的人，也聽到了他的話。若有人隱居自得，行善達道，我聽到了他的話，雖然沒有見到他的人。」

齊景公有馬千駟，死之日，民無得稱焉。伯夷叔齊餓於首陽之下，民到于今稱之。其斯之謂矣。

《集解》馬融曰：「首陽山在河東蒲板縣華山之北，河曲之中也。」王肅曰：「此所謂以德為稱者也。」

《集注》胡氏曰：「程子以為〈顏淵篇〉第十章『誠不以富，亦祇以異。』乃誤植。此二句書應在本章書之首。今詳文勢，似當在『其斯之謂矣。』句之前。言人之所稱，不在於富，而在於異也。」

孔子說：「齊景公有馬千駟（一駟為四匹），死了之後，他沒有什麼德行可供人民稱道。伯夷、叔齊兩人餓死首陽山下，至今人民還在稱讚他們。（人之所稱，不在有錢無錢，而在他們有異於常人的德行。）正是這種情形的寫照。」

陳亢問於伯魚曰：「子亦有異聞乎？」對曰：「未也。嘗獨立，鯉趨而過庭。曰：『學詩乎？』對曰：『未也。』曰：『不學詩，無以言也。』鯉退而學詩。他日，又獨立，鯉趨而過庭。曰：『學禮乎？』對曰：『未也。』『不學禮無以立。』鯉退而學禮。聞斯二者矣。」陳亢退而喜曰：「問一得三。聞詩，聞禮，又聞君子之遠其子也。」

《集注》述曰：馬注云，以為伯魚孔子之子，所聞當有異。皇疏云：「或私教伯魚。有異門徒聞也。」

陳亢問伯魚（孔子的兒子孔鯉，字伯魚。）說：「令尊有沒有特別教你點什麼？」對曰：「沒有。父親嘗獨立庭中，鯉趨而過庭。父親問：『有沒有學詩？』對曰：『沒有。』曰：『不學詩無以言。』鯉退而學詩。他日，又獨立，鯉趨庭而過。父親問：『有沒有學禮？』對曰：『還沒有。』父親說：『不學禮，無以立。』鯉退而學禮。只聽到這兩樣。」陳亢退而高興的說：「問一件事，得到了三件。聽到不學詩無以言，不學禮無以立。還有就是君子不和兒子在一起太近。」

按：古來行人之官，即是今日的外交官，都要懂得詩。懂得詩，才會說話。《集注》云：「事理通達而心氣和平，故能言。」又說：「品節詳明，而德性堅定，故能立。」

陽貨　第十七

陽貨欲見孔子，孔子不見，歸孔子豚。孔子時其亡也，而往拜之。遇諸塗。謂孔子曰：「來，予與爾言。」曰：「懷其寶而迷其邦，可謂仁乎？」曰：「不可。」「好從事而亟失時，可謂知乎？」曰：「不可。」「日月逝矣，時不我與。」孔子曰：「諾。吾將仕矣。」

《集解》孔安國曰：「陽貨、陽虎也。季氏家臣而專魯國之政。欲見孔子，使仕也。」「欲使往謝，故遺孔子豚也。」「塗、道也。於道路與相逢也。」馬融曰：「言孔子不仕，是懷寶也。知國不治而不為政，是迷邦也。」孔安國曰：「言孔子栖栖好從事，而數不遇，失時不為有智也。」馬融曰：「年老、歲月已往，當急仕也。」

《集注》陽貨、季氏家臣，名虎。嘗囚季桓子而專國政。欲令孔子來見己，而孔子不往。貨以禮：大夫有賜於士，不得受於其家，則往拜其門。故瞰孔子之亡而歸之豚，欲令孔子來拜而見之也。

懷寶迷邦，謂懷藏道德，不救國之迷亂。亟、數也。失時謂不及事機之會。陽貨之欲見孔子，雖其善意，然不過欲使其助己為亂耳。故孔子不見者，義也。其往拜者，禮也。必時其亡而往者，欲其稱也。遇諸塗而不避者，不終絕也。隨問而對者，理之直也。對而不辯者，言之遜而亦無所詘也。

陽貨原是季氏的家臣，居然犯上把季桓子關起來，自己主政。他想見孔子，使孔子出仕。孔子卻不願見他，更不願出仕協助叛臣陽貨。陽貨很詭，送豬肉給孔子。依禮大夫賜禮於士，士必須到大夫家拜謝。陽虎這一招是迫孔子往見。孔子知禮，一定要去見陽虎拜謝的。但孔夫子也耍了一點手段，待到陽貨不在家時往拜謝。不料人算不如天算，回途中竟和陽貨相遇，於是兩人展開一場對白。

陽貨說：「過來，我給你說：一個士人身懷才能而不顧家邦之治亂，不出來從政，算得上仁嗎？」孔子說：「算不得為仁。」陽貨又說：「願意為社會服務，卻屢屢失去機會，可稱為智嗎？」曰：「不可！」陽貨最後說：「時間很快的過去了，年歲是不會等我們的。」孔子說：「是，我將出仕了。」

仕、做官。出仕政府的官員。使仕、使人去做官。催促一個人去做官。

子曰：「性相近也，習相遠也。」

《集解》孔安國曰：「君子慎所習也。」

《集注》朱子云：「此所謂性，兼氣質而言者也。氣質之性，固有美惡之不同矣。然以其初而言，則皆不甚相遠也。但習於善則善，習於惡則惡，於是始相遠耳。」

天生萬物，各有其特性。以現今科學而言，這種特性與基因相近。此處孔子所說的性，是指人性。明示天生無善惡之分。賢、不肖，成於後天的薰染。（蕭公權：《中國政治思想史》一篇三章五節。）

《中庸》開頭便說：「天命之謂性，率性之謂道，修道之謂教。」修、就是教育，就是薰染。

一個人的性，乃天生而來。古人談性，大的有四種說法。孟子主張人性本善。他是孔子的孫子子思的門徒。《中庸》說：「率性之謂道。」性若是惡的，則率性而為便不足為道了。可能因為這句話，孟子乃創性善之說。荀子卻主張人性本惡。告子認為人性可以為善，可以為惡。楊雄言人性善惡混。他認為人之本性乃善惡雜處於心，修其善則為善人。修其惡則為惡人。王充在他的《論衡》中說：「周人世碩以為人性有善有惡，舉人之善性養而致之，則善長；性惡養而致之，則惡長。」他還說孔子弟子漆雕開、宓子賤、公孫尼子等也論情性，和世碩差不多。又以為「孟軻言人性善者，中人以上者也。荀子言人性惡者，中人以下者也。楊雄言人性善惡混者，中人也。」這個說法他把人性和人智混為一談，顯然不正確。曾子「魯」，卻能傳孔子之道。唐李林甫聰明絕頂，卻是大惡人！

或謂：為何要辯論人性之本善或本惡呢？因為，學者一旦認定人性之是善是惡，便決定了他的人生觀，決定了他的思想體系。古人討論政治，均由人性為出發點。孟子主張性善，所以他不談以賞勸善，以刑懲惡。他認為每一個人都有惻隱之心、是非之心、羞惡之心、辭讓之心。「惻隱之心，仁之端也。羞惡之心，義之端也。辭讓之心，禮之端也。是非之心，智之端也。」（《孟子》卷三〈公孫丑〉上）有此四端，若加以發揮，便成善人。荀子主張性惡，所以他認為應該用刑來懲惡，設賞以勸善。

筆者知不足以盡人性，不敢妄加評斷。但就「性相近、習相遠。」兩句話來解讀，孔子的意思可能是：當人初生之時，天賦的性是差不多的。其後因學習、習慣，漸漸不同了。范曄所撰《後漢書》卷六十七〈黨錮列傳〉的序文中說：「孔子曰：『性相近也，習相遠也。』言嗜惡之本同，而遷染之塗異也。」解釋得還算差強人意。（嗜惡、好惡也。）

今人錢穆在他的《至賢先師—孔子與中華文化》一文中說：「人之一己，必分男女兩性，此乃自然。中國人則謂之天命⋯⋯」假如說「天命之謂性」乃是說人之男女性別，恐怕有很多學者不會同意的吧！

漢代賈誼上書中曾說：

習與善人居，不能無為善。猶生長齊，不能無齊言也。習與惡人居，不能無為惡，猶生長于楚，不能無楚言也。

生長于英、美諸國的人，當然會操英語。和蠻夷相處的人，免不了染上兇性。所以孟子的母親三遷其居，避免孟子受鄰居的影響。賈誼這幾句話解說得很好。

子曰：「唯上知與下愚不移。」

《集注》程子曰：「人性本善，有不可移者，何也？語其性，則皆善也，語其才，則有下愚之不移。所謂下愚有二焉，自暴自棄也。人苟以善自治，則無不可移，雖昏愚之至，皆可漸磨而進也。惟自暴者拒之以不信，自棄者，絕之以不為。雖聖人與居，不能化而入也。仲尼之所謂下愚者，然其質非必昏且愚也，往往強戾而才力有過人者，商辛是也。聖人以其自絕於善，謂之下愚，然考其歸，誠愚也。」

《集解》孔安國曰：「上智不可使強為惡，下愚不可使強賢也。」

這兩句話和前面（性相近也，習相遠也。）兩句連在一起，因之有許多學者都把「知」和「性」混為一談。余師薩孟武先生說：「上一章言性，性有善惡。下一章言知，知有智愚。在歷史上，大惡之徒常是知慧甚高的人，大賢的知慧又未必均是大智。（像曾子。孔子說：『參也魯』（論語。先進），而能傳孔子之道。〉是則性之善惡與知之智愚固不可混而為一（儒家政論衍義第一章第一節）。」

實際上，宋朝的蘇軾即曾說過：「夫性與才相近而不同。其別不啻若黑白之異也。聖人之所與小人共之，而皆不能逃焉，是真所謂性也。而其才固將有所不同。今木得土而後生，雨露風氣之所養，暢然而遂美者，木之所同也。性也。而至於堅者為轂，柔者為輪，大者為楹，小者桷。桷之不可為楹，輪之不可以為轂，是豈其性之罪邪？天下之言性者皆雜乎才而言之，是以紛紛而不能一也。孔子所謂中人可以上下，而上智與下愚不移者，是論其才也。而至於言性，則未嘗斷其善惡。曰性相近也，習相遠也而已。韓愈之說則有甚者。離性以為情，而合才以為性，是故其論終莫能通。」（蘇東坡全集應詔集卷十楊雄論）。

而論語註疏中，邢昺、朱熹諸人，言性之時，也把才放在一起。

前章說明人性之善惡。本章說明才識之高低。才識之有高低，一如人之有高矮，和性是沒有關係的。我們贊同東坡先生和薩孟武先生的說法。

至於上知與下愚，前面〈雍也〉篇中已經說過了，這裡不贅。本章的意思是說：上知和下愚的人，即使修道施教，也沒法改變他們的性向。

子之武城，聞弦歌之聲。夫子莞爾而笑。曰：「割雞焉用牛刀？」子游對曰：

「昔者，偃也聞諸夫子曰：『君子學道則愛人，小人學道則易使也』。」子曰：「二三子，偃之言是也。前言戲之耳。」

《集解》孔安國曰：「子游為武城宰也。」莞爾、小笑貌。孔安國曰：「道、謂禮樂也。樂以和人。人和則易使也。」

《集注》弦、琴瑟也。子游為武城宰，以禮樂為教。故邑人皆弦歌也。

孔子到了子游做宰的武城，聽到弦歌之聲，不禁微微笑，說：「武城乃小邑，但當使百姓足衣足食便可以了，教敬而已，不必教歌詠先王之道。（按此為《集解》中的江熙註語。）好比用殺牛的大刀子來殺雞，實無必要。」子游對曰：「偃（子游，姓言名偃，少孔子四十五歲。）從前聽老師說：『君子學禮樂之道，則必能以愛人為本。小人學禮樂之道，便很能聽話。』」孔子對隨行的弟子說：「你們都聽見啦，言偃的話是對的。我剛剛說的話，一時高興言偃能這樣做而開開玩笑的。」

子張問仁於孔子。孔子曰：「能行五者於天下為仁矣。」請問之。曰：「恭寬信敏惠。恭則不侮，寬則得眾，信則人任焉，敏則有功，惠則足以使人。」

《集解》孔安國曰：「（不侮）不見侮慢也。（有功）應事疾則多成功也。」

《集注》行是五者，則心存而理得矣。於天下言，無適而不然。猶所謂雖之夷狄不可棄者。五者之目，蓋因子張所不足而言耳。

子張向孔子討教：什麼是仁？孔子說：「恭、寬、信、敏、惠。常存恭敬之心，你尊敬別人，別人也會尊敬你。這樣就不會受到別人的侮慢。寬厚待人，別人才會追隨你，因之，你可獲得眾人的支持。講求信用，一諾千金，這樣，別人才會依靠你。辦起事來要快速，才能成功、成就。人君有恩惠施於人民，當國家需要人民的時候，他們懷感恩之心，那還能不聽從使喚。」

公山不擾以費畔，召子欲往。子路不悅。曰：「末之也已，何必公山氏之之也！」子曰：「夫召我者，而豈徒哉？如有復用我者，吾其為東周乎！」

佛肸召，子欲往。子路曰：「昔者由也聞諸夫子曰：『親於其身為不善者，君子不入也。』佛肸以中牟畔，子之往也，如之何？」子曰：「然。有是言也。曰：不曰堅乎？磨而不磷。不曰白乎？湼而不緇。吾豈匏瓜也哉，焉能繫而不食！」

這兩章書差不多，所以我們寫在一起。

《集解》孔安國曰：「不擾為季氏宰，與陽虎共執季桓子而召孔子也。」又曰：「之、適也。無可之，則止耳。何必公山氏之適者也。」興周道於東方，故曰東周。

胇肸，（一作「佛肸」，音弼西。）孔安國曰：「晉大夫趙簡子之邑宰也。」又曰：磷、薄也。涅、可以染皂者。言至堅者，磨之而不薄，至白者，染之於涅而不黑。喻君子雖在濁亂，濁亂不能污也。

《集注》末、無也。言「道既不行，無所往矣，何必公山氏之往乎？」末之，謂無所往。已、止也。言「今無所往也則止。何必公山氏之往也。」

公山不擾據費造反，召孔子，孔子想去應召，子路不高興，說：「沒有地方去就止於原地，何必往公山氏的地方？」孔子說：「人家召我去，豈是徒然。若有人願意用我，我要把其處變得像東周一樣。（我要將其地興起為東周。）」

佛肸以中牟叛，也召孔子。孔子想去。子路說：「仲由從前聽夫子說：君子不進入不善人的國家。佛肸是個叛國之人，老師為何要去中牟呢？」孔子說：「對，是有這段話。沒有聽說堅硬度最高等級的東西嗎？怎麼磨它也磨不薄。最白的，怎麼染也染不黑。我難道是匏瓜，只是吊在那兒看看而不能吃的？」

孔子聖人，當然不會進入不善者之邦。他說這些話，我們認為有兩個意思。第一，聖人有救世之心，而無用武之地，不免浩歎。第二，試探弟子們對自己的認知。顏、閔之徒，早知孔子的心意。只有子路，以勇鳴，才會出來反問。一如「子見南子」，子路立刻表示「不說」，也就是現今我們所說俗語「不爽」！

子曰：「由，汝聞六言六蔽乎？」對曰：「未也。」曰：「居，吾語汝。好仁不好學，其蔽也愚。好智不好學，其蔽也蕩。好信不好學，其蔽也賊。好直不好學，其蔽也絞。好勇不好學，其蔽也亂。好剛不好學，其蔽也狂。」

《集解》六言六蔽者，下六事謂仁、智、信、直、勇、剛也。孔安國曰：「仁者愛物，不知所以裁之，則愚也。」「蕩、無所適守也。」「賊、父子不知相為隱之輩也。」江熙曰：「好仁者謂聞其風而悅之者也。不學不能深原乎其道，知其一而未識其二，所以蔽也。智以運動為用。若學而裁之，則智動合理。若不學而運動，則蔽塞在於蕩無所守。信者不欺為用。若學而為信，信則合宜。不學而信，信不合宜。則蔽塞在於賊害其身也。直者不曲為用。若學而行之，得中道。若不學而直，則蔽塞在於絞。絞猶刺也。好譏刺人之非以成己之直也。勇是多力。多力若學則能用勇敬拜於廟廊，捍難於邊疆。若勇不學，則必蔽塞在於作亂也。剛者無欲，不為曲求也。若復學而剛，則中適為美。若剛而不學，則蔽必在於狂。狂謂抵觸於人無迴避者也。」

《集注》愚若可陷可罔之類。蕩謂窮高極廣而無所止。賊謂傷害於物。勇者剛之發，剛者勇之體。狂、躁率也。

子路好勇，孔子所以把這六字真言教導他。古人聽長者之訓，一定要站起身恭聽。孔子卻說：「居」，乃是要子路再坐下。然後說：「好仁者若不好學，容易成為一個笨蛋。好智者若不好學，便會浮誇而不知所守。好信者若不好學，將傷人傷己。好直而不好學，不免刺譏他人。好勇而不好學，不免以力成亂。好剛而不好學，不免狂妄自大。」

《通鑑》《晉紀》載：成主雄卒，太子李班即位。班將政事全部交付給建寧王壽、司徒何點、尚書壞。自己守喪。成主另一個兒子李越奔喪，趁李班在殯宮哭靈之時將他殺死。李班乃仁孝之主，他沒熟讀歷史，乃有被弒之事，豈非愚？

尾生與女友相期於橋下。屆時，女友未到，尾生堅守信，不肯離去，山洪暴發，尾生被溺斃。這便是信而不好學的賊害自己的例證。

孔子說：「父為子隱、子為父隱，直在其中矣。」若好直而不好學，所說的直話，不免刺傷別人。成為譏諷。

好剛而不好學，不免流於剛愎自用，狂傲遭忌。狂妄抵觸人。

子曰：「小子何莫學夫詩？詩可以興、可以觀、可以群、可以怨。邇之事父，遠之事君。多識於鳥獸草木之名。」

《集解》孔安國曰：「興、引譬連類也。」鄭玄曰：「觀、觀風俗之盛衰也。」孔安國曰：「群、群居相切磋也。」又曰：「怨、刺上政也。」

《集注》興、感發意志。述曰：興、起也。詩之志意，可以感發人之志意。則由斯起矣。觀、考見得失。述曰：《王制》稱大師陳詩以觀民風。又曰：「《論語》云：『君子群而不黨。』此《中庸》所謂『和而不流也』。」可以怨，怨而不怒。

孔子對他的弟子們說：你們呀，為什麼不學《詩經》呢？詩可以興發人的意志，可以觀察各地的風習，可以讓你們互相切磋，彼此合群。可以對當政者不當政策、不當作為予以諷戒。事父事君之道，都可從詩中學到。此外，還可以學到許多鳥、獸、草、木的名字。

子曰：「色厲而內荏，譬諸小人，其猶穿窬之盜也矣！」

《集解》孔安國曰：「荏、柔也。謂外自矜厲而內柔佞者也。為人如此，猶小人之有道心也。穿、穿壁也。窬、窬墻也。」

《集注》厲、嚴肅也。蓋君子由內而發於色焉。若夫色厲而非由內者，則外欲作威而已。

《集注》舉《漢書》張湯為例：張湯為一酷吏。治獄時，色甚厲。凡是皇帝所欲降罪的人，他便希旨興獄。而內心常如在牆上打洞偷人家東西的小偷，常懷恐懼。結果還是惹禍上身，自殺而死。

子曰：「鄉原，德之賊也。」

《集解》周生烈曰：「所至之鄉，輒原其人情而為己意以待之，是賊亂德者也。一曰鄉、向也。謂人不能剛毅而見人輒原其趣向、容媚而合之言，此所以賊德也。」

《集注》鄉原，鄉人之愿者也。蓋其同流合汙以媚於世。故在鄉人之中，獨以愿稱。夫子以其似德非德而反亂乎德，故以為德之賊而深惡之。

在鄉黨之中，左右逢源，誰也不得罪之人，叫鄉愿。甲持正面的意見他表示贊成。乙持反對的意見他也同意。這種專門討好別人似德而無德之人，孔子認為他們不分是非，實在是德之賊，《集注》舉五代時的馮道為例證：

我們看歐陽修的《新五代史》卷五十四〈馮道傳〉載：「道少能矯行以取稱於世，及為大臣尤務持重以鎮物。」道初相後唐明宗。明宗崩，相愍帝。潞王反於鳳翔，愍帝出奔衛州，道即率百官迎潞王，是為廢帝。又任廢帝相，晉滅唐，道又任相職。高祖崩，相出帝。契丹滅晉，道又事契丹，朝耶律德光於京師。德光責道事晉無狀，道以花言巧語過關。漢高祖立，道又以太師奉朝請。周滅漢，道又事周。周太祖拜道太師兼中書令。計事四姓十君，無恥之極。而道自稱「長樂老」，「著書數百言，陳己更事四姓及契丹所得階勳官爵以為榮。」還居然自稱「孝於家、忠於國」。這種標準的鄉原，「當世之士，無賢愚皆仰道為元老，而喜為之稱譽」。這不是德之賊是什麼？

子曰：「道聽而塗說，德之棄也。」

《集解》馬融曰：「聞之於道路，則傳而說之也。」

《集注》王氏曰：「君子多識前言往行以畜其德，道聽塗說，則棄之矣。」

我們常說：謠言止於智者。在路上聽來的閒言閒語，豈可不深究而當真，且更進一步散佈於途，這是有德者所厭棄的。

子曰：「鄙夫可與事君也哉？其未得之也，患得之。既得之，患失之。苟患失之，無所不至矣。」

《集解》鄭玄曰：「無所不至者，言邪媚無所不為也。」

《集注》鄙夫、庸惡陋劣之稱。何氏曰：「患得之，謂患不能得之也。」（無所不至）小則吮癰舐痔，大則弒父與君，皆生於患而已。述曰：「蘇軾上神宗書引此經而說焉。其說曰：『李斯憂蒙恬之奪其權，則立二世以亡秦。盧杞憂懷光之數其惡，則誤德宗以再亂。其心本生於患失，其禍乃至於喪邦。』」

我們看天寶之亂，罪魁禍首應為李林甫。李林甫怕節度使立功回朝謀奪他的相位，以往節度使有任期，不乏文人領兵。他故意任藩將為節度使，而且多年不調動。遂使節度使坐大，而且父死子繼，居然成割據。安祿山乃得造反。

本章書孔子說：鄙下之人是不可以讓他們在君主的朝廷中做官的。因為：他們若沒得到高位，便會動腦筋用不當的行為去取得。一旦得到了權位，他們為防失去權力，會不顧一切維護他的權位，只圖私利，而不管國家人民的存亡生死！

子曰：「古者，民有三疾，今也，或是之亡也。古之狂也肆，今之狂也蕩。古之矜也廉，今之矜也忿戾。古之愚也直，今之愚也詐而已矣。」

《集解》苞氏曰：「言古者民疾與今時異也。」「肆、極意敢言之也。」孔安國曰：「蕩、無所據也。」馬融曰：「廉、有廉隅也。」孔安國曰：「忿戾、惡理多怒也。」

《集注》氣失其平則為疾。狂者志願太高。肆謂不拘小節。蕩則踰大閑矣。矜者持守太嚴。廉謂稜角陗厲。忿戾則至於爭矣。愚者、暗昧不明。直謂徑行自遂。詐則挾私妄作矣。

孔夫子說：「從前的人有三個毛病，現今的人，毛病還有，情形卻不一樣了。古人之狂者，放肆不拘小節。今人之狂者卻到了放蕩不拘的地步。古人之矜者，不過矜持嚴厲，好像身有稜角，別人不敢接近而已。今日的矜者驕傲到過了頭，不但瞧不起別人，甚至有忿怒別人的態勢。古之愚者只是直話直說，不知人討厭。今之愚者卻詐偽百出！」

子曰：「惡紫之奪朱也。惡鄭聲之亂雅樂也。惡利口之覆家邦也。」

《集解》孔安國曰：「朱、正色。紫、間色之好者。惡其邪好而奪正色也。」苞氏曰：「鄭聲、淫聲之哀者，惡其奪雅樂也。」孔安國曰：「利口之人，多言少實。苟能悅媚時君，傾覆其國家也。」《集注》范氏曰：「天下之理，正而勝者常少，不正而勝者常多。聖人所以惡之也。利口之人，以是為非，以非為是，以賢為不肖，以不肖為賢，人君苟悅而信之，則國家之覆也，不難矣。」

從前朱為正色，紫為間色。現在已無分別。從前，例如唐朝，皇帝穿黃色。官員穿其他的顏色。紅色的衣服換成了紫色，那是三品要員。所以說：紅得發紫。唐人七絕云：「長安豪富惜春殘，爭賞新開紫牡丹。」那是紫色可貴了。清人有詩云：「奪朱非正色，異種亦稱王。」也是說紫色。不料此語犯了清廷的大忌，奪朱也者，奪了朱明的天下。異種，他們是旗人，不是漢人。結果興大獄！我們寫此書，有些不合時宜的，我們便遺落了。如三年守孝，現今公務員若要因父母之喪請求留職停薪三年是不可能獲准的。而且，三年沒有收入，一家人如何生活？還有古時帝王的事蹟，我們也把它選落。

本章書孔子惡紫奪朱之正色，惡靡靡之音的鄭聲侵犯到雅樂，惡花言巧語的人傾覆國家。例如：唐高宗要立武則天為皇后，怕顧命大臣反對，私下問李勣。李勣為討好高宗，說：「這是陛下的家務事，不必問外人。」結果，武則天封后，把唐朝變成了周，差一點李氏天下成了武氏天下！真是利口覆家邦。

說到「利口」，我們第一個想到的便是漢朝初年的蒯通：

蒯通，范陽人。楚漢初起之時，武臣攻佔了趙國，自號武信君。蒯通去見范陽令徐公，說：「聽說您可能會橫死，所以來弔唁。但蒯某既來了，我要賀公，有了我，您可以不會橫死了。」

徐公問：「何以弔？何以賀？」

蒯通說：「您作了十幾年的范陽令，殺人之父，孤人之子，斷人之足，黥人之面。不可勝數。這些人的親屬，那一個不想報復？他們之所以不敢報復，乃是因為秦法太苛嚴。現在天下大亂，法律不行，您可不是性命難保？但有了我，我勸您把范陽獻給武信君，您便得了依靠，保了富貴，豈不是好？」

徐公答應了。蒯通便去見武信君，說：「要打仗才能得地，代價太大，若能不戰而勝，不攻而得城池，豈不是好？范陽令本來整備了軍隊，要為保衛城池而戰，但他怕死，又想保有富貴。是以想來投降，又怕您殺他。果然，則其他城池將整軍紀武，死守城池。若徐公來降，您厚待徐公，則其他城市守將知道了，那能不有樣學樣？這樣，您就不必犧牲士卒來攻城略地了。」

武信君聽從了蒯通的話。一時來降者三十餘城。

後來，韓信擄魏王、破趙、代，降燕。準備引兵攻齊，漢王劉邦怕韓信功勞太大，乃派了說客酈食其說服齊國來降。韓信聽到這個消息，便停止了進兵齊國的動作。蒯通卻來說他：「將軍受詔擊齊，漢王又派說客使齊，有無詔書令您停止軍事行動。」

韓信說：「沒有。」

蒯通說：「您帶了多少萬軍隊，打了好幾年的苦戰，不過得到趙國五十餘城。現酈食其一介儒生，伏軾掉三寸之舌，便得了齊國七十餘城，難道將軍還比不過一介豎儒？」

於是韓信乃渡河攻齊。齊國因為聽信了酈食其，將備漢的邊兵全撤了，天天縱酒作樂。韓信因得偷襲歷下，兵進至齊之京城臨菑。齊王田橫認為上了酈食其的當，把酈食其給烹了。韓信遂平定了齊國，自立為齊假王。

蒯通看出天下權在韓信，想說服他反漢獨立。說：「相君之背，則貴不可言。」韓信認受漢恩厚，不願背漢。蒯通乃裝瘋避難。

韓信被呂后所誘擒獲。行刑之時，大歎「悔不聽蒯通的話。」漢高帝乃下令捕蒯通，準備烹殺他。蒯通花言巧語，竟躲過一劫。

《漢書》卷四十五贊曰：

仲尼「惡利口之覆邦家。」蒯通一說而喪三儁，其得不烹者，幸也。

班固說蒯通一說喪三儁，應劭解釋為：「烹酈食其、敗（齊王）田橫、驕韓信。」

這正是利口覆邦的例証。

子曰：「予欲無言。」子貢曰：「子如不言，則小子何述焉？」子曰：「天何言哉？四時行焉，百物生焉。天何言哉？」

這段話似乎是孔子有感觸而發的。聖人苦口婆心，勸人向善。他週遊列國，結果還是像匏瓜一樣，繫而無用。佛家的拈花微笑，根本沒有用言語便能溝通。老子說：「人法地、地法天，天法道、道法自然。」孔子的「無言」，到有點像老子的「無為」。所以說，天何言哉，而日月運行，萬物滋生。我們覺得，一個好的政府，人民根本不知道它的存在。政府把各種有利於經濟發展、治安清平、健康保險、交通運輸等等的環境規劃好，並且付諸實行，人民只要自在安樂過日子，豈不就是如日月之運行，如萬物之生長？為政不在多言，便是這個道理。

子路曰：「君子尚勇乎？」子曰：「君子以義為上。君子有勇而無義為亂。小人有勇而無義為盜。」

子路好勇，所以他問孔子：「君子是不是提倡勇敢呢？」孔子說：「君子以義為上。君子有勇而無義，便會生亂。小人有勇而無義，便會為盜。」「士以文干法，武以俠犯禁，」都是有勇無義之人。

子貢曰：「君子亦有惡乎？」子曰：「有惡。惡稱人之惡者，惡居下而訕上者，惡勇而無禮者，惡果敢而窒者。」曰：「賜也亦有惡也。惡徼以為智者，惡不遜以為勇者，惡訐以為直者。」

《集解》苞氏曰：「好稱說人之惡，所以為惡也。」孔安國曰：「訕、謗毀也。」馬融曰：「窒、窒塞也。」孔安國曰：「徼、抄也。惡抄人之意以為己有也。」苞氏曰：「訐、謂攻發人之陰私也。」

《集注》稱人惡則無仁厚之意。下訕上則無忠敬之心。勇無禮則亂。果而窒則妄作。

子貢問孔子：「君子也有所惡嗎？」孔子說：「有。惡專說別人的壞話，惡下屬誹謗長官。惡勇而不講禮者，惡果敢而辦不通還要堅持的人。」

子貢說：「賜（子貢姓端木，名賜）也有討厭的。討厭抄襲別人的意見而據為己有的人，討厭不遜之徒而自以為勇敢之人，討厭揭發人的隱私而加以攻訐、還自以為是正直的人。」

惡讀去聲，音務，是動詞。只有「惡者」的「惡」讀本音。

子曰：「年四十而見惡焉，其終也已。」

《集解》鄭玄曰：「年在不惑，而為人所惡，終無善行也。」

《集注》四十，成德之時見惡於人，止於此而已。勉人及時遷善而改過也。

孔子說：「一個人到了四十歲還為社會所厭惡，大概他也只能如此終生了。」

微子　第十八

微子去之，箕子為之奴，比干諫而死。孔子曰：「殷有三仁焉！」

《集解》馬融曰：「微、箕二國名。子、爵也。微子、紂（王）之庶兄。箕子、比干，紂之諸父也。微子見紂王無道，早去之。箕子佯狂為奴。比干以諫而見殺也。」又曰：「仁者愛人。三人行各異，而同稱仁，以其俱在憂亂寧民也。」

《集注》三人之行不同，而同出於至誠惻怛之意，故不咈乎愛之理，而有以全其心之德也。

殷朝時，紂王無道，微子去國以存宗祀。箕子、比干向紂王進諫，紂王不但不聽，反而大怒。把箕子關起來當奴隸使喚。比干卻被殺。孔子說：「這三人可說是殷朝的三個仁人。」

柳下惠為士師，三黜。人曰：「子未可以去乎？」曰：「直道而事人，焉往而不三黜？枉道而事人，何必去父母之邦。」

《集解》馬融曰：「士師，典獄之官也。」

《集注》柳下惠三黜不去，而其辭氣雍容如此，可謂和矣。然其不能枉道之意，則有確乎其不可拔者。是則所謂必以其道而不自失焉者也。《列女傳》云：柳下惠死，其妻誄曰：「蒙恥救民，德彌大兮。雖遇三黜，終不蔽兮。」

柳下惠任典獄之官，三次被免職。有人對他說：「你不能去國嗎？」柳下惠說：「處亂世，以正直的道理事人，到那裡都會受到三次免職的。若枉道事人，那兒都行。何必要離開父母之邦呢？」

楚狂接輿歌而過孔子曰：「鳳兮鳳兮，何德之衰！往者不可諫，來者猶可追。已而已而，今之從政者殆而。」孔子下，欲與之言。趨而辟之，不得與之言。

《集解》孔安國曰：「接輿，楚人也。佯狂而來歌，以欲感切孔子也。」又曰：「比孔子於鳳鳥也。鳳鳥待聖君乃見。非孔子周行求合，故曰衰也。」「已而者，言世亂已甚，不可復治也。再言之者，傷之甚也。」

《集注》接輿楚人，佯狂避世。夫子時將適楚，故接輿歌而過其車前也。鳳有道則見，無道則隱，接輿以比孔子。而譏其不能隱為德衰也。來者可追，言及今尚可隱去。已，止也。而，語助詞。殆，危也。皇疏云：「接輿、楚人也。姓陸名通，字接輿。」邢疏同。此據皇甫謐《高士傳》之妄言爾，或謂姓接名輿。

楚國的隱士接輿，人稱狂士，他聽說孔子要去楚國，故意經過孔子座車之前，一邊還唱著歌：「鳳兮鳳兮，何德之衰。過去的事也沒什麼好說的了，但將來如何還是可以追求的。算了，算了。今日從政的都是身處險境的。」孔子下車想跟楚狂說話，他卻避開了。孔子沒法和他交談。

長沮桀溺耦而耕。孔子過之，使子路問津焉。長沮曰：「夫執輿者為誰？」子路曰：「是孔丘。」曰：「是魯孔丘與？」曰：「是也。」曰：「是知津矣！」問於桀溺。桀溺曰：「子為誰？」曰：「為仲由。」曰：「是魯孔丘之徒與？」對曰：「然。」曰：「滔滔者，天下皆是也，而誰與易之？且而與其從避人之士也，豈若從避世之士哉？」耰而不輟。子路行，以告。夫子憮然。曰：「鳥獸不可以同群也，吾非斯人之徒與而誰與？天下有道，丘不與易也。」

《集解》鄭玄曰：「長沮、桀溺，隱者也。」馬融曰：「言（孔子）數周遊，自知津渡也。」孔安國曰：「滔滔者，周流之貌也。言當今天下治亂同空，舍此適彼，故曰難以易之也。」註：士有避人之法，有避世之法。長沮、桀溺謂孔子為士從避人之法也。己之為士，則從避世之法者也。孔安國曰：「隱居於山林，是與鳥獸同群也。（孔子說）吾自當與此天下人同群，安能去人從鳥獸居乎？」

《集注》二人，隱者。耦，並耕也。時孔子自楚反乎蔡。津，濟渡處。執輿，執轡在車也。滔滔，流而不返之意。以猶與也。言「天下皆亂，將誰與變易之？」而，汝也。避人，謂孔子。避世，桀溺自謂。耰，覆種也。

長沮和桀溺同耕種。孔子自楚返蔡，經過二人之處。停車使子路向兩人問渡口在那裡。長沮問：「手上拿著馬繩坐在車上的是誰？」「是孔丘。」又問：「是魯國的孔丘嗎？」答：「是。」長沮曰：「那他必定知道渡口在何處。」並未指出渡口所在。子路又問桀溺。桀溺說：「你是誰？」答：「仲由。」「是魯國孔丘的學生嗎？」答：「正是。」桀溺說：「天下到處都混亂，誰能改變這種亂象？與其跟隨那個逃避人的人（指孔子），不如跟隨逃避世事的人（指自己）。」自顧耕種。也沒指點津渡所在。子路回來報告孔子。孔子悵然說：「我們豈能和鳥獸相處、避開人世？我不同天下之人相處，與誰相處？天下若有道，我也就不必想去變更了。」

子路從而後，遇丈人以杖荷篠。子路問曰：「子見夫子乎？」丈人曰：「四體不勤，五穀不分，孰為夫子？」植其杖而芸。子路拱而立。止子路宿，殺雞為黍而食之，見其二子焉。明日，子路行以告。子曰：「隱者也。」使子路反見之，至，則行矣。子路曰：「不仕無義。長幼之節不可廢也。君臣之義，如之何其可廢也？欲潔其身而亂大倫！君子之仕也，行其義也。道之不行也，已知之矣。」

《集解》丈人，老者也。篠，竹器也。苞氏曰：「丈人云：不勤勞四體，不分殖五穀，誰為夫子而索之耶？」孔安國曰：「植，倚也。除草曰芸也。」鄭玄曰：「（子路）留言以語丈人之二子也。」

子路跟隨夫子行，而落後，看不見孔夫子了。他遇見一個老者，以扁担挑了一些竹器而來。子路因問老者：「您有沒有看見我們的老師孔夫子？」老者說：「不勤勞四肢，五谷也分辨不出，誰是老師？」把扁担立在一邊，自顧自芸他的田。子路不知所對，拱手恭恭敬敬的站在一邊。老者留子路宿，殺雞蒸黍款待子路，並且讓他的兩個兒子和子路相見。次日，子路趕上了孔子，將各情報告。孔子說：「這又是一個隱者。」令子路回去再見老者，而老者已離開了。於是子路（對老者的兩個兒子）說：「不出仕朝廷為百姓服務，乃是不義。長幼有序，不可廢去。君臣之義，如何可以廢去呢？如何只顧潔身自好，而不顧五倫中的首倫君臣之義呢？君子之出仕朝廷，義所當然。道之不行，我已經知道了。」

逸民伯夷、叔齊、虞仲、夷逸、朱張、柳下惠、少連。子曰：「不降其志，不辱其身者，伯夷叔齊與。」謂柳下惠、少連，「降志辱身矣。言中倫，行中慮，其斯而已矣。」謂虞仲夷逸，「隱居放言，身中清，廢中權。我則異於是，無可無不可。」

《集解》逸民者，節行超逸者也。苞氏曰：「此七人皆逸民之賢者也。」鄭玄曰：「（夷齊）言其直己之心，不入庸君之朝也。」孔安國曰：「（言中倫）但能言應倫理，（行中慮）行應思慮，如此而已矣。」苞氏曰：「放，置也。（放言）不復言世務也。」馬融曰：「清、純潔也。避世亂自廢棄以免患合於權也。」馬融曰：「亦不必進，亦不必退，唯義所在也（無可無不可）。」

《集注》逸，遺逸。民者，無位之稱。虞仲即仲雍，與泰伯同竄荊蠻者。夷逸、朱張，不見經傳。少連，東夷人。

本章述及逸民七人。孔子說：「伯夷和叔齊不食周粟而餓死，不降其志。不仕於庸君紂王之朝，不辱其身。柳下惠和少連心逸而迹不逸，同仕魯朝，柳下惠為士師三次被免職，所以是降志辱身，但能說話合乎倫理，行動經過思慮，如斯而已。虞仲和夷逸，隱居山林，放棄言語，不仕亂朝。超然出於塵埃之表，是身中清。廢事免於世患，是合於權智者。孔子自言和這些人都不一樣。可以仕則仕，可以久則久，可以去則去。這便是無可無不可，唯義所從也。」

我們現在來舉一個不降志辱身的例証。

黃瓊字世英，江夏安陸人，為郡太守香之子也。瓊初以父任為太子舍人，辭病不就。遭父憂，服闋，五府俱辟，連年不應。

永建中，公卿多薦瓊者，於是與會稽賀純、廣漢楊厚俱公車徵。瓊至綸氏，稱疾不進。有司劾不敬，詔下縣以禮慰遣，遂不得已。先是徵聘處士多不稱望，李固素慕於瓊，乃以書逆遺之曰：「聞已度伊、洛，近在萬歲亭，豈即事有漸，將順王命乎？蓋君子謂伯夷隘，柳下惠不恭，故傳曰『不夷不惠，可否之閒』。蓋聖賢居身之所珍也。誠遂欲枕山棲谷，擬跡巢、由，斯則可矣；若當輔政濟民，今其時也。自生民以來，善政少而亂俗多，必待堯舜之君，此為志士終無時矣。常聞語曰：『嶢嶢者易缺，皦皦者易汙。』陽春之曲，和者必寡，盛名之下，其實難副。近魯陽樊君被徵初至，朝廷設壇席，猶待神明。雖無大異，而言行所守無缺。而毀謗布流，應時折減者，豈非觀聽望深，聲名太盛乎？自頃徵聘之士，胡元安、薛孟嘗、朱仲昭、、顧季鴻等，其功業皆無所採，是故俗論皆言處士純盜虛聲。願先生弘此遠謨，令眾人歎服，一雪此言耳。」瓊至，即拜議郎，稍遷尚書僕射。

瓊年幼時，父在臺閣，因嫻熟臺閣各種規矩。自任尚書僕射之時，即達練官曹。爭議朝堂，莫能抗奪。不久遷尚書令，其時，大將軍梁冀用事。群臣為了迎合桓帝的意思，同時拍梁大將軍的馬屁，建議皇帝對梁冀大予賚賞。黃瓊獨排眾議，以為不可。冀深以為恨。永興元年，瓊遷司徒，轉太尉。凡梁冀所請託辟舉（任用）者，瓊不論其人之賢或不賢，一概不錄用。次年，梁冀被誅，阿附者也多因而罷官免職。瓊以不阿梁冀，皇帝封他為邟鄉侯，邑千戶。黃瓊不肯受封，上書六七次讓封，才得詔可。卒時年七十九歲。（摘自《後漢書》卷六十一〈黃瓊傳〉）

黃瓊可謂未降志辱身。

周公謂魯公曰：「君子不施其親，不使大臣怨乎不以。故舊無大故則不棄也。無求備於一人。」

《集解》魯公，周公之子伯禽也，封於魯也。孔安國曰：「施，易也。不以他人親易其親也。」又曰：「以，用也。怨不見聽用也。」「大故，謂叛逆之事也。」

《集注》「施」，陸氏本與福氏本作「弛」。弛，遺棄也。以，用也。大臣非其人則去之，在其位則不可不用。大故謂惡逆。四者皆君子之事。忠厚之至也。

這是周公訓子之詞。他說：「君子不棄其親。莫讓大臣怨懟不被見用。故人舊好，若非大逆不道，不可棄之不顧。不要期望一個人能有全才，什麼都行。」

子張　第十九

子張曰：「士見危致命，見得思義，祭思敬，喪思哀，其可已矣。」

邢疏云：「士者有德之稱。自卿大夫以下皆是。」此處之士，應該是已出仕者。

子張的意思是說：讀書的人，或是出仕的人，有危急情況之時，甯可死也不可違背道。有利益在前面，先要考慮到義，不義之利不可取。祭祀的時候要心懷誠敬。不能像念經的小和尚，「有口無心。」有喪事時，則必心存哀念。這樣才差不多可稱為真正的士，也就是真正讀書人。我們讀《後漢書》卷八十一〈李業傳〉載：

李業字巨游，廣漢梓潼人。少有志操，介特不群。元始中，舉明經為郎。當王莽攝政之時，即稱病去官。公孫述僭號，素聞李業賢德，派人找他，要任命他為博士。李業推說有病，不肯應召。公孫述覺得很沒有面子，乃派大鴻臚尹融拿了毒酒和詔命威脅李業。李業若受命，則授以公侯之位。若不奉召，即賜藥酒令自盡。尹融傳命之時，李業說：「危國不入，亂國不居。親于其身為不善者，義所不從。君子見危授命，，何乃誘以高位重餌哉？」尹融見業辭志不屈，打算以家室打動他的心。乃說：「宜呼室家計之。」李業說：「丈夫斷之于心久矣。何妻子之為？」竟飲毒酒而死。不肯奉召。

「君子見危授命！」李業真正是一位君子，一位深明大意、有骨氣的讀書人。「篤信好學，守死善道。危邦不入，亂邦不居。」正是孔夫子的話。

子張曰：「執德不弘，信道不篤，焉能為有？焉能為亡？」

《集注》有所得而守之太狹，則德孤。有所聞而信之不篤，則道廢。焉能為有、亡，猶言不足為輕重。皇疏云：「世無此人，則不足為輕。世有此人，則不足為重。」

子張說：「雖執著於德，但不知發揚，信奉聖人之道又不篤實，不誠懇，這種人可有可無，不足輕重。」

子夏之門人問交於子張。子張曰：「子夏云何？」對曰：「子夏曰：『可者與之，其不可者拒之。』」子張曰：「異乎吾所聞。『君子尊賢而容眾，嘉善而矜不能。』我之大賢與，於人何所不容？我之不賢與，人將拒我。如之何其拒人也！」

子夏的門人向子張問「交友」之道。子張說：「子夏如何教你們？」對曰：「子夏說：『若其人不錯，當可與之交友。若其人不善，則拒絕與交』」子張說：「同我所聽到的不同。『君子尊重賢人，但也能容忍眾人。喜歡善人，而憐惜不能為善之人。』我若是賢德之人，那能不容納他人。我若不賢，人將拒與我交，我怎麼還能拒絕別人？」

《集解》苞氏曰：「友交當如子夏。泛交當如子張。」

《集注》子夏之言迫狹，子張譏之，是也。但其所言亦有過高之弊。蓋大賢無所不容，然大故亦所當絕。不賢固不可以拒人，然損友亦所當遠。

《韓詩外傳》子貢謂堂衣若曰：「君子尊賢而容眾，喜善而矜不能。」

《集注》述曰：「子夏所云，自門人修學者言之，則謹嚴也。自君子德成者言之，則迫狹也。豈當概以譏之乎？可者不可者，猶言賢者不賢者。拒謂不與之交也。益友損友，於斯辨焉。此非無友不如己者矣。」

在〈學而篇〉中，孔子說：「無友不如己者。」所以論及交友，子夏才說：「可者與之，其不可者拒之。」子張卻說：「和我所瞭解的不一樣。君子尊賢而容眾，嘉善而矜不能。」子張的說法是對的。若要交比自己強的人作朋友，不交比自己不如的人，那麼，比自己強的人，怎麼會交你呢？〈述而〉篇中，孔子說：「三人行，必有我師焉。擇其善者而從之，其不善者而改之。」意思是說：人各有所長。我們固然要學人的長處，但也要容忍比我們不如的人，把他們的錯處認清楚，以避免自己犯同樣的錯。這才是子夏所說的真正交友之道。

子夏曰：「雖小道，必有可觀者焉。致遠恐泥。是以君子不為也。」

《集注》鄭玄：「小道如今諸子書也。泥謂滯陷不通。」何注云：「小道謂異端。」皇疏云：「謂諸子百家之書。」邢疏云：「異端之說，百家語也。」

《漢書》《藝文志》和《蔡邕傳》都把這段話列為孔子所說。所謂小道，常指農、圃、醫、卜之屬。如小說，《漢志》便將它列為小道。

本章子夏說：「雖係小道如醫、卜、星、相者流，也必定有一些可值得參考的。但這些卷籍，難以流傳致遠。是以君子不務小道。」

子夏曰：「日知其所亡，月無忘其所能，可謂好學也已矣。」

《集注》尹氏曰：「好學者，日新而不失。」述曰：邢疏云：「亡、無也。」皇疏云：「此勸學也。日知其所亡，知新也。月無忘其所能，溫故也。」

這章書是子夏勸學的話。士子必須每日知道他所缺乏的而加以研求。每日要溫習他所學的，像這樣能溫故而知新，可以說得上是好學也。

陳澧的《東塾讀書記》卷二〈論語篇〉中說：

知新者，知也。溫故者，無忘也。知及之者，知也。仁能守之者，無忘也。深造者，知也。自得之者，無忘也。知斯二者，知也。弗去者，無忘也。平旦之氣者，知也。操則存者，無忘也。

陳氏的說法可資參考。

子夏曰：「博學而篤志，切問而近思，仁在其中矣。」

《集解》〈博學篤志〉孔安國曰：「廣學而厚識之也。」何注云：「切問者，切問於己所學而未悟之事也。近思者，近思於己所能及之事也。若汎問未所學，遠思所未達，則於所學者不精，於所思者不解也。」

《集注》述曰：《中庸》云：「修道以仁。」故曰：博學之，審問之，明辨之，篤行之，皆求仁者，致知而力行也。

我們認為：博學，博學於文。孔門四教，以文為先。文就是六經。六經都是講仁的。篤志，志於仁的意思。志不篤，則不能力行。士子應該要博通六經，立志為仁，而且篤行不怠。切切實實的研究，不做空泛的思維。這正是修仁的康莊大道。

子夏曰：「小人之過也必文。」

《集解》孔安國曰：「文飾其過，不言其情實也。」

我們今日所說「文過飾非」，便由這句話而來。子夏說：『小人犯了錯，一定會以種種理由來掩飾。』

子夏曰：「君子有三變：望之儼然，即之也溫，聽其言也厲。」

《集解》鄭玄曰：「厲、嚴正也。」

《集注》儼然者，貌之莊，溫者色之和，厲者，辭之確。

本章子夏稱讚孔子：看起來貌甚莊重，靠近他只覺溫和可親。說起話來嚴肅而確切。即，靠近。我們說：「若即若離」，意思便是「好像靠近了，又好像離遠了。」

子夏曰：「君子信而後勞其民。未信則以為厲己也。信而後諫，未信則以為謗己也。」

《集解》王肅曰：「厲、病也。」

《集注》信謂誠意惻怛而人信之也。厲猶病也。事上使下，皆必誠意交孚，而後可以有為。

本章書，子夏說：「一國的國君，要先建立其誠信，然後才可以使用人民的勞力。不然，人民以為國君是病害他們。做臣子的先要得到國君的信任才來進諫諍之言。否則，國君會以為臣子誹謗他。」也猶如我們對平常的朋友做勸戒之詞，不免有「交淺言深」的後遺症！

我們讀《貞觀政要》卷二〈求諫篇〉載：

貞觀十五年，太宗問魏徵曰：「比來朝臣都不論事，何也？」魏徵對曰：「陛下虛心採納，誠宜有言者。然古人云：『未信而諫，則以為謗己。信而不諫，則謂之尸祿』但人之才器，各有不同。懦弱之人，懷忠直而不能言。疏遠之人，恐不信而不得言。懷祿之人，慮不便而不敢言。所以相與緘默，俛仰過日。」

《貞觀政要》卷二〈納諫第二〉載：

貞觀八年，陝縣丞皇甫德參上書忤旨。太宗以為訕謗。侍中魏徵進言曰：「昔者賈誼當漢文帝上書云：『可為痛哭者一，可為長歎息者六。』自古上書，率多激切。若不激切，則不能起人主之心。激切即似訕謗。惟陛下詳其可否。」太宗曰：「非公無能道此者。」令賜德參帛二十段。

本章書說：事君必在已經得到皇上的信任之後才可進諫。否則，像皇甫德參那樣貿然上書，作激切的諷諫，皇帝當然會認為德參是誹謗他。若不是魏徵進言解說，德參可能連小命都不保。

子夏曰：「仕而優則學，學而優則仕。」

《集注》優，有餘力也。仕與學理同而事異，故當事者，必先有以盡其事，而後可及其餘。然仕而學，則所以資其仕者益深。學而仕，則所以驗其學者益廣。

我們現在只聽見說：「學而優則仕。」卻很少有人提及「仕而優則學」。仕是出任官職。許多大教授、大師，一旦做了官之後，便不再有餘力讀書，實在錯誤。子夏這幾句話是說：「做了官之後，不要忘記進修，因為學無止境。學有餘力，當然可以出仕報效國家。」

子游曰：「喪致乎哀而止。」

《集注》云：「致極其哀，不尚文飾也。」孔安國注云：「毀不滅性。」《孝經》說：「哀則毀形。」皇疏云：「雖喪禮主哀，然孝子不得過於哀以滅性。」

任何一件事，一經提倡，日久便生偏差。夫母之喪，孝子致哀，但也要適可而止。若是因毀而滅性，豈是父母在天之靈所願看到的？每讀史書載：某人因父喪或母喪哀毀過度，必「杖而後起。」未免太過分了些。孔子解釋「孝」，說：「父母唯其疾之憂。」意思便是說：「做兒女的要謹慎養息，不可讓自己生病或受傷，因而導致父母之憂慮。」父母在生時要愛惜自己的身體。以免父母擔憂。父母去世了，還是要愛惜自己的身體，不可因哀而毀！

曾子曰：「吾聞諸夫子：人未有自致者也。必也親喪乎？」

《集解》馬融曰：「言人雖未能自致盡於他事，至於親喪，必自致盡也。」

《集注》致盡其極也。蓋人之真情所不能自已者。致，如喪致乎哀之致。致者，以禮物致之而至其極也。……自致者，自以禮物致之而至其極也。蓋人於其他，可酌損之。惟親喪之哀，必自以禮物致之，而至其極。

本章曾子說：「我聽夫子說過：除了有父母之喪，一般人沒有自發自動致禮以至於其極的。」

孟氏使陽膚為士師，問於曾子。曾子曰：「上失其道，民散久矣！如得其情，則哀矜而勿喜。」

《集解》苞氏曰：「陽膚、曾子弟子也。士師、典獄官也。」馬融曰：「民之離散為輕漂犯法，乃上之所為也，非民之過也。宜哀矜之，勿自喜能得其情也。」

《集注》謝氏曰：「民之散也，以使之無道，教之無素，故其犯法，非迫於不得已，則陷於不知也。故得其情，則哀矜而勿喜。」

陽膚受孟孫家委為典獄官，他問老師曾子如何管理。曾子說：「統治者久失其道，民心渙散。被關進牢獄的犯人，若非不得已而犯法，便是無知而誤觸法網。你要是得知他們是如何犯法的，應該哀矜他們，同情他們，而不可因而高興。」

且看我們執法官員，每破一大案，便大事誇耀，而忽略了犯人為何犯罪。政府若係採行了錯誤的政策，使人民缺衣少食，又沒有給人民以良好的道德教育，他們便不免要鋌而走險、作姦犯科了。究其原因，政府難辭其咎。是以曾子說：「抓到犯人，破了案，不可高興，而要矜惜犯人，研求並實行根絕犯人犯罪的措施。」

子貢曰：「君子之過也，如日月之蝕焉。過也，人皆見之，更也，人皆仰之。」

《集解》孔安國曰：「更、改也。」

《集注》皇疏云：「日月蝕罷，改闇更明。則天下皆瞻仰。君子之德，亦不以先過為累也。」

子貢說：「一國的國君若犯了過錯，就好像日蝕、月蝕，人人都看得到。若國君有過能改，便像日月之蝕後復明，則百姓都會敬仰他。」

衛公孫朝問於子貢曰：「仲尼焉學？」子貢曰：「文武之道，未墜於地，在人。賢者識其大者。不賢者識其小者。莫不有文武之道焉。夫子焉不學？而亦何常師之有！」

《集解》馬融曰：「朝、衛大夫也。」孔安國曰：「文武之道，未墜落於地。賢與不肖，各有所識。夫子無所不從其學也。」又曰：「無所不從學，故無常師也。」

《集注》文、武之道，謂文王、武王之謨訓功烈與凡周之禮樂文章皆是也。在人、言人有能記之者。識、記也。

衛大夫公孫朝問子貢：「孔夫子學問那麼好，他是向誰學、如何學來的？」子貢說：「文王和武王的大道理並沒有掉到地上不見了，而是由人民所記在心中。有智慧有道德的人記得較高深的道理。智慧道德稍差一點的，記得較次的道理。但都是文王武王的道理，孔子乃能向他們學。夫子未嘗不學，也沒有一定的老師！」

叔孫武叔語大夫於朝曰：「子貢賢於仲尼。」子服景伯以告子貢。子貢曰：「譬之宮牆：賜之牆也及肩，窺見室家之好。夫子之牆數仞，不得其門而入者，不見宗廟之美、百官之富。得其門者或寡矣！夫子之云，不亦宜乎！」

《集解》馬融曰：「魯大夫叔孫州仇也。武、謚也。」苞氏曰：「七尺曰仞也。」

《集注》論家說云：「以左傳改之，子貢晚見用於魯。當哀公時，拒吳之尋盟，吳將執衛侯而請舍之，使齊而反其侵地。魯人賢之。其所謂賢於仲尼者歟？」

叔孫州仇在朝廷中告訴大夫們說：「子貢比他老師仲尼要高明得多。」子服景伯轉告子貢。子貢說：「我們拿宮牆來做譬喻：我的牆只到肩，別人可看到牆內家室之好。夫子的牆高數十尺，不得其門而入者，如何看得到裡面宗廟之美、百官之富？能找到門的人或者太少吧。叔孫武師的說法，自有其理。」

叔孫武叔毀仲尼。子貢曰：「無以為也，仲尼不可毀也。他人之賢者，丘陵也，猶可踰也。仲尼，日月也。無得而踰也。人雖欲自絕，其何傷於日月乎？多見其不知量也！」

叔孫武叔破壞孔子的名譽。子貢說：「那是沒有用的。孔子不是你能誹謗的。一般賢人的道德學問，不過是土山大阜，是可以越過去的。孔子好比日月，跨越不到的。人若自絕於日月，對日月完全沒有傷害。只是自不量力而已。」

陳子禽謂子貢曰：「子為恭也。夫子豈賢於子乎？」子貢曰：「君子一言以為知。一言以為不知。言不可不慎也。夫子之不可及也，猶天之不可階而升也。夫子之得邦家者，所謂『立之斯立，道之斯行，綏之斯來，動之斯和。其生也榮，其死也哀。』如之何其可及也？」

《集解》孔安國曰：「綏、安也。言孔子為政，其立教則無不立，導之則莫不與行，安之則遠者來至，動之則莫不和穆，故能生則見榮耀，死則見哀痛也。」

《集注》為恭，謂為恭敬推遜其師也。述曰：邢疏云：「此子禽不作陳亢。當是同其姓字耳。」邢疏云：「得邦，謂為諸侯。得家謂為卿大夫。」

立之，謂植其生也。道，引也，謂教之也。行，從也。綏，安也。來，歸坿也。動，謂鼓舞之也。和，所謂於變時雍。言其感應之妙，神速如此。榮謂莫不尊親。哀則如喪考妣。

陳子禽對子貢說：「足下如此謙遜推崇孔子，孔子難道真比足下還高明？」子貢說：「君子一言，便知道他是否有修養，有學問。所以說話一定要謹慎。夫子的不可及，就好像天，不是可用階梯便能爬得上去的。夫子若能得為諸侯，或為卿大夫，立教則無不立，導之則莫不行，安之則遠者來至，動之則莫不和穆。是故生則為人所尊敬，死則為人所哀痛，如喪父母然。」

堯曰　第二十

子張問政於孔子。曰：「何如斯可以從政矣？」子曰：「尊五美，屏四惡，斯可以從政矣。」子張曰：「何謂五美？」子曰：「君子惠而不費，勞而不怨，欲而不貪，泰而不驕，威而不猛。」子張曰：「何謂惠而不費？」子曰：「因民之利而利之，斯亦不惠而不費乎？擇其可勞而勞之，又誰怨？欲仁而得仁，又焉貪？君子無眾寡，無小大，無敢慢，斯不亦泰而不驕乎？君子正其衣冠，尊其瞻視，儼然人望而畏之，斯不亦威而不猛乎？」子張曰：「何謂四惡？」子曰：「不教而殺謂之虐，不戒視成謂之暴，慢令致期謂之賊。猶之與人也出內之吝，謂之有司。」

或謂孔子不談政治，國父說：「政是眾人之事，治是管理。」管理眾人的事便是政治。子張問「為政」，也就是談政治。孔子所說的話，便是孔子的「政治思想」，甚明。

孔子對子張說：「要從政，必須尊重五美，屏除四惡。何謂五美？一是施惠於人民而不浪費。要使民的勞力卻要顧及人民是否心甘情願，毫無怨言。欲求仁而得仁，當然不是貪，而是施仁政於民。泰然自得但不驕傲。衣冠端正，步履起坐，莊重嚴肅、不苟言笑，便自然有威，使人人尊敬，但非兇猛而使人民畏懼。這便是五美。」

至於四惡，孔子說：「沒有經過教導的人，如果他犯了錯，你要殺他，這便是不教而誅，是為虐。虐乃是殘酷不仁。不先告誡而要求人民達成某種任務，若未達成要求即予斥責，乃是暴行。法律不明而期民有所作為，所期未能達成而行誅罰，乃是賊害之君。該與人之財物卻吝嗇出納，乃是有司之行為，君子不為也。」

《集解》云：（惠而不費）王肅曰：「利民在政，無費於財也。」（如今日之台灣，人民亟需與大陸實行三通。政府若開放三通，於人民經商旅遊均大大有利，政府卻不必花錢，豈不是惠及人民而不費國家分文，此之謂惠而不費。）（無小大，無敢慢。）孔安國曰：「言君子不以寡小而慢之也。」（謂之有司。）孔安國曰：「謂財物也。俱當與人而吝嗇於出內（納）惜難之，此有司之任耳，非人君之道也。」

《集注》引唐李絳故事。憲宗以田興歸魏博，宰相李吉甫請憲宗派中人（閹宦）往宣慰，看看田興是否真心將魏博歸屬朝廷，李絳堅持不可。他說：「田興奉其土地、兵眾，坐待詔命，不乘此際推心撫納，結以大恩，必待敕使至彼，持將士表來，為請節鉞，然後與之，則是恩出於下，而非出於上。將士為重，朝廷為輕。其感戴之心，亦非今日之比也。」上（憲宗）竟遣中使（宦官）張忠順如魏博宣慰。（憲宗之初意，出而納焉，各何如也，而令藩鎮有辭，則惡矣！）李絳再上言，請即欲俟其還而議之。日降白麻（委任令），除田興為魏博節度使。忠順未還，制使已至魏州。興感恩流涕，士眾無不鼓舞。「項羽使人有功當封。刻印刓，忍弗能予，卒以取敗。」這是《集注》中說明吝嗇惜難，乃有司之行為。君子如此，則人心渙散。實為大惡。

孔子曰：「不知命無以為君子也。不知禮，無以立也。不知言，無以知人也。」

《集解》孔安國曰：「命謂窮達之分也。」馬融曰：「聽言則別其是非也。」

《集注》程子曰：「知命者，知有命而信之也。人不知命，則見害必避，見利必趨。何以為君子？不知禮，則耳目無所加，手足無所措。又云：言之得失，可以知人之邪正。」尹氏曰：「知斯三者，則君子之事備矣。」

我們以為，君子樂天知命。所謂知命，乃是一個人對於所處的時間與空間都有充分的瞭解，乃能安份守己，行端履正。

禮所以定分止爭。人若不知禮，應對、進退，都會不知所措。譬如說：外交禮節，一國的外交官如不遵國際禮儀規範，後果可能導致兩國的交惡，甚至挑起戰爭。像魯國的國君討了吳國的女兒，陳司敗便批評魯君不知禮。因為：魯、吳兩國俱為姬姓。古時同姓不可婚配。魯君雖然名聲不錯，只為討了同姓之女，便成了不知禮之人！是以孔子說：「人若不知禮，便難在社會上立足。」

至於知言，言為心聲。一個人心裡想什麼，不免在言語之中表露出來。《易》〈繫辭傳〉云：「將叛者，其辭慙。中心疑者，其辭枝。吉人之辭寡，誣善之人其辭游，失其守者其辭屈。」此孔子知言以知人之學也。

孟子說：「詖辭知其所蔽，淫辭知其所陷，邪辭知其所離，遁辭知其所窮。」

孔子說：「巧言令色鮮矣仁。」也就是孔子知言的一般。

主要參考書目

論語集注補正述疏	朱熹集注 簡朝亮述疏	世界書局
朱子論語集注		世界書局
朱子論語集注訓詁考	潘衍桐	世界書局
論語集解義疏	何宴集解 皇侃義疏	世界書局
論語注疏解經	何宴集解 邢昺疏	世界書局
論語補疏	焦循	世界書局
論語斠理	王叔岷	世界書局
論語臆解	陳大齊	商務印書館
先秦政治思想史	梁啟超	中華書局
中國政治思想史	蕭公權	文化大學
中國政治思想史	薩孟武	三民書局
儒家政論衍義	薩孟武	三民書局

論語別裁 南懷瑾
孔學今義 張其昀 華岡書局
孔子的時代與事功 李思國 民主評論
困學紀聞 王應麟 台灣商務
焦氏筆乘 焦竑 台灣商務
東塾讀書記 陳澧 台灣商務
史記 司馬遷 中華書局
漢書 班固 中華書局
後漢書 范曄 中華書局
晉書 房玄齡 中華書局
南齊書 蕭子顯 中華書局
新唐書 歐陽修等 中華書局
宋史 脫脫等 中華書局
淮南子 劉安 三民書局
禮記選註 王夢鷗 正中書局
詩經今註今譯 馬持盈 台灣商務
英譯本論語〈Sayings of confucins〉 James Ware 文教出版社

Ideological Differences and World Order	F. S. L. Northrop輯	耶魯大學
貞觀政要	吳兢	中華書局
資治通鑑	司馬光	
韓詩外傳	韓嬰	
新譯孔子家語	王肅春秋周鳳五校	三民書局
莊子	莊周	
語意學概要	徐道鄰	友聯出版
孟子		
資治通鑑	司馬光	中華書局
明史	張廷玉	中華書局
三國志	陳壽	中華書局
左傳	左丘明	正中書局
藝概	劉熙戴	台灣商務
日知錄	顧炎武	中華書局
列子	列禦寇	金楓出版社
文獻通考	馬端臨	
孔子的人生哲學	張其昀	文藝復興月刊

癸巳類稿	俞樾	世界書局
群經平議	俞樾	世界書局
李直講文集	李覯	正中書局
文心雕龍	劉勰	金楓出版社
韻語陽秋	葛立方	中華書局

哲學宗教類　PA0044

新銳文創
INDEPEDENT & UNIQUE

論語的故事

作　　者　劉　瑛
責任編輯　蔡曉雯
圖文排版　姚宜婷
封面設計　王嵩賀

出版策劃　新銳文創
製作發行　秀威資訊科技股份有限公司
114 台北市內湖區瑞光路76巷65號1樓
電話：+886-2-2796-3638　傳真：+886-2-2796-1377
服務信箱：service@showwe.com.tw
http://www.showwe.com.tw
郵政劃撥　19563868　戶名：秀威資訊科技股份有限公司
展售門市　國家書店【松江門市】
104 台北市中山區松江路209號1樓
電話：+886-2-2518-0207　傳真：+886-2-2518-0778
網路訂購　秀威網路書店：http://www.bodbooks.com.tw
國家網路書店：http://www.govbooks.com.tw
法律顧問　毛國樑　律師
圖書經銷　貿騰發賣股份有限公司
235 新北市中和區中正路880號14樓
電話：+886-2-8227-5988　傳真：+886-2-8227-5989

出版日期　2011年8月　初版
定　　價　490元

Printed in Taiwan

國家圖書館出版品預行編目

論語的故事 / 劉瑛著. -- 初版. -- 臺北市 :
新銳文創, 2011.08
面； 公分. -- (哲學宗教)
ISBN 978-986-6094-14-9 (平裝)

1. 論語 2. 注釋

121.222 100010488

讀者回函卡

感謝您購買本書，為提升服務品質，請填妥以下資料，將讀者回函卡直接寄回或傳真本公司，收到您的寶貴意見後，我們會收藏記錄及檢討，謝謝！

如您需要了解本公司最新出版書目、購書優惠或企劃活動，歡迎您上網查詢或下載相關資料：http:// www.showwe.com.tw

您購買的書名：________________________________

出生日期：________年________月________日

學歷：□高中（含）以下　□大專　□研究所（含）以上

職業：□製造業　□金融業　□資訊業　□軍警　□傳播業　□自由業

□服務業　□公務員　□教職　□學生　□家管　□其它_____

購書地點：□網路書店　□實體書店　□書展　□郵購　□贈閱　□其他

您從何得知本書的消息？

□網路書店　□實體書店　□網路搜尋　□電子報　□書訊　□雜誌

□傳播媒體　□親友推薦　□網站推薦　□部落格　□其他__________

您對本書的評價：（請填代號　1.非常滿意　2.滿意　3.尚可　4.再改進）

封面設計____　版面編排____　內容____　文／譯筆____　價格____

讀完書後您覺得：

□很有收穫　□有收穫　□收穫不多　□沒收穫

對我們的建議：________________________________

____

____

____

請貼
郵票

11466
台北市內湖區瑞光路 76 巷 65 號 1 樓
秀威資訊科技股份有限公司 收
BOD 數位出版事業部

（請沿線對折寄回，謝謝！）

姓　　名：＿＿＿＿＿＿＿＿　年齡：＿＿＿＿　性別：□女　□男

郵遞區號：□□□□□

地　　址：＿＿＿＿＿＿＿＿＿＿＿＿＿＿＿＿

聯絡電話：(日)＿＿＿＿＿＿＿＿　(夜)＿＿＿＿＿＿＿＿

E-mail：＿＿＿＿＿＿＿＿＿＿＿＿＿＿＿＿